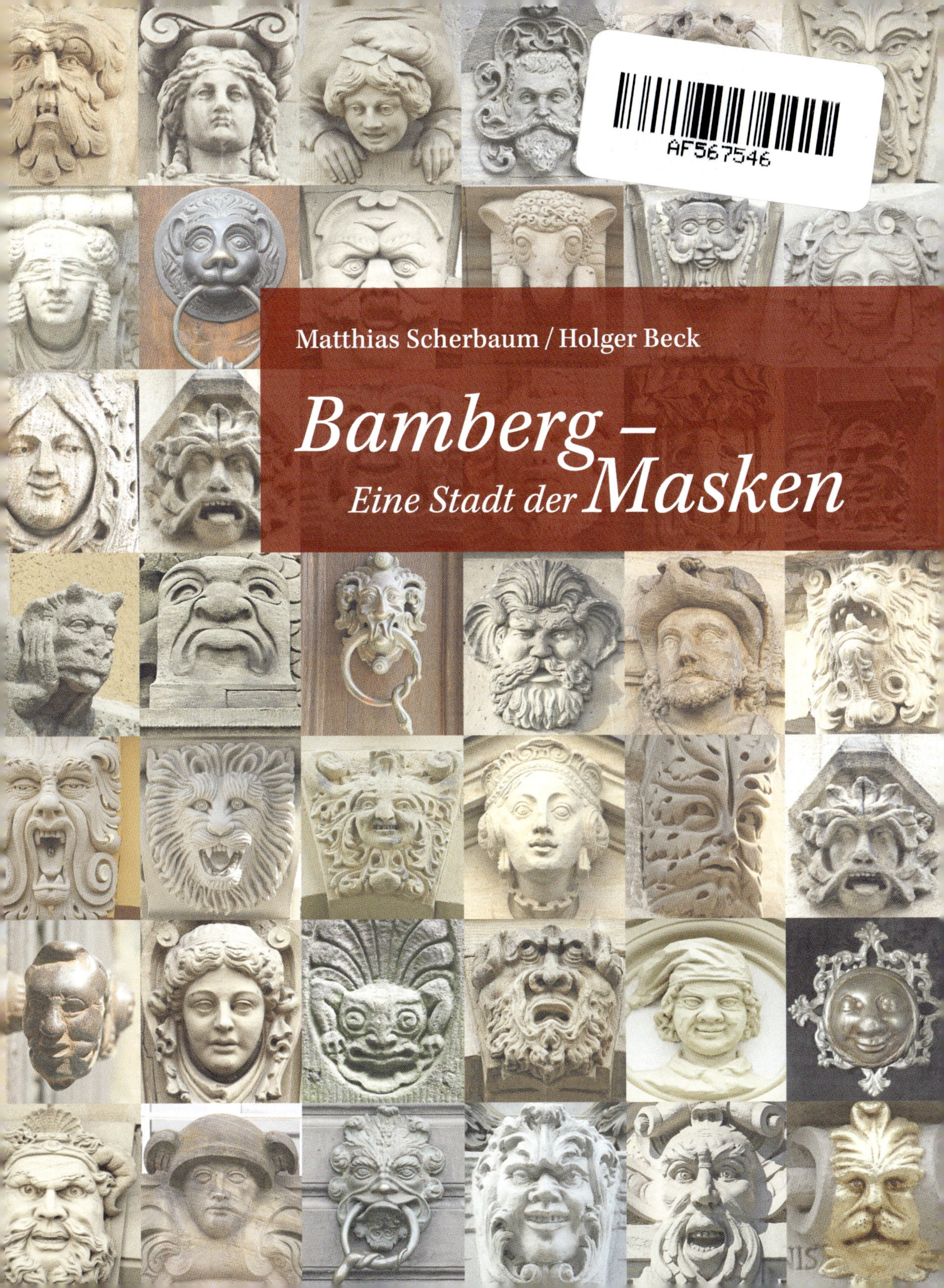

Matthias Scherbaum / Holger Beck

Bamberg – Eine Stadt der Masken

Inhaltsverzeichnis

I. Einleitung

Wer durch die Bamberger Altstadt läuft, begegnet ihnen auf Schritt und Tritt – den zahlreichen Masken, die zumeist die Fassaden, Torbögen oder auch Kapitelle von repräsentativen wie auch bescheideneren Gebäuden schmücken (Abb. 1–4).

Wer genauer hinschaut und sich die Mühe macht, auch hinter die Fassaden der Gebäude zu blicken, begegnet ihnen in oftmals noch fantastischeren Ausformungen in Treppenhäusern, Innenhöfen, an Chorgestühlen von Kirchen, als Stuckornament an Zimmerdecken oder auch als Türknauf oder Türklopfer (Abb. 5–8). Begünstigt durch den Umstand, dass Bamberg verhältnismäßig wohlbehalten durch den Zweiten Weltkrieg gekommen ist, haben sich dort Beispiele von Masken aus ziemlich genau sieben Jahrhunderten erhalten. Die älteste Maske in Bamberg, um 1220/1230, ist zugleich auch die bekannteste, nämlich die Blattmaske an der rechten Konsole des Bamberger Reiters (Abb. 9–10). Die jüngsten Beispiele dieser architektonischen Zierform hingegen, stammen aus den 30er-Jahren des 20. Jahrhunderts und sind am ehemaligen Kino „Capitol" abseits der Bamberger Altstadt, hinter dem Bahnhof angebracht (Abb. 11–13).

Auch wenn man seit etlichen Jahren in der fränkischen Domstadt lebt (Abb 14) und sich schon entsprechend lange mit diesem Phänomen der städtebaulichen Kleinkunst beschäftigt hat, entdeckt man dennoch immer wieder neue Exemplare von Bamberger Masken, was daraus resultiert, dass Masken nicht nur an den Schauseiten von Gebäuden zu finden sind, sondern oftmals in etwas abseitigeren Lokalitäten, zu denen man nicht immer freien Zugang hat, da solche Orte in der Regel zum

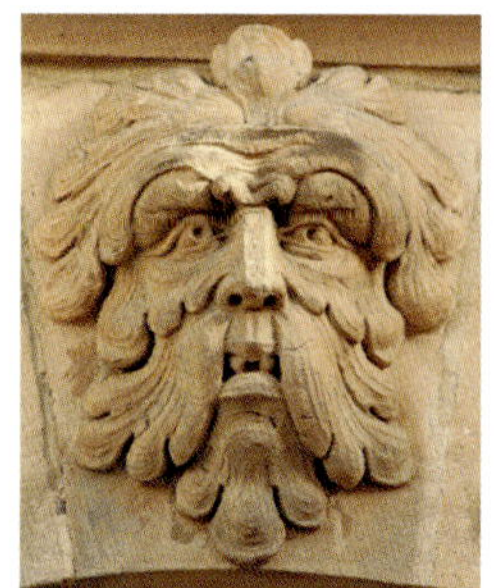

Abb. 1: Amalienstr. 16

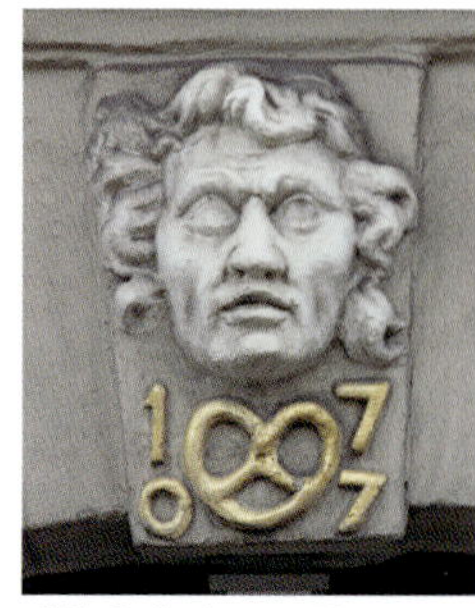

Abb. 2: Steinweg 10

Abb. 3: Altenburg

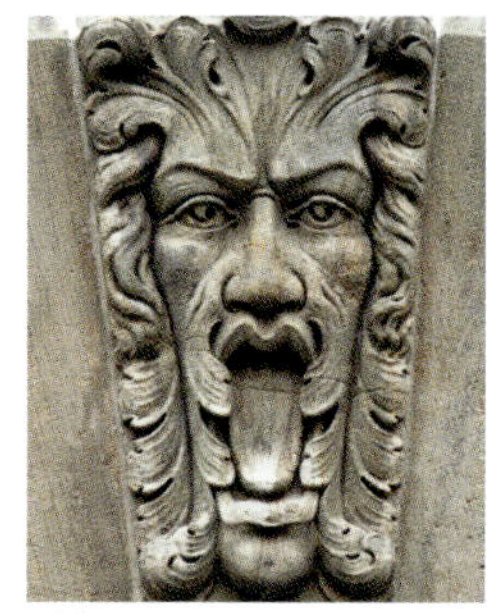

Abb. 4: Kapuzinerstr. 29

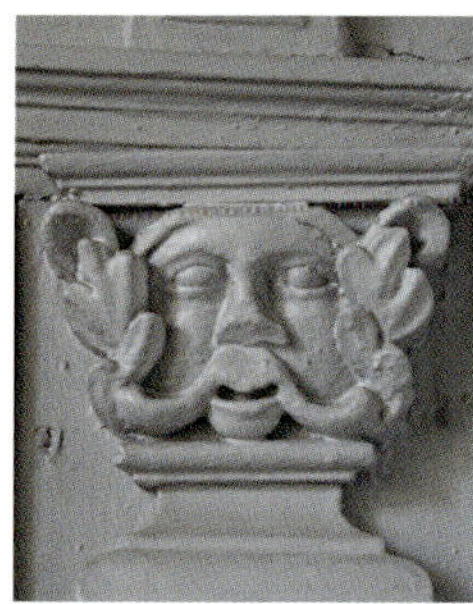

Abb. 5: Fleischstr. 2

Abb. 6: Letzengasse 8

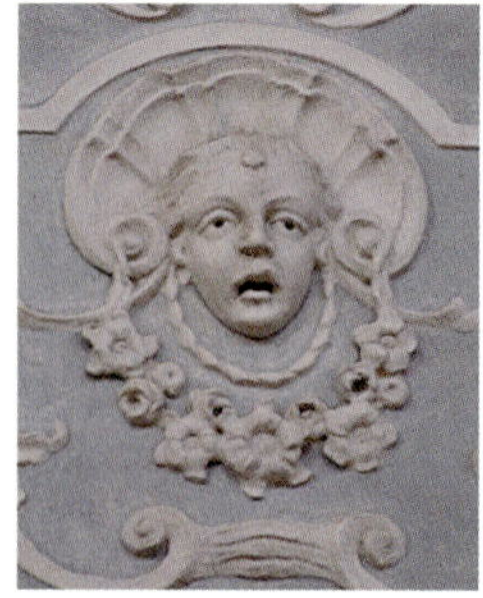

Abb. 7: Obere Pfarre

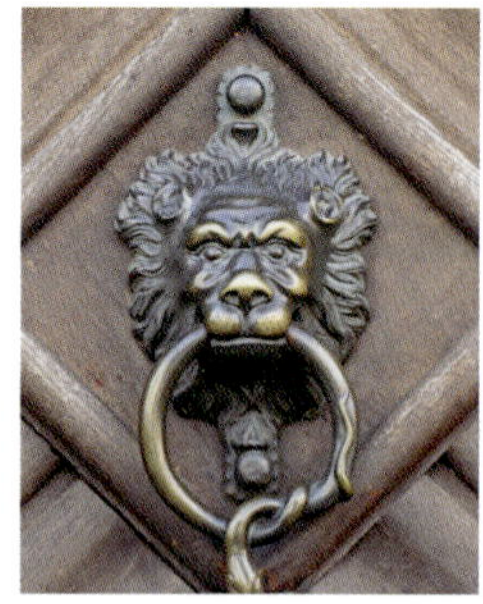

Abb. 8: Schillerplatz 4

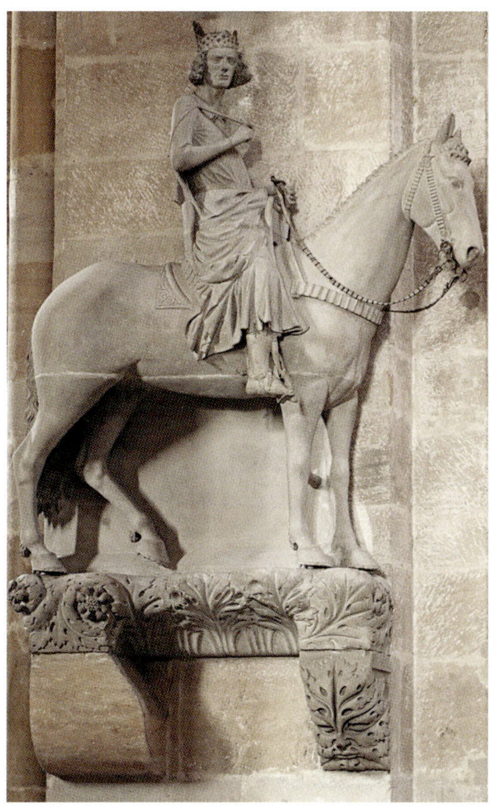

Abb. 9: Bamberger Reiter.

Privatbesitz Bamberger Bürger gehören, was daher in glücklichen Fällen zu unerwarteten und mitunter besonders schönen Funden führt (Abb. 15 – Treppenhaus Ostheim-Haus / Jochen Neurath, Karolinenstr. 18). Obwohl sich aus diesen Gründen keine gesicherte, definitive Anzahl der in Bamberg vorfindbaren Masken angeben lässt, so ist doch trotz eines damit einher gehenden unvollkommenen Wissenstandfraglos klar, dass die Frequenz der Bamberger Masken wirklich erstaunlich ist. Weit über 1000 Einzelmasken (vgl. hierzu die tabellarische Auflistung S. 136-139) konnten im Laufe der etwa letzten zehn Jahre intensiver Suche nachgewiesen und dokumentiert werden – für eine Stadt mit knapp 80.000 Einwohnern ein bemerkenswerter Befund.

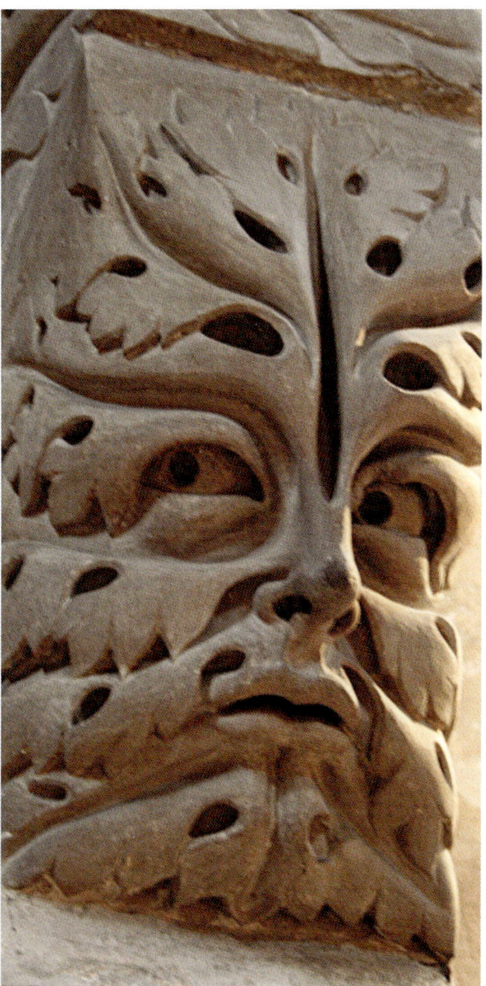

Abb. 10: Blattmaske im Bamberger Dom.

Die große Zahl an mittlerweile eruierten Masken im Stadtgebiet Bambergs ist hinsichtlich ihres Aufkommens ausgesprochen heterogen über die erwähnten sieben Jahrhunderte ihrer Nachweisbarkeit verteilt, was augenscheinlich bedeutet, dass zu unterschiedlichen Zeiten offenbar eine unterschiedliche Bedeutung, unterschiedliche Relevanz den Masken zugeschrieben wurde und eine andere Sichtweise auf dieselben bestand. Zur Veranschaulichung: Mittelalterliche Masken (13.-

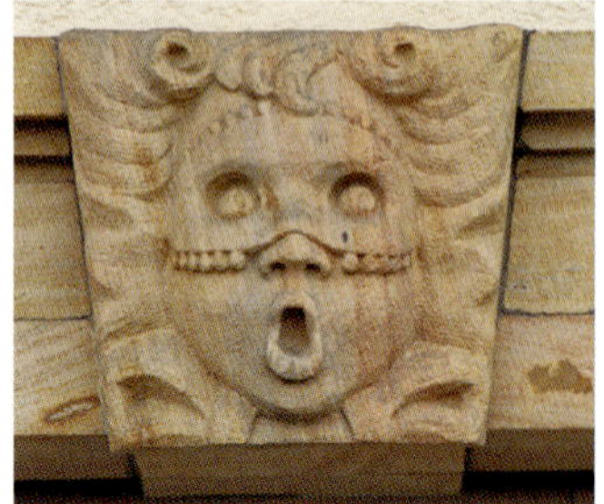

Abb. 11: Heinrich-Weber-Platz 10

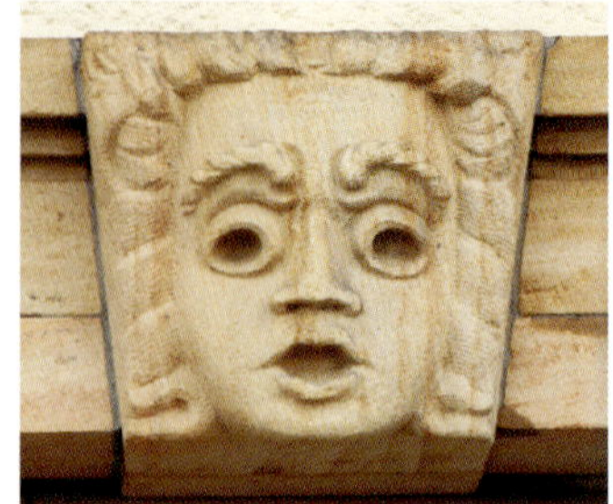

Abb. 12: Heinrich-Weber-Platz 10

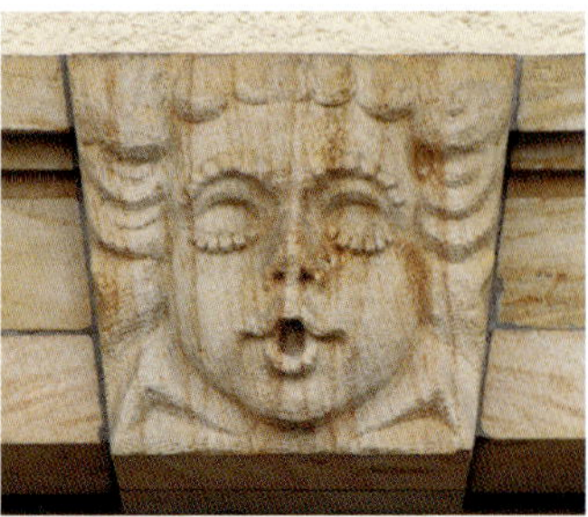

Abb. 13: Heinrich-Weber-Platz 10

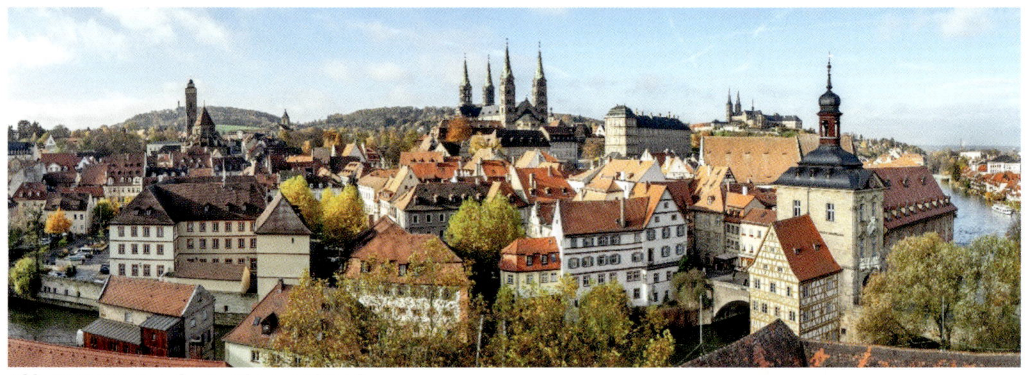

Abb. 14: Panorama der Bamberger Altstadt.

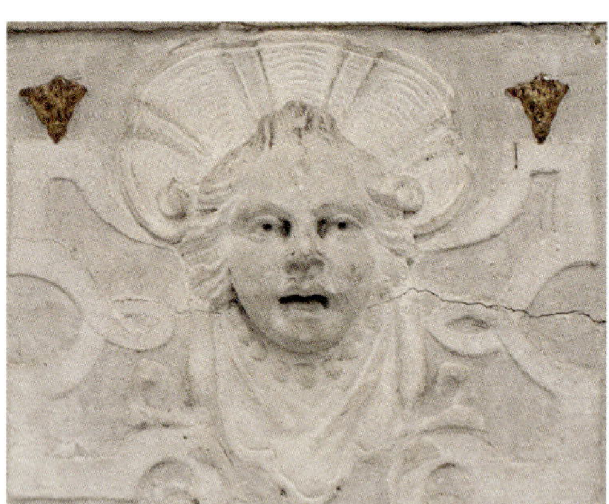

Abb. 15: Karolinenstr. 18

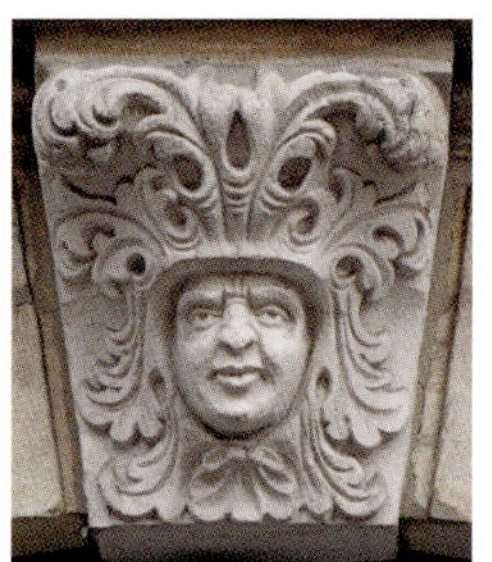

Abb. 16: Karolinenstr. 6

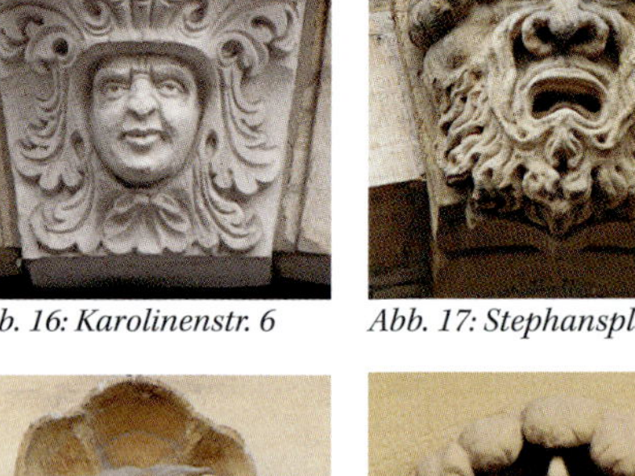

Abb. 17: Stephansplatz

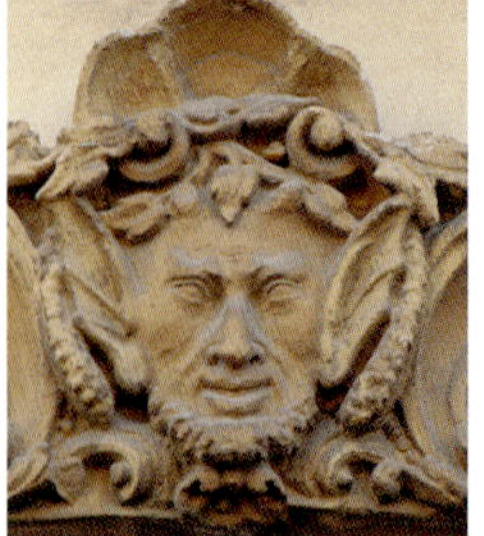

Abb. 18: Nonnenbrücke 1

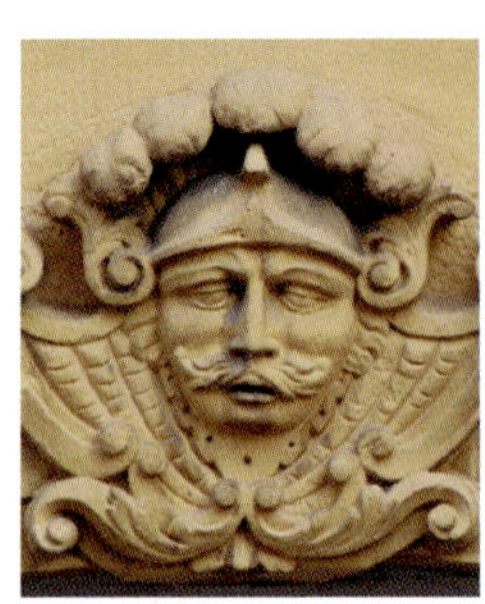

Abb. 19: Vorderer Bach 4

16. Jahrhundert) sind gut belegt und machen etwa die drittgrößte, nach Epochen geordnete Gruppe von Bamberger Masken aus. Masken aus der Barockzeit (17./18. Jahrhundert) stellen, quantitativ gesehen, die zweitstärkste Zahl an Bamberger Maskenbeispielen dar

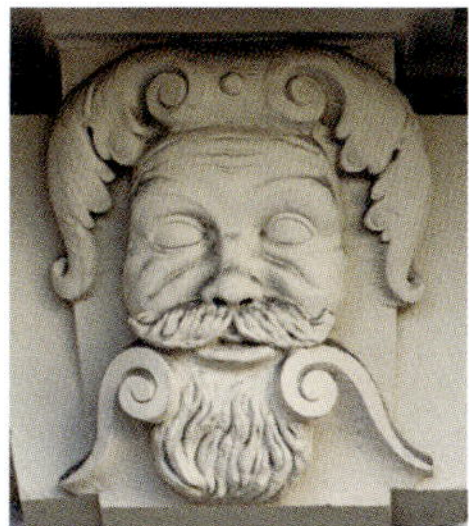

Abb. 20: Trimbergstr. 2

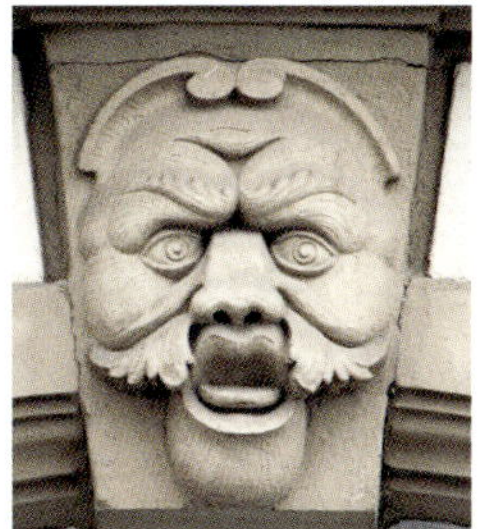

Abb. 21: Marienstr. 11

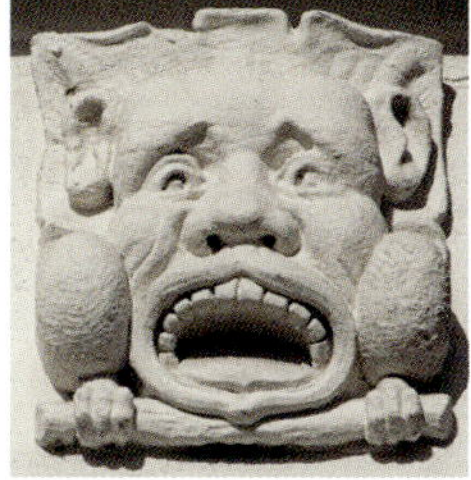

Abb. 22: Kunigundendamm 36

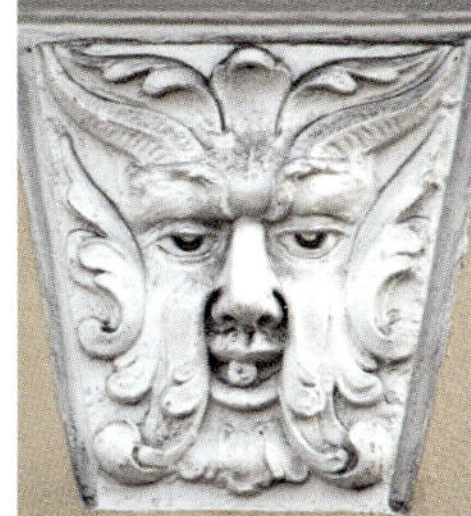

Abb. 23: Hainstr. 2

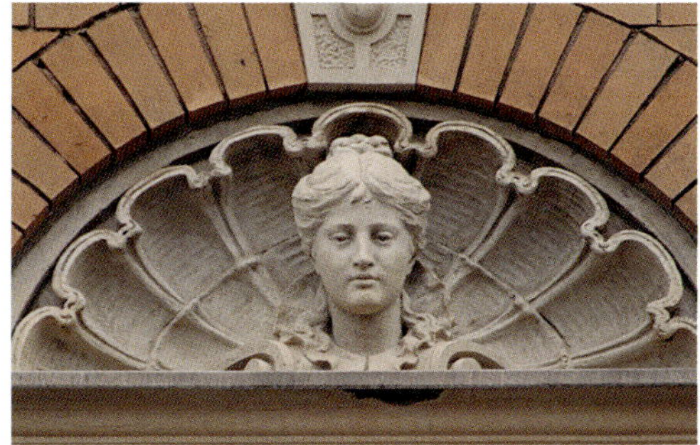

Abb. 24: Friedrichstr. 9

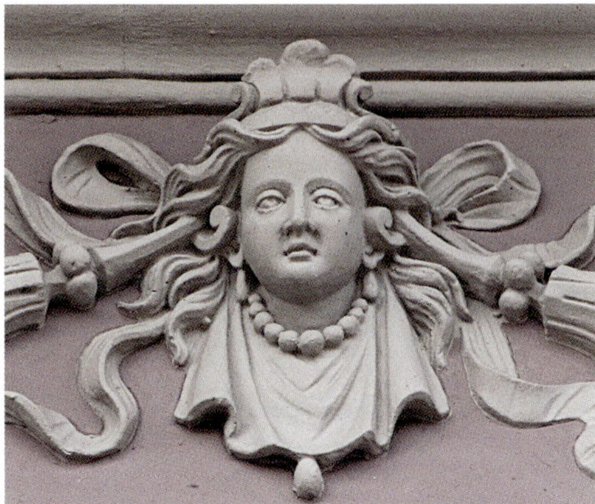

Abb. 25: Kapuzinerstr. 29 (Clavius Gymnasium)

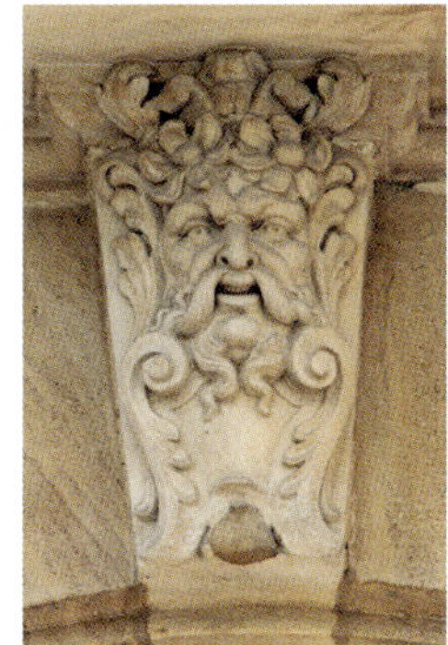

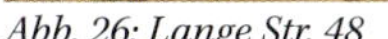

Abb. 26: Lange Str. 48

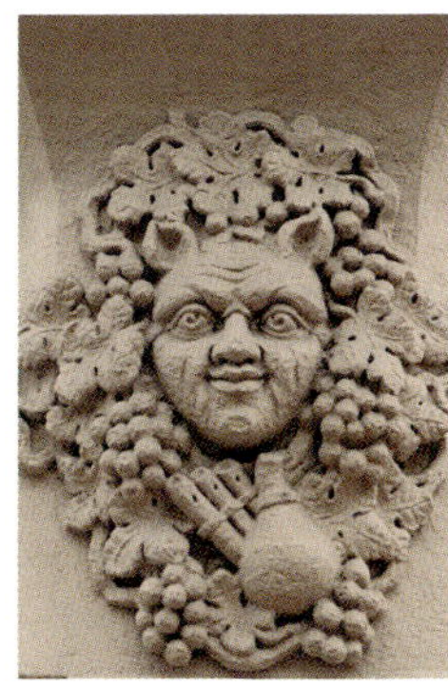

Abb. 27: Friedrichstr. 21

(Abb. 16-19). Gänzlich konkurrenzlos hinsichtlich Frequenz, Verteilung über das Stadtgebiet und künstlerischer Ausgestaltung sind dann allerdings die Masken aus der Zeit um 1900 in Bamberg. Sie sind letztlich allgegenwärtig in den entsprechenden Bebauungsquartieren der Stadt nachweisbar, es handelt sich (etwas undifferenziert gesagt) um Jugendstil-Masken, die aufs Ganze gesehen über 90% aller Masken vor Ort ausmachen (Abb. 20–27). Wesentlich seltener findet man Masken aus der Zeit der Renaissance (16./17. Jahrhundert) in Bamberg (Abb. 28–31 – Renaissance-Masken), und nach der Epoche der Art nouveau dünnt ihr Vorhandensein dann so stark aus (Abb. 32–33 – Bilder von Masken nach 1918), dass bislang in Bamberg keine Masken nach 1940 mehr gefunden wurden. Als überaus überraschend kann der Umstand gewertet werden, dass in der Zeit um 1800 – Klassik, Klassizismus, Goethezeit, oder wie auch immer man diese in jeder Hinsicht bedeutende Phase europäischer und vielleicht sogar spezifisch deutscher Geistigkeit nennen will – wohl höchstens eine einzige Maske in Bamberg bekannt ist. In anderen Städten, in denen Bebauungen aus jener Zeit erhalten sind, verhält es sich anders, man denke hierbei etwa nur an Weimar, Berlin oder München (Abb. 34–37).

Vergegenwärtigt man sich hierbei auch den Umstand, dass die Masken in den unterschiedlichen Epochen signifikant unterschiedlich gestaltet wurden, dann zeigt sich deutlich, dass die Bamberger Masken offenbar nicht nur eine Bedeutung, eine Funktion haben, sondern auch ein Spiegel, ein Indikator für einen bestimmten Geist sind, der sich in bestimmten Epochen unterschiedlich darstellt. Um es kurz und bündig zu sagen: Die augenfälligen Differenzen des zeitlichen Auftretens der Bamberger Masken entsprechen analog den augenfälligen Differenzen der Bamberger Masken in deren künstlerischer Gestaltung. Die großen Unterschiede hinsichtlich der nachweisbaren Häufigkeit der Bamberger Masken zu diversen (kunsthistorischen) Epochen korrespondieren in auffälliger Weise mit der ebenfalls großen Unterschiedlichkeit der Masken hinsichtlich ihrer ästhetisch-künstlerischen Gestaltung zu ebendiesen (kunsthistorischen) Epochen, wobei sich der Grundtypus der Masken bei all diesen Veränderungen erstaunlich gleich bleibt. Jene Überschneidung von Differenzen und Gemeinsamkeiten in einem kleinen, zunächst marginal erscheinenden Phänomen städtebaulicher Architektur war einer der Auslöser, diesem Sachverhalt weiter auf den Grund gehen zu wollen.

Es wird sich zeigen, dass die Masken, so nebensächlich sie auch auf den ersten Blick erscheinen mögen, ein besonders

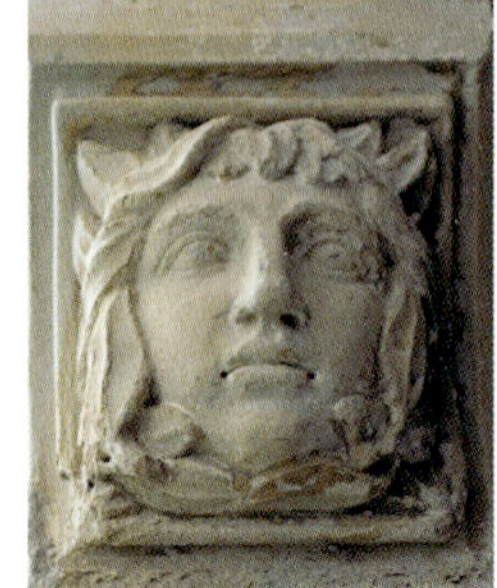

Abb. 28: Domstr. 3

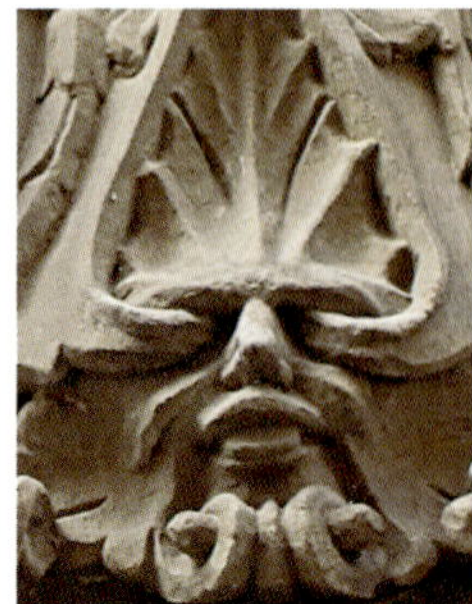

Abb. 29: An der Universität 9

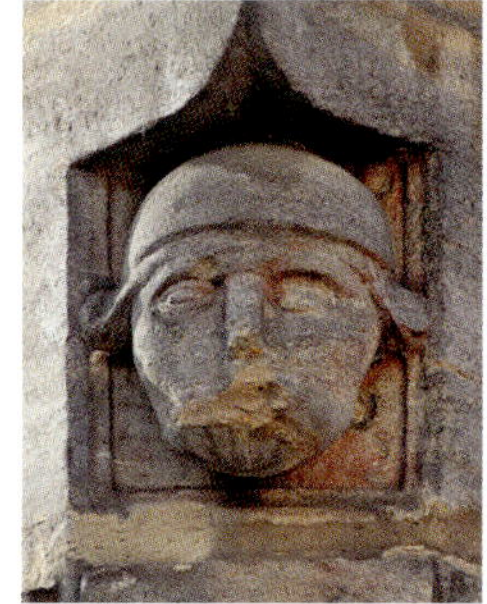

Abb. 30: Karolinenstr. 20

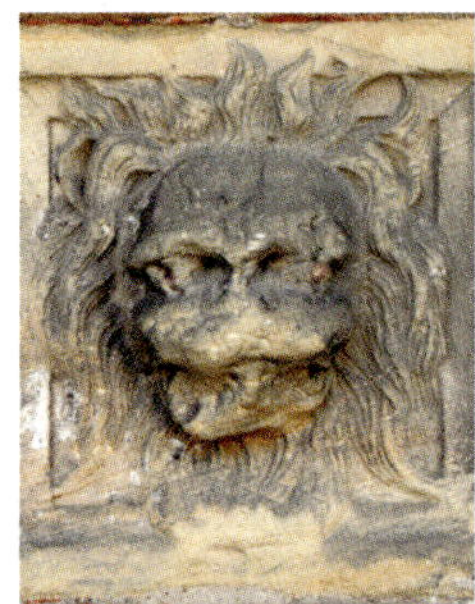

Abb. 31: Domplatz 7

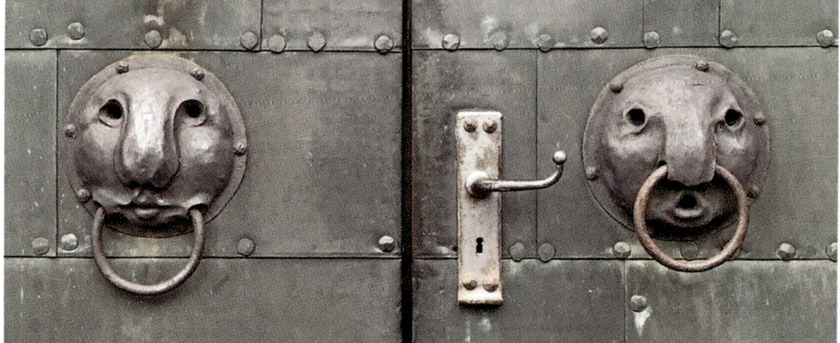

Abb. 32: Kunigundendamm 36

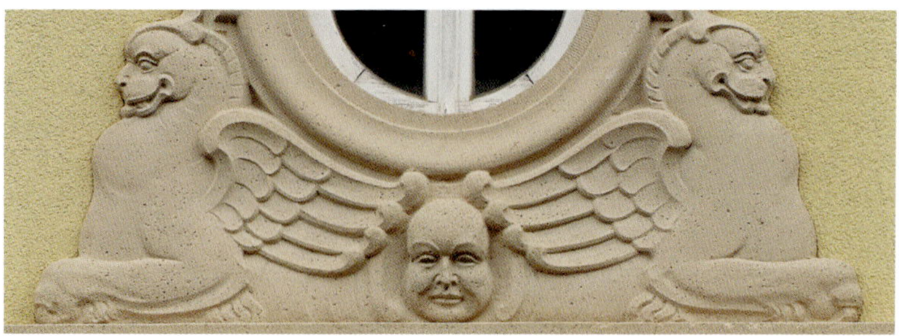

Abb. 33: Claviusstr. 27

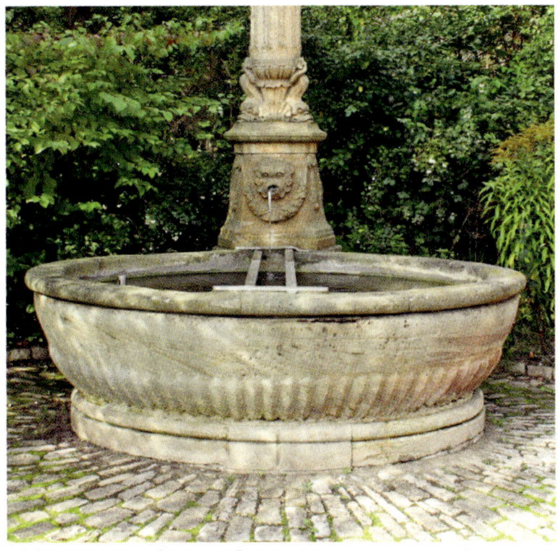

Abb. 34: Sog. Ackerwand-Brunnen in Weimar, 1847 von Carl Dornberger geschaffen.

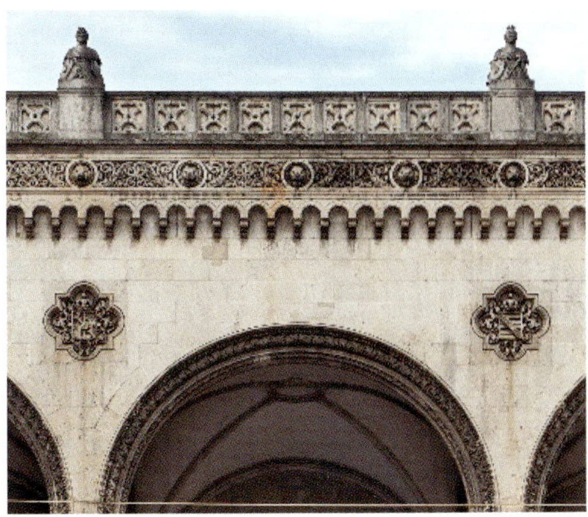

Abb. 37: München, Feldherrenhalle : Schon wieder serielle Löwenmasken des Klassizismus auf dem Schmuckfries unter der Attika, hier Feldherrnhalle von Friedrich von Gärtner 1844 geschaffen.

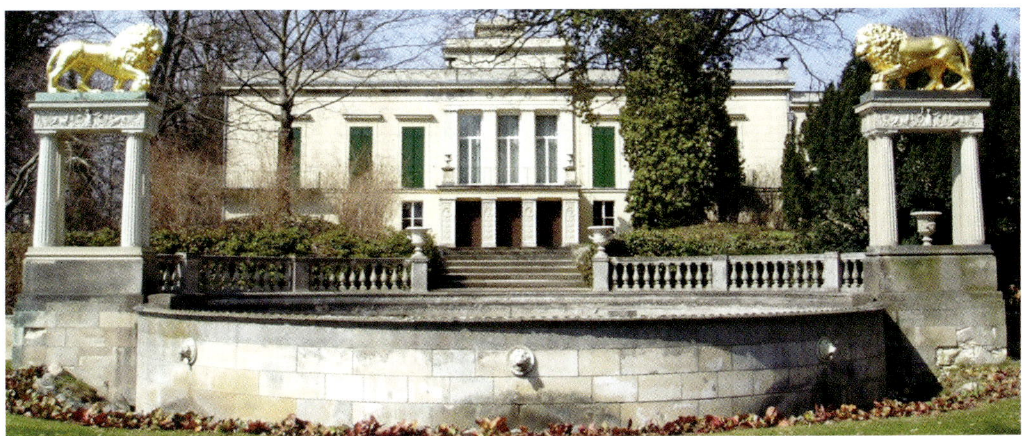

Abb. 35: Masken – und auch hier wieder serielle Löwenmasken – am halbrunden Vorbau von Schloss Klein-Glienicke in Berlin, Schinkel 1825.

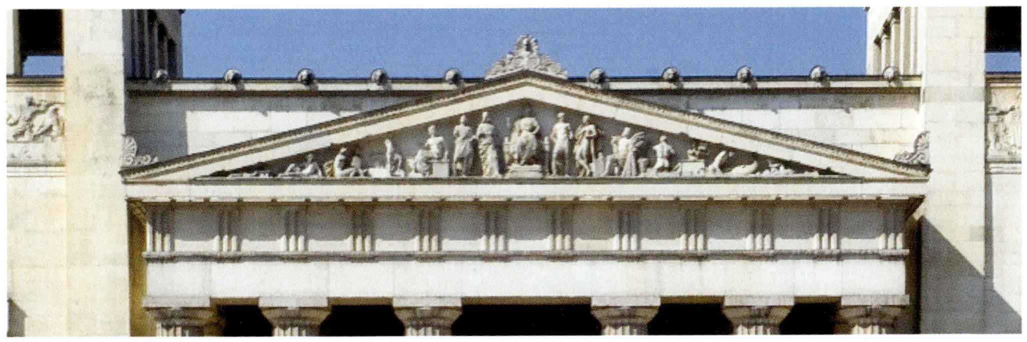

Abb. 36: München, Königsplatz – serielle Löwenmasken auf den stilisierten Antefixen über dem Zentralgiebel.

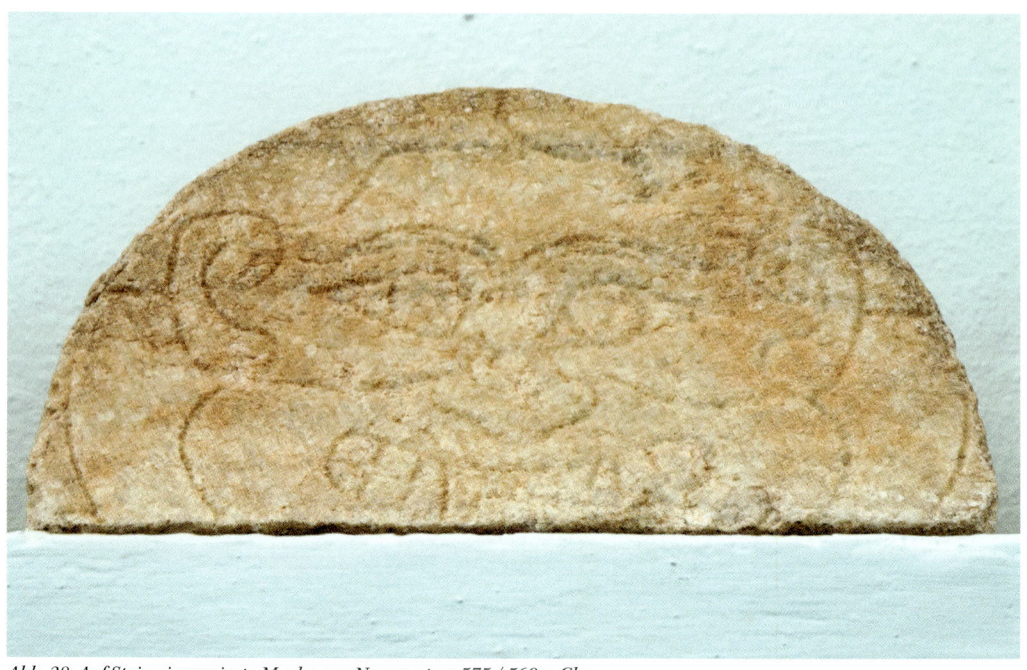

Abb. 38: Auf Stein eingravierte Maske aus Naxos, etwa 575 / 560 v. Chr.

beredter, sehr spezifischer Indikator für einen gut nachweisbaren Kultur- wie Mentalitätswandel darstellen, und dies selbstredend nicht nur für die oberfränkische Provinzstadt Bamberg, sondern es handelt sich hierbei um ein gesamteuropäisches Phänomen. Ohne die eigentlichen Ausführungen im Folgenden vorwegnehmen zu wollen, lässt sich doch an dieser Stelle zumindest schon so viel sagen, dass der erwähnte Kultur- und Mentalitätswandel bezüglich der Masken in einem sehr distinkten Moment besteht, nämlich dem Umgang mit dem, was man als „magisches Denken" bezeichnet.

Die ältesten bislang bekannten Wurzeln im Zusammenhang mit der Entstehungsgeschichte unserer Masken liegen in archaischer Zeit, vermutlich der griechischen und anderer mediterraner Kulturen. Um 500 v. Chr. sind die ersten Artefakte mit entsprechenden Abbildungen nachweisbar (Abb. 38), das heißt, dass eine entsprechend längere Vorlaufzeit dieser Denkweise veranschlagt werden kann. Die bildlichen Darstellungen auf solchen Artefakten zeigen einen isolierten menschlichen Kopf, genauer gesagt ein menschliches Gesicht mit grausigen Attributen, augenrollend und zähnefletschend, was gemeinhin als eine Abbildung gedeutet wird, die Unheil abwehren soll (Abb. 39). Die Idee bzw. der Glaube, dass eine derart bildliche Darstellung eines grausigen menschlichen Gesichts eine in der Tat und realiter Unheil abwehrende Qualität besitzt, verortet man im Rahmen von magischem Denken.

So geht die Entstehung der Masken auf eine Zeit und ein Denken zurück, wo Magie, Zauberei, Phantastik usw. die Realität des alltäglichen Lebens maßgeblich bestimmt hat, weswegen die Masken in ihrem Ursprung mit ebendiesem magischen Denken untrennbar verbunden sind. Das ursprüngliche magische

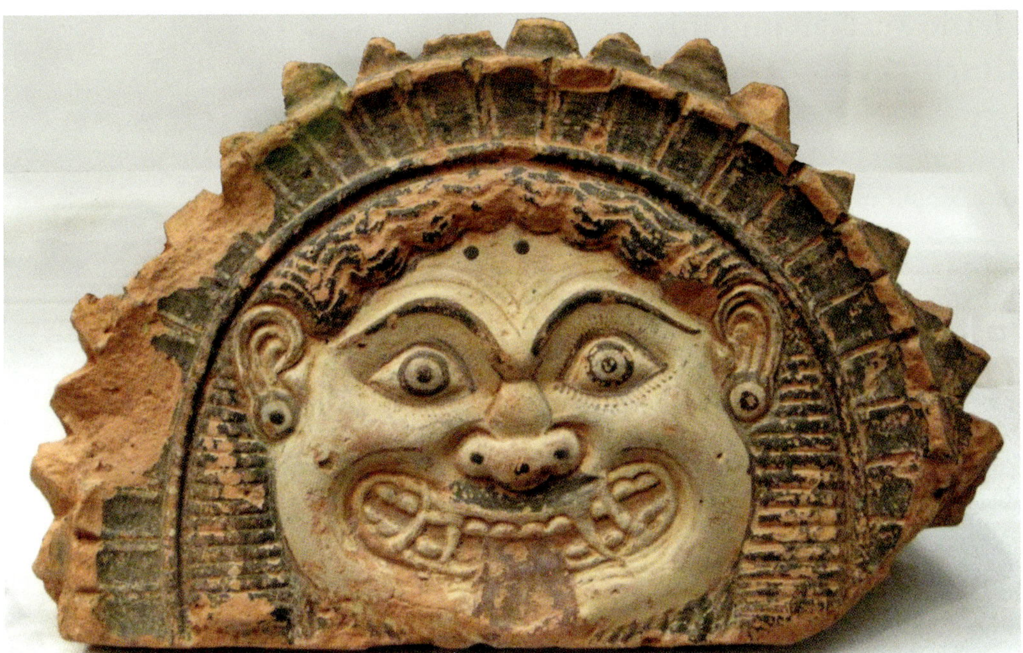

Abb. 39: Terrakotta-Ziegel, griechisch aus dem 5. oder 6. vorchristlichen Jhd..

Denken hat sich dann im Laufe der Zeit allerdings stark verändert, modifiziert, es wurde zwar nicht in einem linearen Prozess, aber aufs Ganze gesehen doch sehr stark zurückgedrängt und spielt seit etwa der Aufklärung und der folgenden Zeit, zumindest im öffentlichen, offiziellen und sozusagen seriösen Leben Europas, keine wirklich tragende Rolle mehr.

Umso erstaunlicher ist von daher der Befund, dass das stärkste Aufkommen und auch die fantasievollsten Ausgestaltungen der Bamberger Masken just in die Zeit um 1900 fallen, in eine Zeit also, in der magisches Denken bestenfalls eine Art Salonkultur, dandyhafter Zeitvertreib höher gestellter gesellschaftlicher Schichten war, aber keineswegs auf eine gemeinschaftlich getragene kulturelle Basis zurückgehen kann. Fast noch erstaunlicher ist der Umstand, dass kurz nach der furiosen Blüte der Bamberger Masken diese schillernde Pflanze fast komplett einging, nur noch ein leiser Nachhall war in den 1930er-Jahren erkennbar, um danach, wie erwähnt, bis auf den heutigen Tag letztlich gänzlich zu erlöschen. Das gilt mit Abstrichen grob gesagt für alle europäischen Regionen und Städte, in denen sich Masken nachweisen lassen. Insofern erwächst das Phänomen der Masken zu einem gesamteuropäischen, zu einem in bestimmtem Umfang und bestimmter Aussagerelevanz tatsächlich vergleichbaren Phänomen Europas, womit die Masken als zwar nicht besonders spektakulärer, aber nichtsdestotrotz aussagekräftiger Anzeiger des oben angedeuteten Kultur- und Mentalitätswandels hinsichtlich des europäischen Umgangs mit magischem Denken verstanden werden können. Die Aufschlüsselung dieser Verhältnisse anlässlich des Befunds von Masken in Bamberg kann damit quasi pars pro toto als ein erster kleiner übergreifender Entwurf für einen größeren kulturhistorischen Zusammenhang dienen.

II. Die Masken und ihre Geschichte

Die kulturelle Bedeutung der Masken

Nachdem nun bereits schon einiges zum Phänomen der Masken in Bamberg und deren dortigem Auftreten gesagt wurde, die das Thema in einen größeren historischen, geografischen, kulturellen wie auch mentalitätsgeschichtlichen Kontext gestellt haben, ist es nun an der Zeit, sich dem Thema in seinen verschiedenen Facetten genauer und konkreter zu widmen. Somit wäre zunächst in einem ersten Schritt der Annäherung zu klären, was Masken in diesem spezifischen Sinne eigentlich sind, was ihre Geschichte und ihr Sinn ist sowie was es mit dem erwähnten Wandel in der Gestaltung der Masken genauer auf sich hat.

Dem Leser wurde natürlich längst klar: Mit „Masken" sind hier keine Karnevals- (Abb. 40), medizinischen oder sonstigen Masken dieser Art (Abb. 41) gemeint, die man sich aus bestimmten Gründen vor das Gesicht platziert, sondern künstlerisch gestaltete Elemente, die zumeist an Gebäuden, Türen usw. auftreten, womit die hier thematisierten „Masken" zunächst einmal im Bereich von Kunst, Ästhetik oder auch Kunstgeschichte ihren Platz haben. Zwar wird sich zeigen, dass diese artifiziellen Masken in ihrer Wurzel sehr wohl mit dem gewöhnlichen Verständnis und Gebrauch von „Masken" korrelieren, doch ihrem primären Auftreten nach bekleiden die uns hier interessierenden „Masken" keine Menschen, sondern in aller Regel Gebäude oder sonstige unpersönlichen Objekte.

Sehen wir uns also in einem ersten Schritt der Annäherung an unser Thema die Erscheinungsformen, die wesentlichen Merkmale und das gängige Verständnis von „Masken" etwas näher an.

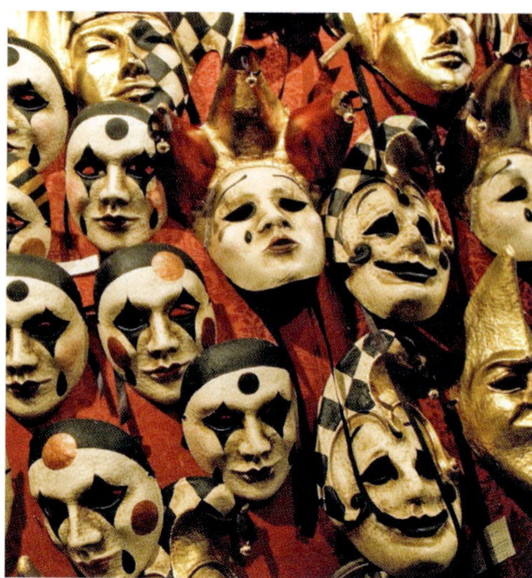

Abb. 40: Venezianische Karnevalsmasken.

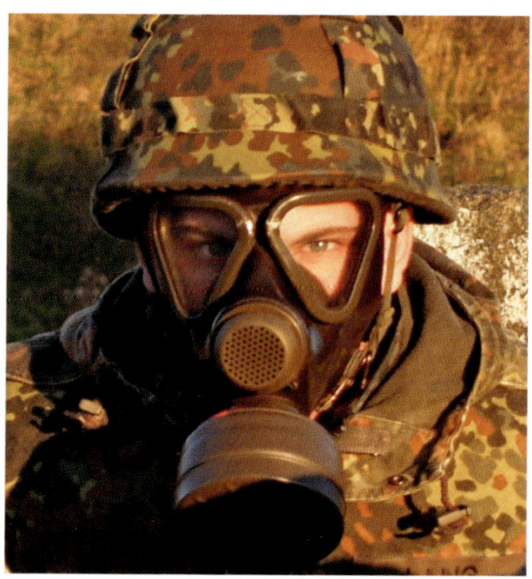

Abb. 41: Bundeswehrsoldat mit ABC-Schutzmaske, Tarnuniform und getarntem Stahlhelm.

„Masken" im kunsthistorischen Sinn sind Architekturelemente, die das Antlitz eines Lebewesens zeigen. Als „Masken" werden der Grundform nach Darstellungen von mensch-

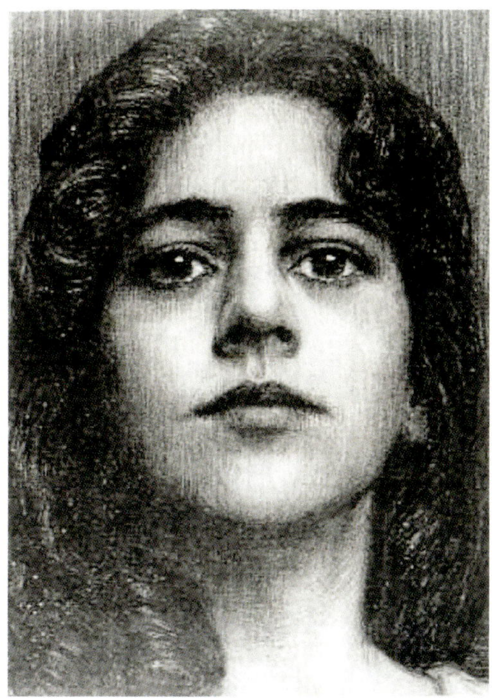

Abb. 42: En-face dargestellter Frauenkopf des niederländischen Malers Hans Unger, 1897.

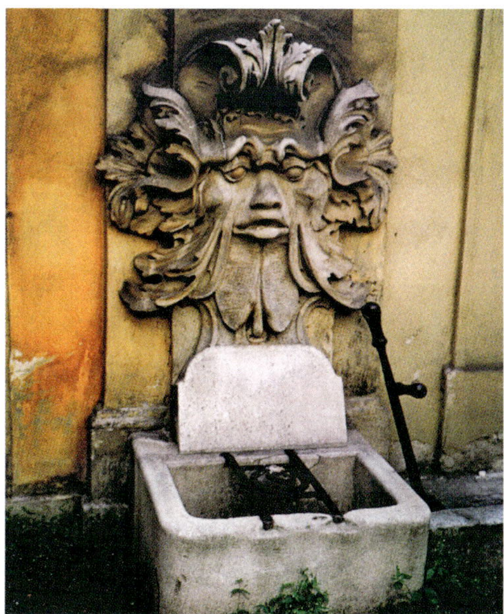

Abb. 43: Maskaron mit Brunnenschale im Palais Kinsky in Wien, frühes 18. Jhd..

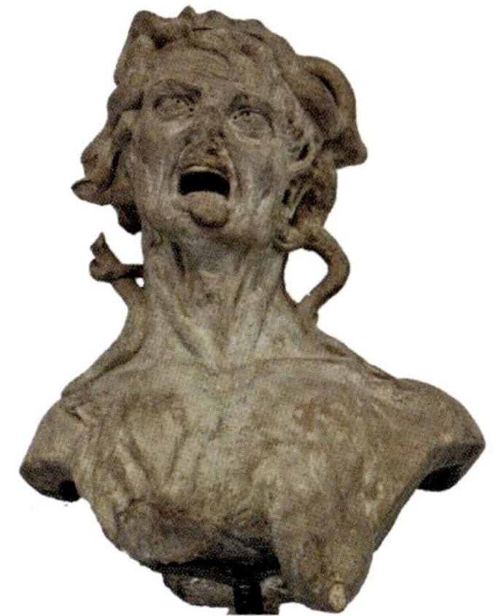

Abb. 44: Altberliner Neidkopf, Anfang 18. Jhd., Berlin Heiliggeiststr. 38, jetzt Märkisches Museum Berlin.

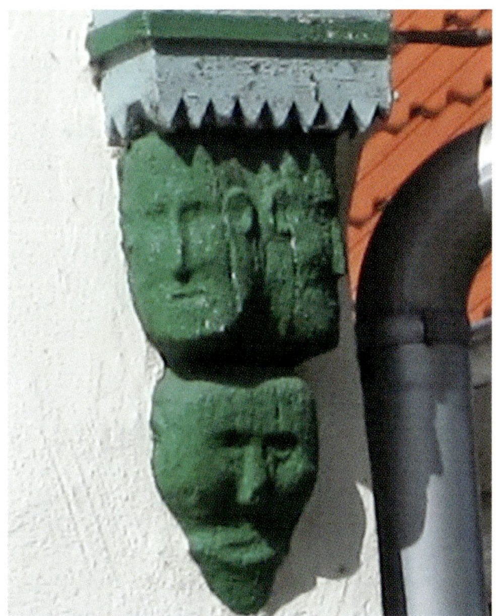

Abb. 45: Neidköpfe an den Balkenvorstößen eines Fachwerkhauses in Filderstadt-Bonlanden, 1616 erbaut. Oberdorfstr. 4. Sie sollten vor bösen Einflüssen schützen.

lichen Gesichtern bezeichnet, die ihrem prinzipiellen Typus entsprechend immer frontal, also „en-face" (Abb. 42), wiedergegeben sind. „Masken" werden in der Regel nicht vollplastisch, sondern als Relief in Stein (mitunter auch in Holz oder Metall), als Stuckarbeit oder als Malerei künstlerisch umgesetzt. Die häufigsten Abweichungen hiervon sind Tier- bzw. Fantasiegesichter, vor allem Löwen, manchmal reicht die Maske bis zu den Schultern oder bis zur Brust.

Je nach konkreter Darstellungsart bzw. Epoche können „Masken" verschiedene Namen tragen, wie beispielsweise Maskaron (Abb. 43), Neidmaske/Neidkopf (Abb. 44–45), Fratze/Fratzenkopf (Abb. 46) und Ähnliches, wobei die Grenzen selbstredend fließend sind. Der Typus der Blattmaske (Abb. 47), dessen Variante auf den Britischen Inseln in der Regel als Green Man (Abb. 48) bezeichnet wird, stellt hierbei einen Sonderfall dar, auf den ich weiter unten zu sprechen komme. Andere Benennungen kommen immer wieder vor, haben zumeist nur regionale, dialektale Bedeutung, weswegen sie hier vernachlässigt werden können, denn mit den erwähnten Bezeichnungen sind die wichtigsten im deutschen Sprachraum wohl genannt.[1]

Die Entstehung der Masken in der Antike

Wollen wir uns an dieser Stelle also tiefer in das Phänomen der Masken begeben und zu verstehen versuchen, womit wir es hier eigentlich zu tun haben – denn alleine schon die erwähnte Optik, die sinnliche Anschauung vieler Masken ist so speziell und eigentümlich, dass sie häufig einen besonderen, mitunter rätselhaften, bedeutsamen, manchmal auch ein bisschen schauderhaften Eindruck vermitteln, der sich in der Regel nicht unmittelbar fassen und entschlüsseln lässt, aber gerade dadurch

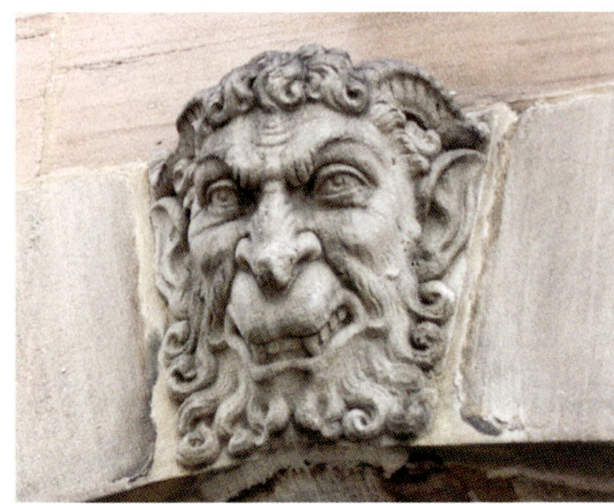

Abb. 46: Fratzenkopf über einem Torbogen an der Theresienstr. 5 in Nürnberg.

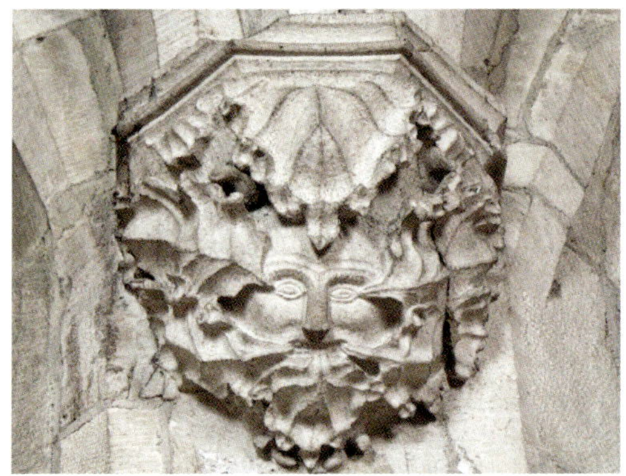

Abb. 47: Blattmaske medusisch in der Stadtkirche von Hermannstadt.

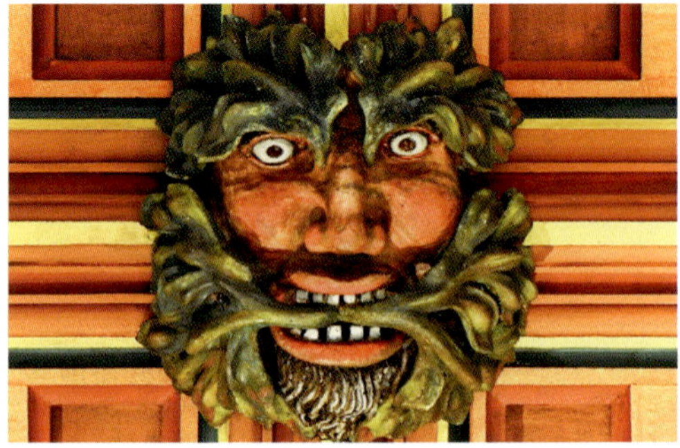

Abb. 48: Abb. 22: Green Man unter der Vierung der Kathedrale von Rochester.

1 Die hier erwähnten verschiedenen Bezeichnungen für Masken, die versuchen diese Kunstform nach Aussehen und Funktion zu differenzieren, formulieren letztlich nur Variationen und Akzentverschiebungen des einen Grundtypus von Maske, wie er hier entfaltet wird.

vielleicht das Interesse weckt. Und wie wir sogleich sehen werden, hat es mit den Masken in der Tat einiges auf sich, zumindest kultur- und mentalitätsgeschichtlich.

Denn was sich mitunter als recht neckisch und fantasievoll gestaltete Objekte an diversen Bamberger Häuserfronten als Masken zu erkennen gibt, hat eine weit zurückreichende kulturelle Vorgeschichte, die sich im abendländischen Kulturkreis, künstlerisch greifbare Darstellungen betreffend, bis auf das sechste vorchristliche Jahrhundert zurückverfolgen lässt. Die initialen Ideen hierzu, die in wissenschaftlich verwertbarer Form vorrangig im Mythos Niederschlag gefunden haben, sind noch bedeutend älter. Zu dieser archaischen Entstehungszeit hatten die Masken keineswegs etwas Verspieltes oder Neckisches an sich, sondern waren Manifestationen eines tiefen Ernstes, bisweilen auch existenzieller menschlicher Angst.

Die gestalterischen, ästhetischen Wandlungen, die die Masken seit ihrem ersten feststellbaren Auftreten bis ins 20. Jahrhundert auf künstlerischer Ebene sehr anschaulich illustrieren, sind gleichsam ein Spiegel, in dem sich entscheidende kulturelle Veränderungen im Laufe der europäischen Geschichte in wünschenswert großer Deutlichkeit erkennen lassen. Wichtig in diesem Zusammenhang ist es darauf hinzuweisen, dass erwähnte kulturelle Wandlungen ihrerseits, es klang oben bereits an, als Mentalitätswandel zu verstehen sind, der sich in der abendländischen Kultur in vielfacher und vielgestaltiger Weise belegen lässt. Genaueres dazu wird im weiteren Verlauf der kurzen Einführung noch gebührend zur Sprache kommen.

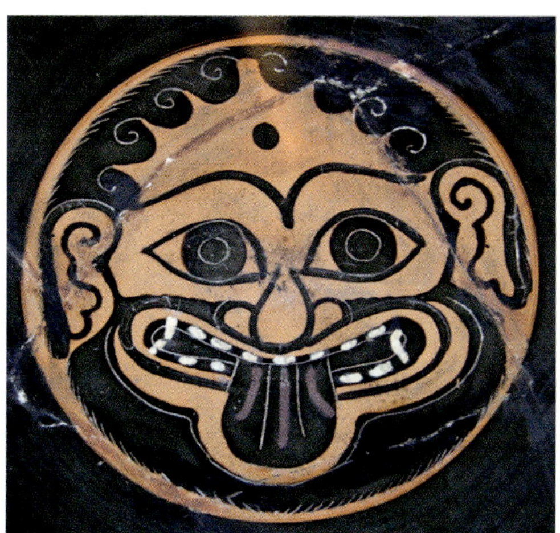

Abb. 49: Gorgoneion. Attischer schwarzfiguriger Becher, ca. 520 v. Chr., aus Cerveteri.

Da es angesichts der hier kurz skizzierten Sachverhalte bereits jetzt absehbar ist, dass das Thema der Masken eine gewisse Komplexität aufweist, sollen die weiteren einleitenden Ausführungen dieses Kapitels zur besseren Übersicht und Lesbarkeit in vier Unterabschnitte gegliedert werden, nämlich in einen 1. mythologisch-kunstgeschichtlichen, in einen 2. kultur- und mentalitätsgeschichtlichen Teil, in 3. philosophische wie in 4. religionswissenschaftliche Überlegungen. Die Einzelbereiche sind der Sache nach freilich nicht immer messerscharf voneinander zu trennen, sondern sie fließen oftmals recht organisch ineinander über und ergeben damit aufs Ganze gesehen tatsächlich ein lebendiges Ganzes, das viele zunächst unerwartete Aspekte bereithält. Tauchen wir also an dieser Stelle in die Sphäre der mythischen Ursprünge sowie tieferen Zusammenhänge des vorliegenden kunsthistorischen Genres ein.

Der Mythos von Perseus und Medusa, oder: Das Gorgoneion

Der mythologisch-kunstgeschichtliche Ursprung der Masken liegt in der griechischen Keramik- und Vasenmalerei (Abb. 49) bzw. damit verwandten Kunstformen, sprich: Die ältesten kunsthistorisch bekannten Beispiele von Masken in diesem spezifischen Sinn finden sich im Feld der Kunst und waren zunächst rein zweidimensionale Malereien, die mit der Architektur vorerst nichts zu tun hatten. Die hierfür relevanten Beispiele aus der archaischen Phase des Griechentums stammen etwa aus der Zeit um 700 v. Chr. Es existieren in verschiedenen Varianten Darstellungen eines (meist) isolierten Kopfes, der zumal in den älteren Beispielen einem bestimmten Grundtypus folgt: Ein mehr oder weniger kreisrundes Gesicht mit großem, breiten und in der Regel aufgerissenem Mund, so dass die Zähne deutlich zur Geltung kommen. Oft sind es dabei nicht menschliche, sondern tierische Zähne, sich kreuzende Eberhauer darstellend, die Zunge ist weit herausgebleckt und die Augen des Gesichts ebenfalls weit aufgerissen. Einen ersten Hinweis auf die Identität dieser Figur erkennt man bei einigen Darstellungen in dem Motiv der Schlangen, die sich um den Kopf bzw. in den Haaren jenes Wesens tummeln (Abb. 50): Es ist das Haupt der Medusa.

Zum eigentlichen, sachgemäßen Verständnis der Masken in Bamberg und den größten Bereichen Europas ist dieser mythologische Hintergrund der primäre Schlüssel. Laut Mythos nämlich wurde Perseus (Abb. 51) von König Polydektes damit beauftragt, ihm den Kopf der Gorgone Medusa zu bringen – eine so gut wie unlösbare Aufgabe, denn die Gorgonen, drei unheilvolle Schwestern mit Namen Stheno, Euryale und Medusa, lassen jeden zu Stein erstarren, der ihnen ins Gesicht blickt. Polydektes will Perseus mit dieser Aufgabe gezielt aus dem Weg räumen, damit der Zugang zu dessen Mutter Danaë (Abb. 52), die der König begehrt, frei ist. So macht sich der junge Perseus frohgemut und etwas naiv auf den Weg zum Atlas, der Heimat der Gorgonen (nach anderen Versionen leben sie in Libyen), um seinem Auftrag nachzukommen und Medusa, die ein-

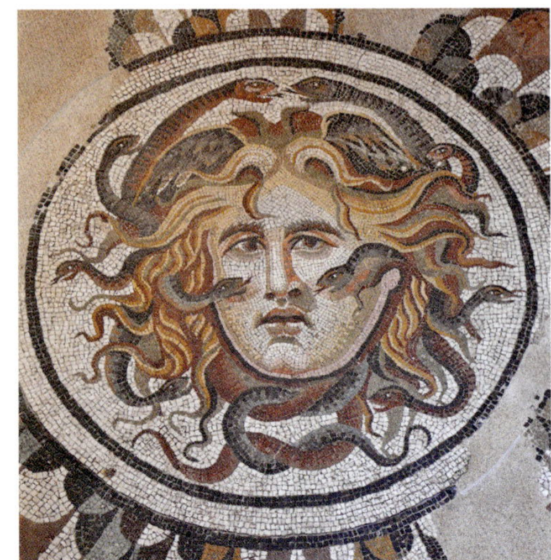

Abb. 50: Mittlere Tafel eines Mosaikfußbodens mit dem Kopf der Medusa, 1.-2. Jhd. n. Chr., Nationalmuseum Rom, Thermen des Diokletian, Rom. Gut erkennbar: das Schlangengewimmel um das Medusenhaupt.

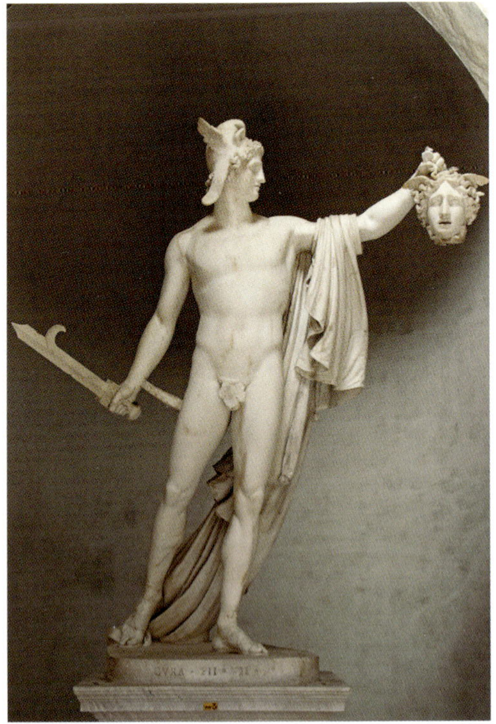

Abb. 51: Antonio Canova, Perseus mit dem Haupt der Medusa, Rom, Vatikanische Museen.

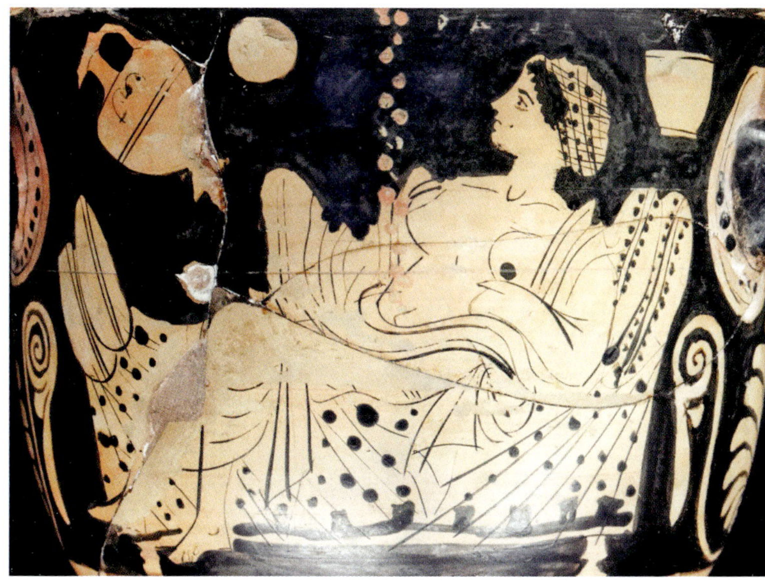

Abb. 52: Danaë und der Goldregen, ca. 450 v. Chr.

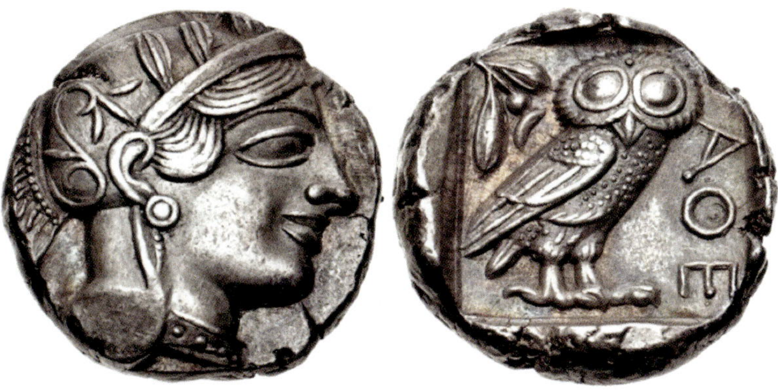

Abb. 53: Tetradrachme nach 445 v. Chr., Vorderseite: Kopf der Athene, Rückseite: Eule mit Ölzweig.

zig Sterbliche der drei Schwestern, zu töten. Glücklicherweise aber hat Perseus bei seiner eigentlich unlösbaren Aufgabe einen bedeutenden göttlichen Beistand, nämlich die Göttin Athene (Abb. 53), die ihm zur Bewältigung seines Auftrags hilfreiche Utensilien schenkt, u. a. einen blank polierten Schild.

Als Perseus endlich bei den Gorgonen ankommt, macht er sich an seine Messerarbeit und wendet hierbei eine List an: Er lockt Medusa in einen Hinterhalt, blickt ihr dabei aber nicht direkt ins Gesicht, was, wie ihm klar ist, sein sofortiges Ende wäre, sondern er positioniert den polierten Schild Athenes dergestalt, dass er die Gorgone damit wie durch einen Spiegel beobachten kann (was nicht die Wirkung der Versteinerung zur Folge hat), und im geeigneten Augenblick schlägt er zu und Medusa den Kopf ab (Abb. 54–56). Perseus fängt das abgeschlagene Gorgonenhaupt in einem Sack auf und überlässt es (in der hier interessierenden Variante des Mythos[2]) aus Dankbarkeit seiner hilfreichen Schutzgöttin Athene zum Geschenk. Sie nimmt das Geschenk gerne an und befestigt nun, dies ist für unsere Thematik von weitreichender Bedeutung, den Kopf der Gorgone Medusa – der in diesem spezifischen Kontext Gorgoneion genannt wird – auf ihrem Schutzumhang, der Aigis, einem

2 Der Mythos von Perseus und Medusa hat einige Varianten, wie dies bei Mythen üblich ist, es soll hier die bekannteste und einfachste Variante desselben wiedergeben werden.

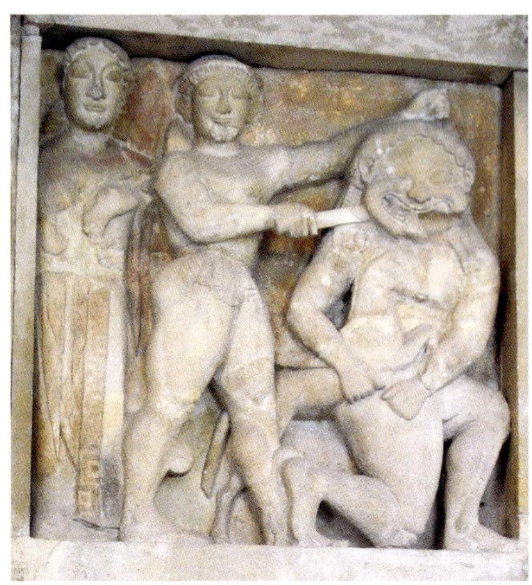

Abb. 54: Metope aus Tempel C in Selinunt, die Athene neben Perseus zeigt, wie er Medusa köpft, 6. Jhd. v. Chr.

vom Gott Hephaistos hergestellten Panzer, der einem goldenen Ziegenfell gleicht und magische Eigenschaften besitzt, so etwa erregt die Aigis, wenn man sie schüttelt, Blitz und Donner, sie ist unzerstörbar und kann sogar die tödlichen Geschosse des Zeus abwehren (Abb. 57 / 58). Der griechische Mythos kennt keinen mächtigeren Schutz als die Aigis, die auch von mehreren Göttern genutzt wird, so natürlich Zeus, mitunter Apollon und eben auch Athene.

Während der archaischen und auch späteren griechischen Kunst gibt es viele Darstellungen, in denen Athene mit dem auf der Aigis befestigten Gorgoneion abgebildet ist (Abb. 59 / 60). Der Hintergrund, warum dies im Mythos und in der darstellenden Kunst wie beschrieben gehandhabt wird, liegt auf der Hand: Durch die Anreicherung der Aigis mit dem Gorgoneion wird die ohnehin bereits sehr effektive magische Zauberkraft des Schutzschildes noch weiter gesteigert, indem jeder Feind, der die Gorgoneion-bewehrte Aigis zu Gesicht bekommt, unmittelbar versteinert. Denn auch über ihren Tod hinaus hat das originale Medusenhaupt (im Unterschied zu ihrem im Spiegel betrachteten Bild) ihre Wirkung nicht verloren und jeder Feind, der das Gorgoneion auf der Aigis Athenes erblickt, erstarrt zu Stein. Durch die Anreicherung mit dem Gorgeoneion wird die Aigis eine nicht weiter steigerbare Waffe der Götter.

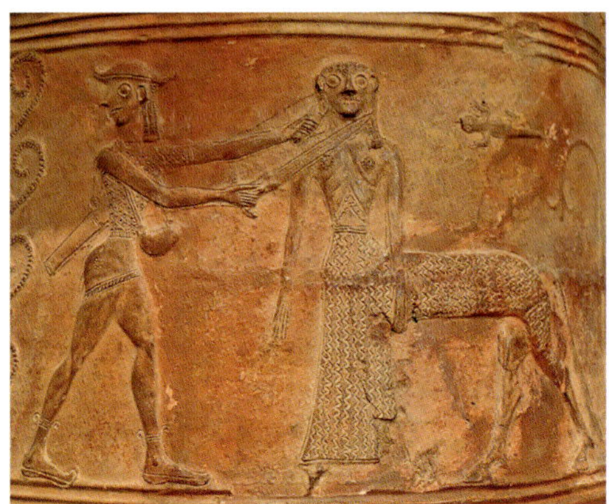

Abb. 55: Perseus wendet den Blick ab, während er Medusa tötet, die hier als Centaurin dargestellt ist. Detail aus einem orientalisierenden Relief Pithos, etwa 660 v. Chr.

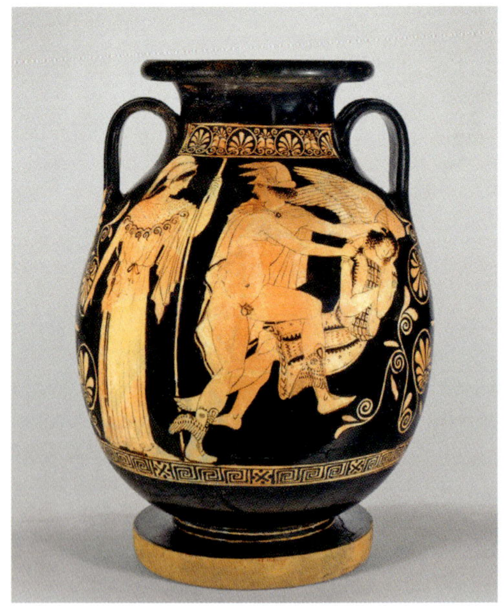

Abb. 56: Perseus enthauptet die schlafende Medusa, Pelike um 450 v. Chr.

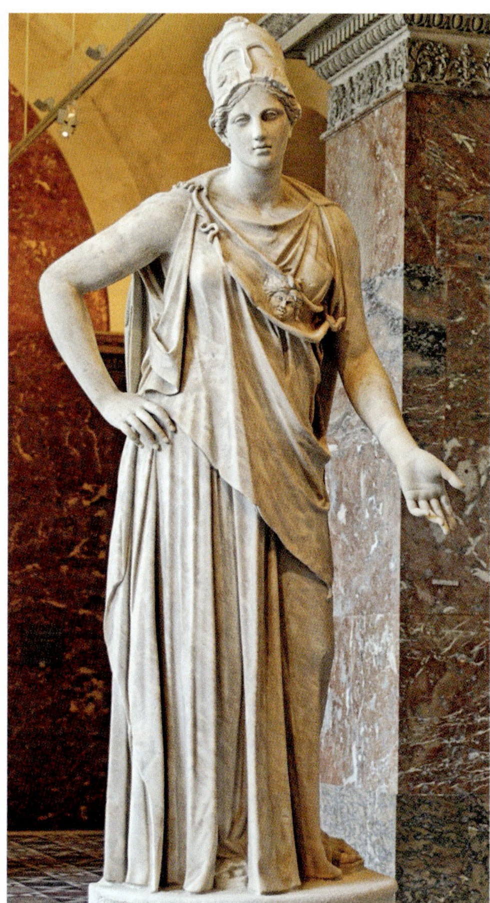

Abb. 57: Athene. Römische Kopie aus dem 1. Jhd. v. Chr./ n. Chr. nach einem griechischen Original aus dem 4. Jhd. v. Chr., Kephisodotos oder Euphranor zugeschrieben – gut erkennbar: das Gorgonenhaupt auf ihrer Brust, Louvre.

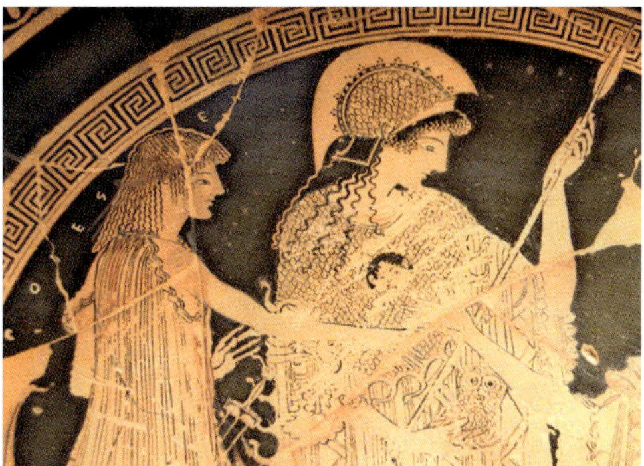

Abb. 58: Theseus und Amphitrite mit Athene im Hintergrund. Innenseite eines attischen rotfigurigen Bechers, 500-490 v. Chr., Caere. Sehr gut erkennbar Athenes (schlangenumzüngelte) Aigis, das darauf geheftete Gorgoneion und die Eule in ihren Händen.

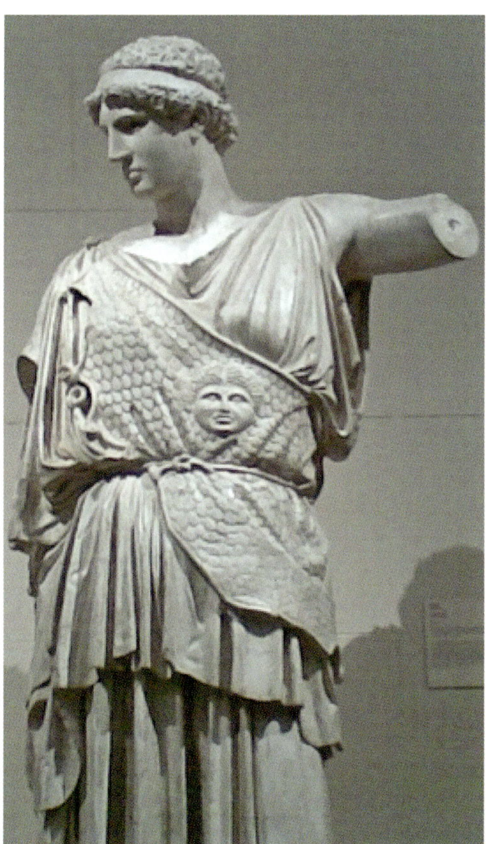

Abb. 59: Athena Lemnia, Staatliches Museum, Albertinum, Dresden.

Damit ist die zentrale Funktion des Gorgoneion berührt – seine unheilabwehrende Wirkung. Der kulturgeschichtliche Fachbegriff hierfür lautet apotropäisch, und ein Gegenstand, der so wirkt, heißt entsprechend Apotropaion. Und was den Göttern hilfreich ist, kann dem Menschen nicht schaden, weswegen man in der Antike das Medusenhaupt in seiner apotropäischen Funktion beispielsweise auch gerne auf die Schilde von Kriegern (Abb. 61) gemalt, als Amulette realisiert (Abb. 62 / 63) –

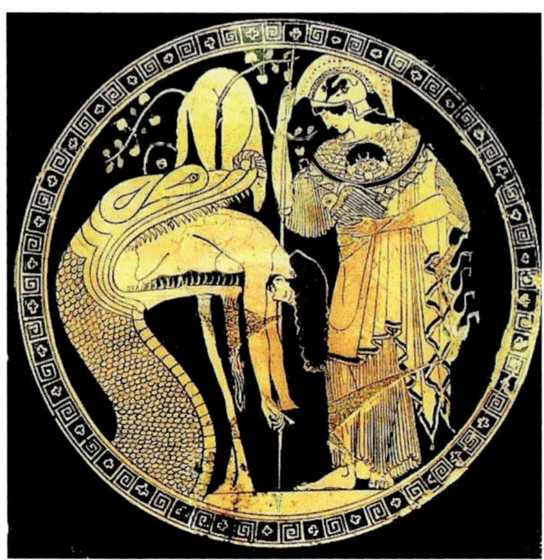

Abb. 60: Athene mit dem Python, die Jason würgt; das goldene Vlies hängt in einem Baum; Athene trägt ihre Ägis mit der Gorgone und einen Helm mit einer geflügelten Löwin und hält eine Eule und ihren Speer. Rotfiguriger Becher von Douris, ca. 480-470 v. Chr., Cerveteri, Vatikanische Museen.

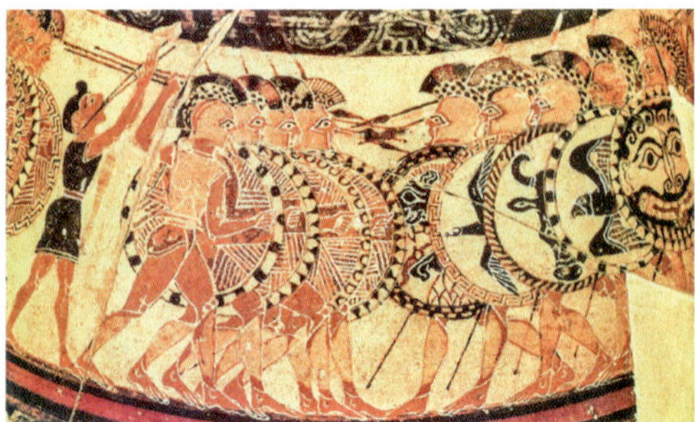

Abb. 61: Detail der Chigi-Vase, etwa 7. Jhd. v. Chr. Hopliten, schwerbewaffnete griechische Kämpfer im Schlachtgetümmel, befeuert durch äolische Musik und gut geschützt durch das Gorgoneion auf dem Schild, wie ganz rechts außen erkennbar ist. Auch die anderen Schildbemalungen haben apotropäischen Charakter.

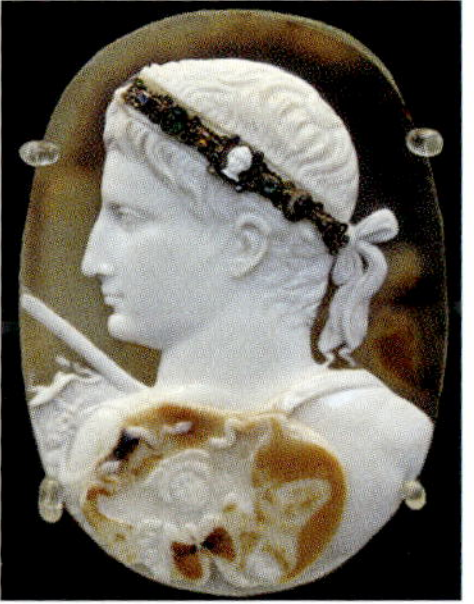

Abb. 62: Porträt von Kaiser Augustus, der ein Gorgoneion als Amulett trägt, dreischichtige Sardonyx-Cameo, römisch um 14-20 n. Chr.

und auch an Gebäuden angebracht hat. Eine der ältesten Architekturformen, bei denen das Gorgoneion an Gebäuden nachweisbar ist, sind sogenannte Antefixe (Abb. 64), das sind Dachziegel, die an der untersten Lage der Ziegel an der Traufe befestigt sind und nicht nur (wie normale Ziegel) schräg nach unten abfallen, sondern am unteren Ende auf Höhe der Traufe senkrecht aufgestellte Flächen aufweisen, die meist ornamental verziert waren. Und an dieser senkrecht aufgestellten, also dem Betrachter zugewandten Fläche, waren mitunter grausig gestaltete Medusenhäupter zu entdecken (Abb. 65). Damit dürften Antefixe die ältesten Beispiele dessen sein, woraus sich im Lauf der weiteren Geschichte die kunsthistorisch gesehen echten Masken als Architekturelemente entwickelten, indem sie sich von der Vasenmalerei als flächiger Darstellungsweise gelöst und Plastizität angenommen haben. Der Grund, weswegen man an den Antefixen in der Antike immer wieder das Gorgoneion angebracht hatte, liegt in der Idee begründet,

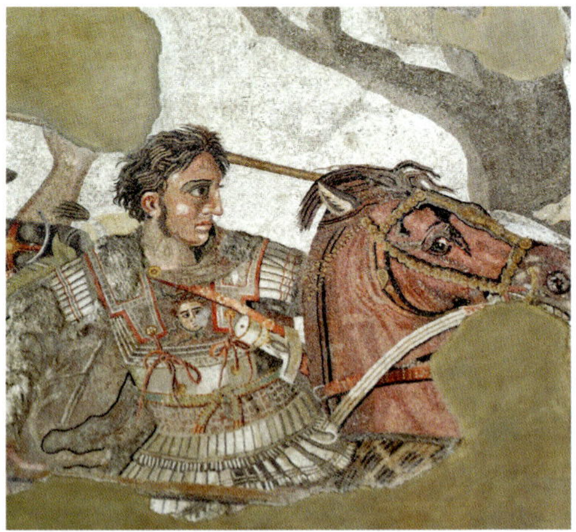

Abb. 63: Ausschnitt aus der Rekonstruktion einer Mosaikdarstellung der Schlacht von Issos. Gut sichtbar Alexander der Große zu Pferd mit Waffen, Rüstung – und dem Gorgoneion auf der Brust, wie das Vorbild der Göttin Athene es zu tragen nahelegt.

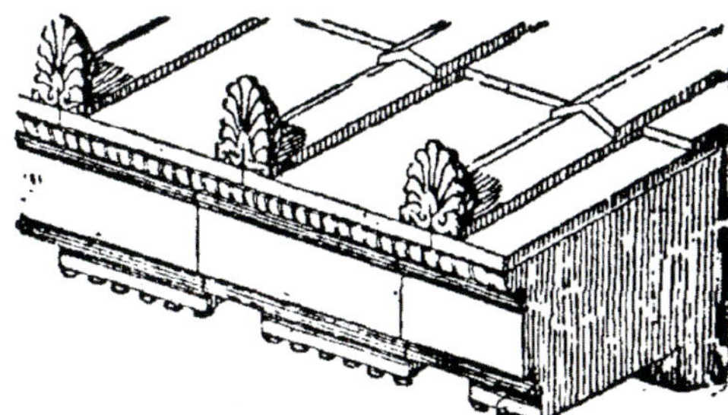

Abb. 64: Schematische Darstellung einer antiken Antefix-realisierung.

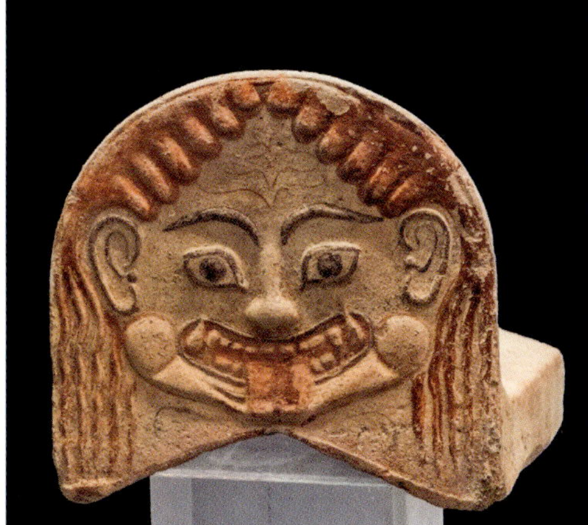

Abb. 65: Polychromes altgriechisches Antefix, eine Gorgone darstellend. Eretria, Euböa, Griechenland.

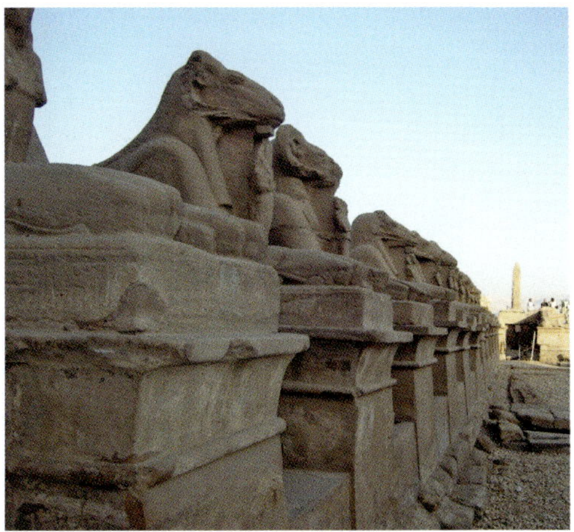

Abb. 66: Widder-Sphingen im Karnak-Tempel, um 1900 v. Chr.

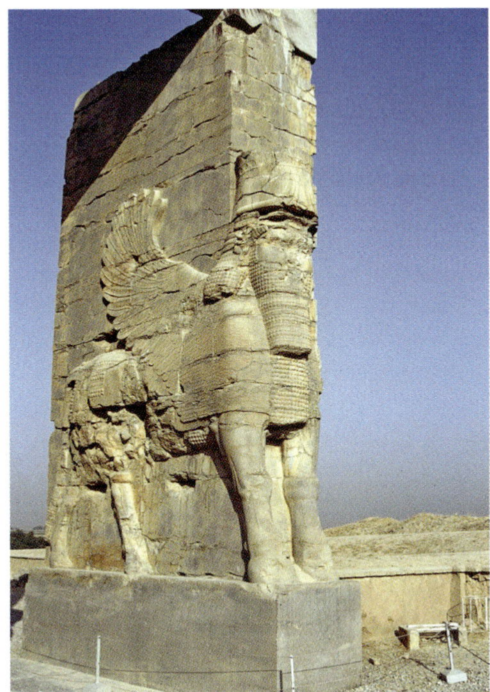

Abb. 67: Lamassu am „Tor aller Länder", Persepolis vmtl. um 400 v. Chr.

dass damit das Haus durch dieses mächtige apotropäische Zeichen von bösen Feinden geschützt sein möge, indem das Gorgoneion alles Böse vom Haus fernhält.

Nebenbei gesagt: Das Gorgoneion ist nicht das einzige Beispiel architektonisch umgesetzter Apotropaia. Sphingen (Abb. 66) gehören ebenso in diesen Zusammenhang wie die assyrisch-babylonischen und persischen Shedu- bzw. Lamassu-Darstellungen (Abb. 67), und auch Hermen (Abb. 68 / 69) dienten derselben Funktion, nämlich die Zugänge zu wichtigen Gebäuden vor Angreifern jedweder Art zu schützen, was man auch an der Schönen Pforte der Alten Hofhaltung in Bamberg sehen kann (Abb. 70). Es sind hier im Wesentlichen Darstellungen von wirkungsvollen apotropäischen (Tor)Wächterfiguren. Man kann nun bereits gut erkennen, dass das Gorgoneion, die

Masken und alle anderen apotropäischen Darstellungen im Kontext eines bestimmten Weltbildes, einer bestimmten Überzeugung stehen, das man zutreffend als magisches Weltbild bezeichnen kann, was noch ausführlicher zur Sprache kommen wird.

Einmal als Kunstform in der Welt, erfuhr das Gorgoneion bereits in der Antike diverse Modifikationen. Die ursprüngliche Darstellungsweise des Gorgoneions (aufgerissene Münder und Augen, Zähnefletschen, Zungenblecken) versuchte, durch ihre Attribute das Moment des Apotropäischen zur Wirkung zu bringen. Nicht nur erscheint das Gesicht durch die grimassierenden Aktionen wesentlich größer als gewöhnlich (Abb. 71), es wird vor allem eine optische Verfremdung des Gesichts erzeugt, das an animalische Aspekte erinnert, bei den archaischen Darstellungen dadurch unterstrichen, dass das Gorgoneion wie erwähnt, manchmal auch mit Eberhauern und Schlangen um den Kopf gezeigt wird. In manchen alten Gorgoneion-Abbildungen wurden ihr beispielsweise auch noch Flügel, Löwenfüße

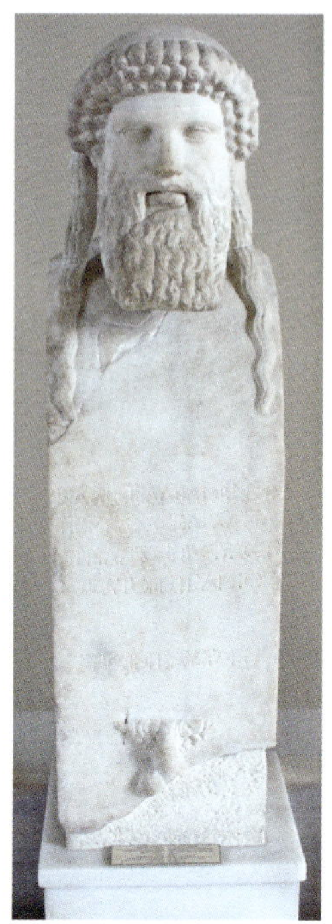

Abb. 68: Herme, die eine Inschrift mit Hermes Propylaios von Alkamenes assoziiert., um 400 v. Chr. oder später.

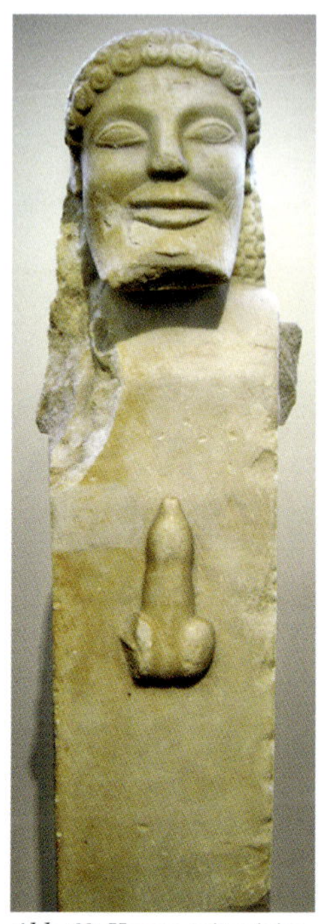

Abb. 69: Herme mit erigiertem Phallus als apotropäisches Symbol, ca. 520 v. Chr. aus Siphnos.

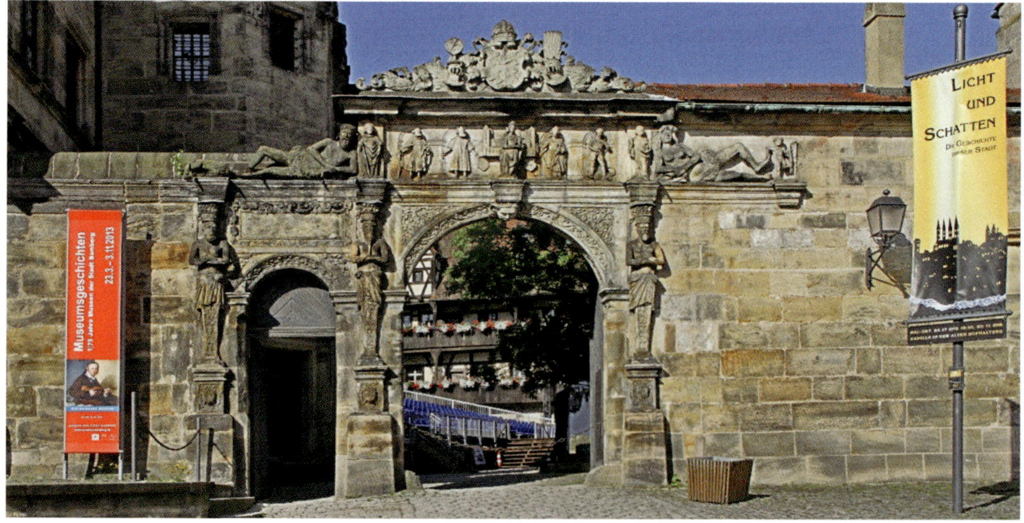

Abb. 70: Schöne Pforte der Alten Hofhaltung mit drei lendengeschürzten Hermen und weiterem reichem Skulpturschmuck.

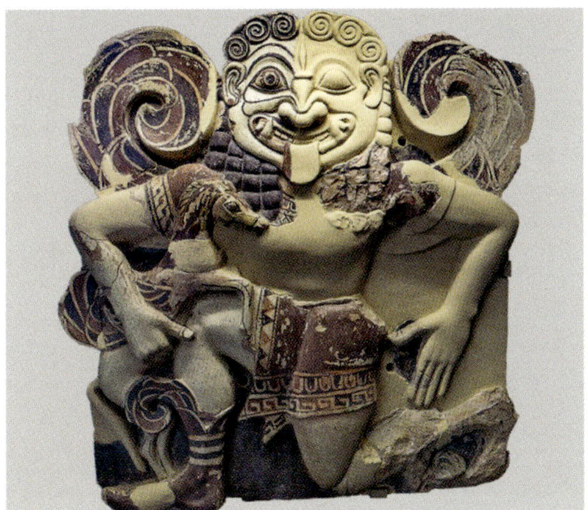

Abb. 71: Terrakotta (7. Jhd. v. Chr.) mit geflügelter Gorgone. Sie hält den geflügelten Pegasos, das im Mythos aus dem Blut der enthaupteten Medusa geboren wurde. Die rekonstruierte Gesichtsgestaltung zeigt deutlich die animalischen Züge in der intendierten apotropäischen Manier.

und ein Fischschwanz beigefügt, was nicht nur das Animalische, sondern auch, als Mischform verschiedener Wesen, nachvollziehbarerweise das Gefühl des Überraschenden und Verstörenden beim Betrachter hervorruft (Abb. 72). Dies alles, verbunden mit dem Moment des Plötzlichen, wenn die Grimasse geschnitten

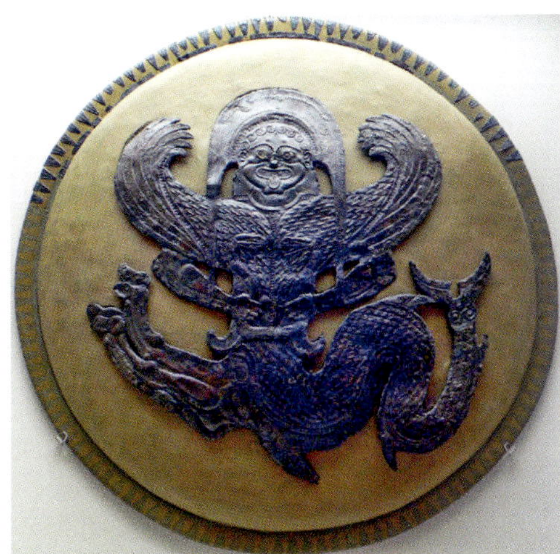

Abb. 72: Rekonstruierter Schild mit der Darstellung einer geflügelten Gorgone mit Fischschwanz und Löwenfüßen, 2. Hälfte des 6. Jhd. v. Chr.

wird, löst beim Gegenüber eine emotionale Reaktion aus; in der Regel eine Art von Angst und Schauder – genau das also, was ein gelungenes und brauchbares Apotropaion erzeugen soll.

Die Wandlungen des Gorgoneions in der künstlerischen Handhabung sind mehrfach beschrieben worden. Die Tendenz, das Gorgoneion aus seiner ursprünglichen, rein apotropäischen, im Kontext des magischen Denkens angesiedelten Funktion, herauszulösen und ihm eine immer stärker ästhetisch konnotier-

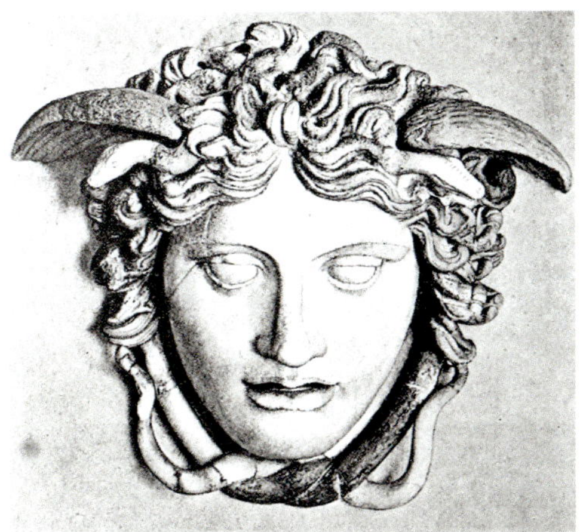

Abb. 73: "Medusa Rondanini", Marmor, römische Kopie nach einem griechischen Original von Phidias, das auf dem Schild der Athena Parthenos angebracht war, 5. Jhd. v. Chr.

te, ornamentale Bedeutung zuzuschreiben, ist hierbei besonders auffällig. Diese Entwicklung mag vielleicht die Antike anbelangend in der sogenannten Medusa Rondanini (Abb. 73) kulminieren.

Eine kunstgeschichtlich nicht unwichtige Transformation des Gorgoneions ist ihre topografische Verlagerung ins Meer, womit sie immer wieder mit dem Gott Poseidon/Neptun identifiziert bzw. in dessen Nähe gerückt wurde (Abb. 74): „Noch ist eine Umbildung des Gorgoneions zu erwähnen, die mit zu den phan-

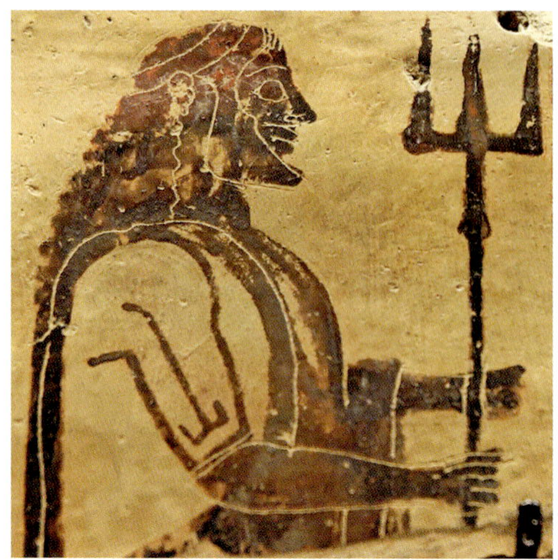

Abb. 74: Poseidon mit dem Dreizack, korinthisch um 550 v. Chr., Penteskouphia.

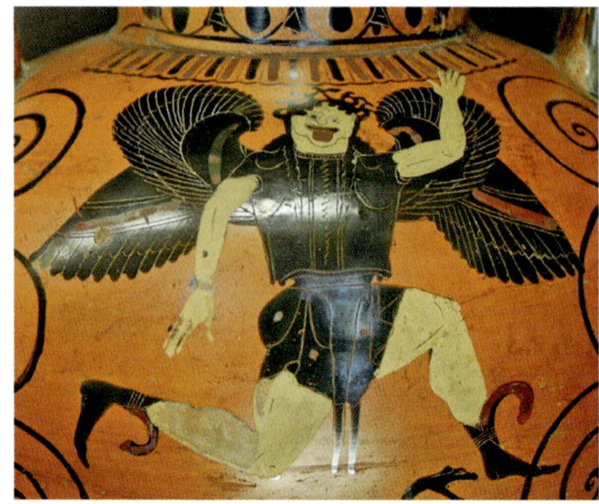

Abb. 75: Gorgone als Mischwesen, Figur in schwarz, attische Halsamphora, ca. 520-510 v. Chr.

tasievollsten Schöpfungen der hellenischen Kunst gehört, die Umbildung zu einem Meerwesen. Das kalte Grauen der Meerflut war hier der leitende Gedanke. Die Augen, groß und rund, gleichen mit ihrem kalten starren Blicke denen der Fische; allerlei Meeresgewächs und -getier wird im Gesicht und im Haar benutzt."[3] Letzteres entspricht Varianten des Mythos, in denen Medusa die Schwester Alexanders des Großen gewesen ist, die als Nixe bzw. Nymphe im Wasser lebt und mitunter ihr Unwesen mit Schiffen und deren Besatzung treibt. Ein anderer Erzählstrang weiß zu berichten, dass die Medusa mit dem Meeresgott Poseidon/Neptun verheiratet war bzw. von ihm gewaltsam zur Frau genommen wurde. Ohnehin werden die Gorgonen als die Töchter der Meeresgottheiten Phorkys und Keto angesehen, was ihre Verbindung zu Meer und Gewässern klarstellt. Dies erklärt auch antike Darstellungen, bei denen Medusa mit einem Fischschwanz oder

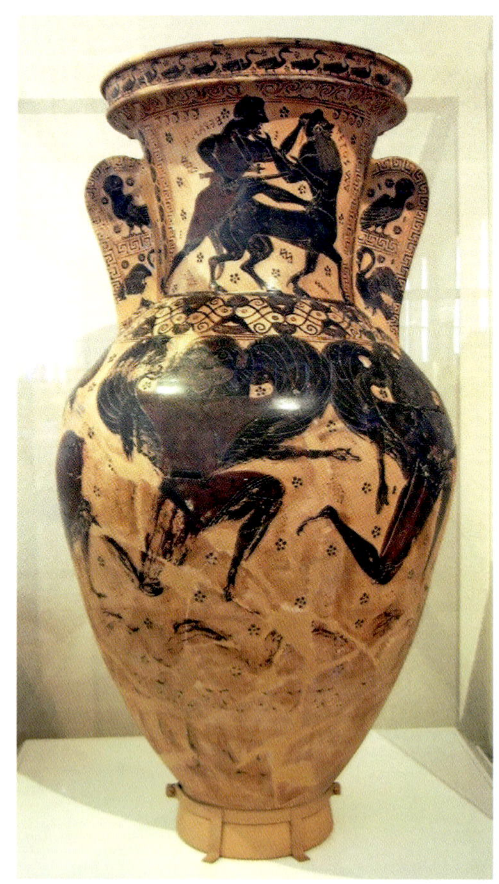

Abb. 76: Gorgone als Mischwesen, Figur in schwarz, attischer Lekythos, ca. 530 v. Chr.

3 Lexikon der griechischen und römischen Mythologie. Hrsg. v. Wilhelm Heinrich Roscher, Leipzig 1884 ff., Band 2, Sp. 1725.

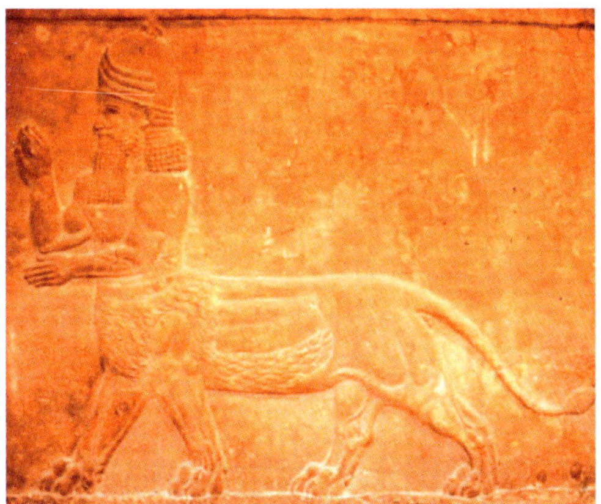

Abb. 77: Urmahlullu, ein „ungezähmter Löwen-Mensch", wie das assyrische Wort wörtlich übersetzt heißt. Das Relief aus dem Palast von König Assurbanipal in Ninive stammt aus der Zeit um 640 v. Chr.

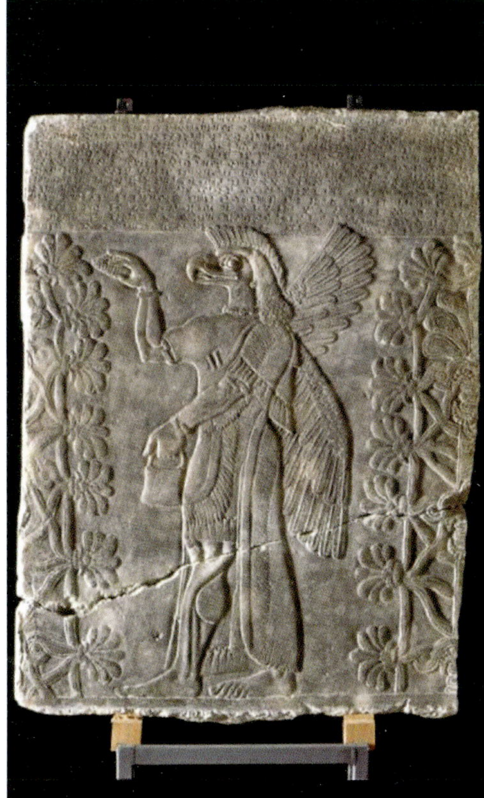

Abb. 78: Vogelapkallu, assyrisches Relief aus dem Nordwestpalast in Nimrud (ca. 883-859 v. Chr.).

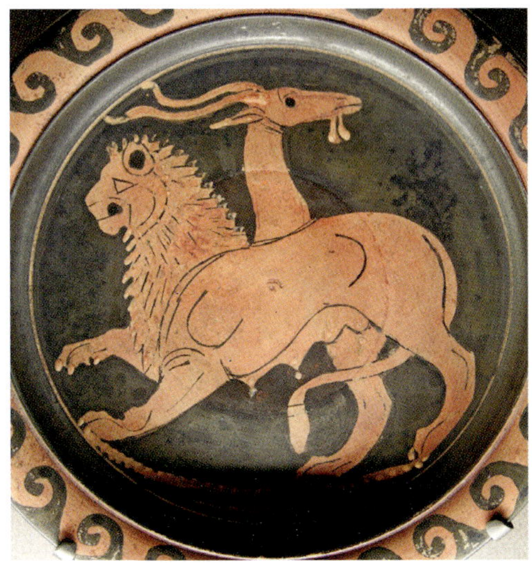

Abb. 79: Die Chimaira, rotfigurige Tafel, Apulien, von 350-340 v. Chr.

Fischleib gezeigt wird (vgl. Abb. 72), wie es insgesamt die Tendenz im Altertum gibt, Medusa als Mischwesen abzubilden (Abb. 75 / 76), als Parallelen bei Sphingen, Apkallu, der Chimaira oder auch Urmahlullu (Abb. 77 / 78 / 79).

Diese spezifisch ozeanischen Änderungen des Gorgoneion sind die mythologischen Wurzeln des kunsthistorisch gut greifbaren Bildtyps der Blattmaske (Abb. 80). Die Blätter und sonstige florale Elemente versinnbildlichen wohl Tang und Algen, die später (Mittelalter, Barock, Zeit um 1900) in akanthusartige Gewächse transformiert wurden (Abb. 81). Die Blattmasken als eigentümliche Umsetzung des Gorgoneions sind überwiegend mit männlichen Attributen versehen bzw. als Männerkopf wiedergegeben (Abb. 82).

Ein Hinweis zur bildlichen Darstellungsweise des Gorgoneions soll an dieser Stelle noch erwähnt werden: Offenbar stammt, wie die Forschung vermutet, das physische Erscheinungsbild der Gorgone in dessen Grundzügen aus dem nordafrikanischen/phönizischen Kultur-

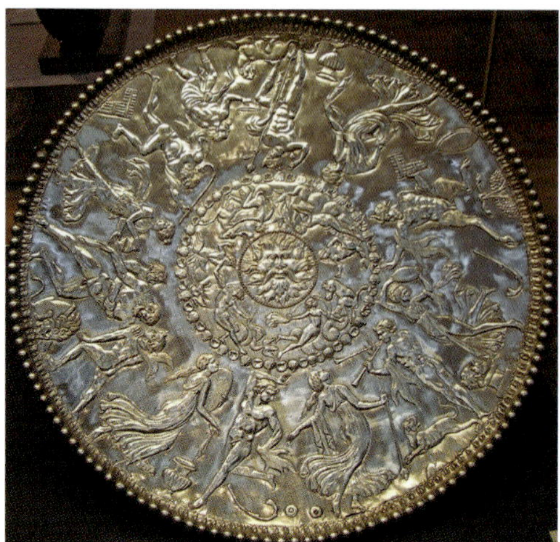

Abb. 80: Zentrale Blattmaske aus dem Schatz von Mildenhall, ca. 4. Jhd., im Britischen Museum von London.

kreis, das dann später in den griechischen Mythos von Perseus und Medusa adaptiert wurde. Dem entspricht recht gut, dass im Mythos die drei Schwestern im Atlasgebirge bzw. in Libyen beheimatet werden, was ein erinnernder Reflex des Mythos auf die kulturelle Herkunft dieser Darstellungsform sein könnte.

So weit die mythischen Wurzeln zum kunsthistorischen Phänomen der Masken, ihrer Bedeutung und ihrem Aufkommen, das kurz gesagt folgendermaßen zusammengefasst werden kann: Aus einer tiefen, existenziellen Angst im Dasein des Menschen (die weit über eine konkrete Angst, die man normalerweise vermutlich pragmatisch handhaben kann, indem man Regeln und Handhabungsmodi erlässt, hinausgeht) und einer unmittelbaren, rein intuitiven Beziehung zu dieser Angst beginnen die Menschen der Antike, Masken als Unheil abwehrend, als apotropäisch, herzustellen. Das heißt, entsprechende Objekte zu verfertigen, von denen man sich Schutz für sich selbst, seine Familie sowie den überlebensnotwendigen Besitz wie Häuser, Brunnen, Eingangsbereiche usw. vor dämonischem, unwillkommenem Wirken verspricht. So scheint

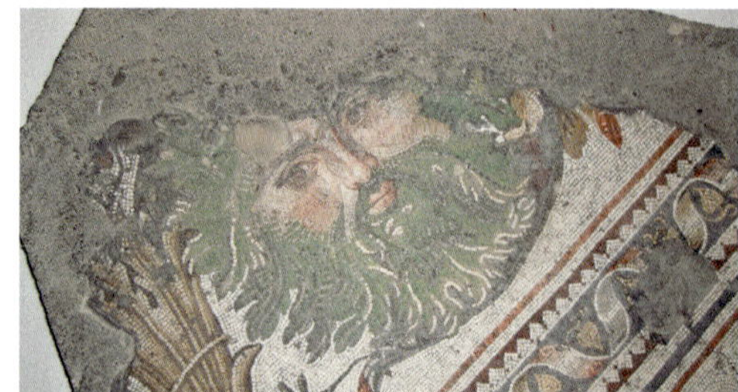

Abb. 81: Mosaikblattmaske, byzantinisch, aus Istanbul, Mosaikenmuseum. Die floralen Bartgewächse werden durch die grüne Färbung optisch unterstrichen, ca. 5. Jhd.

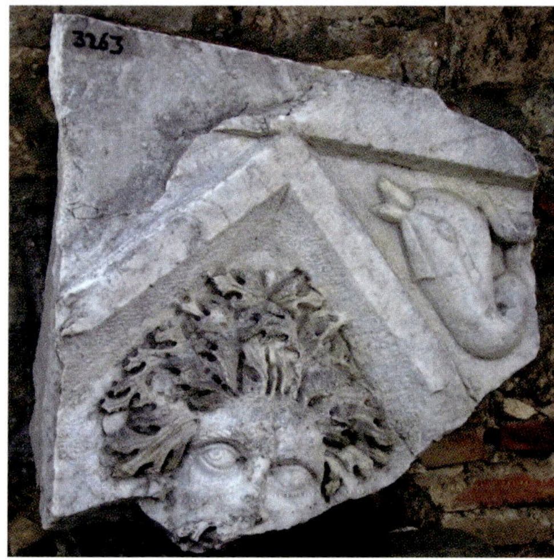

Abb. 82: Dionysius als Blattmaske, womit die männlichen wie ozeanischen Attribute der Blattmaske miteinander ästhetisch verschmolzen werden. Vermutlich römische Kopie einer griechischen Tafel (1. Jhd. v. Chr.).

es sich aufgrund der archäologischen Funde tatsächlich in etwa verhalten zu haben, denn die ersten kunsthistorisch greifbaren Beispiele von Masken waren erwähnte Antefixe, dann auch Schilde von Kriegern, Türknäufe usw. Für die Menschen der mediterranen, archaischen Antike haben sich Masken vorrangig deswegen hierfür angeboten, weil – wie gesehen im Mythos von Perseus und Medusa – die Göttin Athene das Medusenhaupt als besonders wirksamen Schutz auf ihren göttlichen Panzer Aigis angeheftet hat und somit das Gorgoneion in dieser spezifischen Handhabung ein gött-

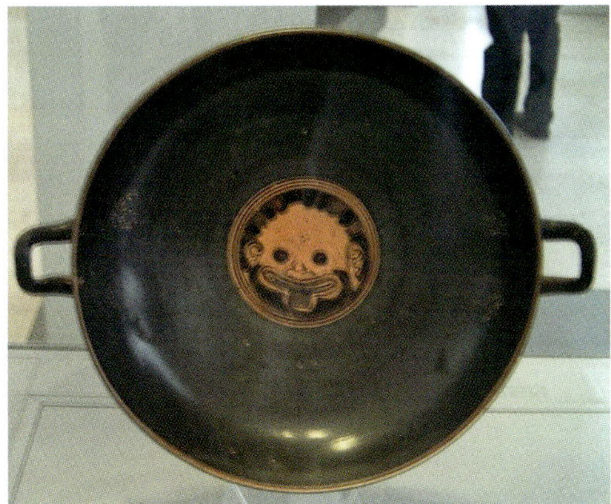

Abb. 83: Kylix, um 510-500 v. Chr. mit Gorgo- bzw. Medusen-Maske.

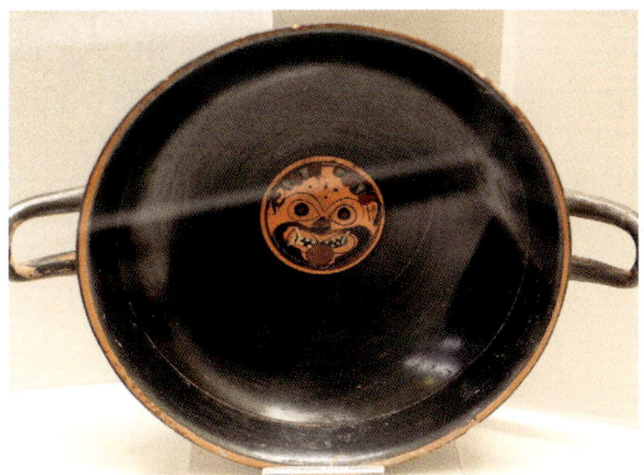

Abb. 84: Kyklix mit Gorgonen- bzw. Medusen-Haupt.

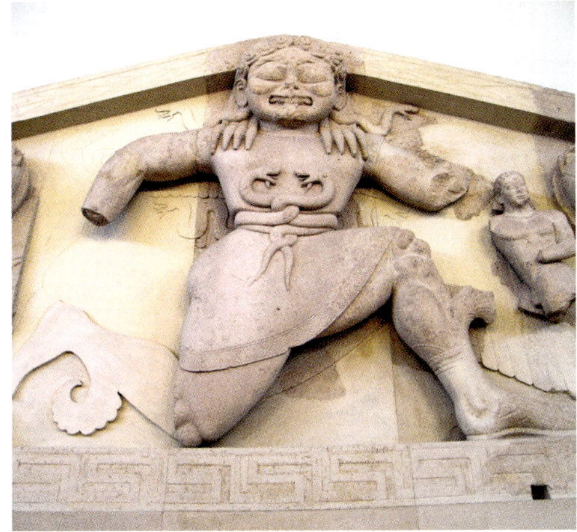

Abb. 85: Kyklix mit Gorgonen- bzw. Medusen-Haupt.

liches bzw. mythisches und somit besonders wirkmächtiges Vorbild hatte.

Des Weiteren finden sich dann auch Darstellungen von gorgonischen Masken auf den Schilden der griechischen Krieger; und nicht nur Masken, sondern auch andere Darstellungen, die offenbar etwas mit einer visuellen Abschreckung des Feindes zu tun haben sollen. So schaut gleichermaßen auf dem Boden von Trinkgefäßen oder Trinkschalen den Trinker das Medusengesicht sukzessive beim Leeren des Gefäßes vom Grund her an (Abb. 83 / 84), und es werden künstlerisch die weiteren Varianten des Mythos ästhetisch umgesetzt, auch in der Plastik findet dieses Sujet in der Antike seine Verbreitung (Abb. 85). Zahlreiche weitere Beispiele künstlerischer Gestaltungen der Medusa im Kontext er Antike sind sehr gut belegt. Das Aufkommen von Masken im kunsthistorisch greifbaren Kontext hat also zunächst immer etwas mit apotropäischen Maßnahmen zu tun, mit entsprechender menschlicher Angst vor dämonischer oder menschlicher, aber auch sonstiger Gefahr wie Feuersbrünste, Unwetter usw. und situiert sich damit ganz grundsätzlich in einer Sphäre, die man als magisches Denken bezeichnet. Somit zeigt sich ein untrennbares, konstitutives Ineinander von Mythos und Kunst, Magie und Leben, Übersinnlichem und Sinnlichem im Feld der Masken zu jener Zeit.

Woher diese apotropäischen Handhabungen, die magischen Vorstellungsweisen, wie sie soeben dargestellt wurden, wohl kommen mögen, was es damit im Rahmen der Kunst und Kunstgeschichte auf sich hat und warum uns das heute im 21. Jahrhundert abendländisch-westlicher Kultur nachgerade exotisch vorkommt (oder vielleicht auch nicht), lässt sich am Beispiel der Bamberger Masken mustergültig veranschaulichen. Denn: Die Bamberger Masken erstrecken sich wie gesagt über einen nennenswert großen Zeitraum, von etwa 1220 bis etwa 1940, also in etwa über 700 Jahre, was ein Zeitraum ist, in dem bedeutsame Veränderungen auf kultureller, künstlerischer, theologisch-philosophischer, gesellschaftlicher Ebene geschehen sind, was sich auch als Mentalitätswandel begreifen lässt. Genau um diese Veränderungen, um diesen Mentalitätswandel im Rahmen erwähnter 700 Jahre soll es im Folgenden bei der Betrachtung und dem Verständnis der Bamberger Masken gehen. Dies deswegen, weil die Masken in Bamberg (und selbstredend auch darüber hinaus) ein anschaulicher, aussagekräftiger und in vielerlei Hinsicht auch überraschend geistreicher Indikator für ebendiesen größeren Kultur- und Mentalitätswandel für die erwähnte Zeitspanne der europäischen Geschichte darstellen. Um einen kleinen Leitfaden für die angesprochenen, gewiss sehr komplexen, differenzierten und heterogenen sieben Jahrhunderte zu bemühen, soll in grober und holzschnittartiger Vereinfachung versucht werden, anhand der hierbei relevanten europäischen Epochen die jeweils charakteristischen Spezifika dieser Zeit zu beleuchten – nicht zuletzt, um besser verstehen zu können, warum sich die jeweiligen Masken in der jeweiligen Zeit sehr spezifisch ausgestalten und spezifisch voneinander unterschieden sind.

Die historisch-kulturelle Transformation der Masken und deren neue Ästhetik

Im folgenden Abschnitt wird der Frage nachgegangen, inwiefern ein kultureller Mentalitätswandel zu einer phänotypisch greifbaren Veränderung der Masken in ihrer ästhetischen Umsetzung geführt hat. Hierfür muss für die Epochen Antike, Mittelalter, Renaissance, Barock und die Zeit um 1900 ein geistes- und kulturgeschichtliches Bild entworfen werden, das auf das Thema Masken und deren Modifikationen zugeschnitten ist. Es versteht sich, dass die nachfolgenden Ausführungen nur als sehr allgemeine, undifferenzierte und vergröberte Skizzen intendiert sind, als simplifizierende Beschreibungen, die den jeweiligen Akzent sehr selektiv setzen. Es ist im Rahmen einer kleinen Monografie zu dem kunsthistorisch relevanten Thema Masken leider nicht möglich, die jeweils sehr differenzierten und komplexen Zeiträume tiefergehend und angemessen zu thematisieren, dies würde den Rahmen vorliegenden Bandes sprengen. Sehen wir uns also den kunsthistorisch gut greifbaren Wandel der Masken vor dem Hintergrund eines stark vereinfachten und vergröberten Interpretaments im Sinne eines epochenbezogenen Kultur- und Mentalitätswandels im Folgenden etwas genauer an.

Vom Medusenhaupt zur Teufelsmaske

Bereits in der Antike lassen sich nennenswerte Veränderungen in der Darstellungsart des

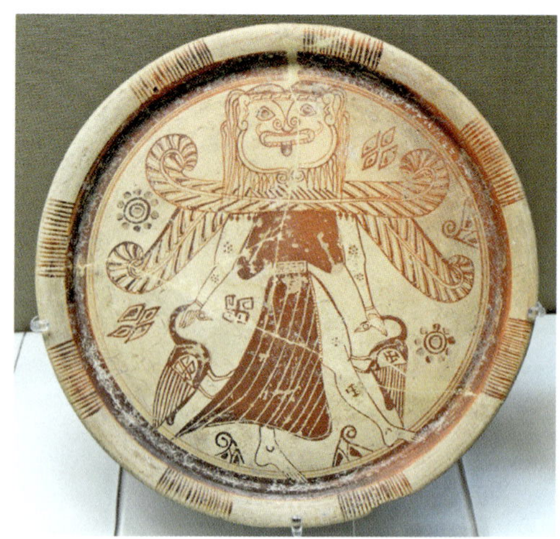

Abb. 86: Geflügelte Göttin mit dem Kopf einer Gorgone, um 600 v. Chr., wahrscheinlich auf Rhodos hergestellt.

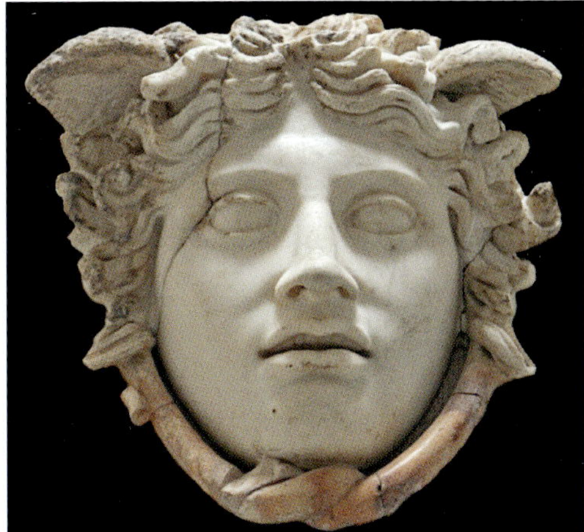

Abb. 87: „Medusa Rondanini", Marmor, römische Kopie nach einem Original von Phidias auf dem Schild der Athena Parthenos, 5. Jhd. v. Chr.

Gorgoneions feststellen: Die archaischen Abbildungen des Medusenhauptes im Kontext der Vasenmalerei (Abb. 76) zeigen deutliche Unterschiede zur erwähnten „Medusa Rondanini" (Abb. 86 / 87) oder auch zu den um das Jahr 0 oder später entstandenen Mosaiken (Abb. 88). Es wird sich zeigen, dass die konkrete Handhabung des magischen Denkens diejenige Gelenkstelle ist, an der sich die konkrete künstlerische Umsetzung des Gorgoneion entscheidet: Der Glaube oder Nicht-Glaube an ein magisches Weltbild ist einer der grundlegenden Parameter, der in vielerlei Hinsicht das Abendland in seiner je konkreten kulturellen Ausformung bestimmt hat (und mitunter bis heute bestimmt), wovon das Phänomen der Masken ein griffiges Beispiel darstellt.

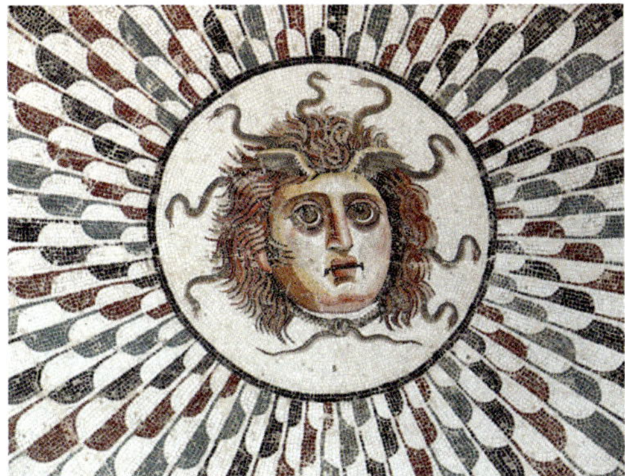

Abb. 88: Mosaik einer Gorgone mit durchdringendem Blick, Schlangen und zwei Flügeln auf der Stirn, 2. Hälfte des 2. Jhds. n. Chr.

Betrachtet man die Beispiele von Masken der archaischen Zeit, so fällt auf, dass das Gorgoneion so apotropäisch wie möglich gestaltet ist – Augenaufreißen, Zungenblecken, Zähnefletschen, Charakter als Mischwesen (Abb. 89). Das magische Denken war hierbei offenbar selbstverständlich, und das Medusenhaupt hatte in diesen Fällen die ungebrochen geglaubte, gewollte und ihm zugeschriebene übernatürliche Kraft, Gefahren durch seine magische Wirksamkeit abzuwehren. Mit dem Aufkommen der griechischen Philosophie, der attischen Klassik und des Hellenismus wurde die archaische Auffassung des Magischen in Kunst, Politik und Gesellschaft deutlich modifiziert – man kann die Masken, die in diesem Kontext und geistigen Fluidum entstanden sind, fast schon als „schöne" Exemplare des Gorgoneions ansprechen, zumindest die erwähnte „Medusa Rondanini" gibt hierfür ein

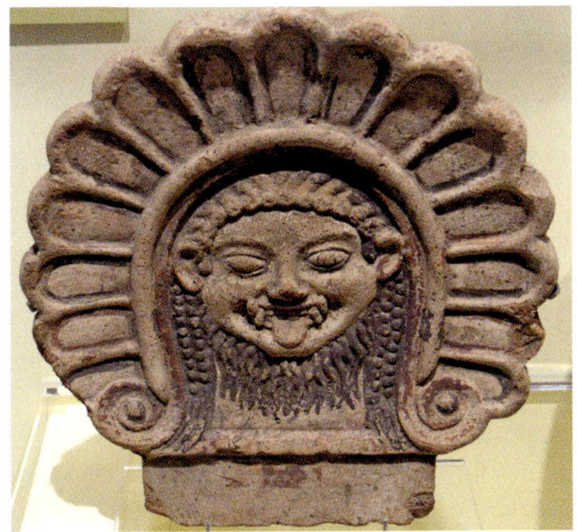

Abb. 89: Antefix mit einem Medusen-Kopf, etruskisch, 6. Jhd. v. Chr.

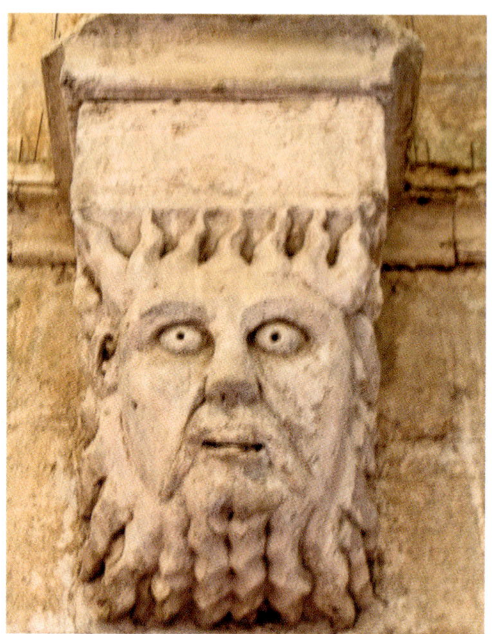

Abb. 90: Maske in Montmajour, ca. 11. Jhd.

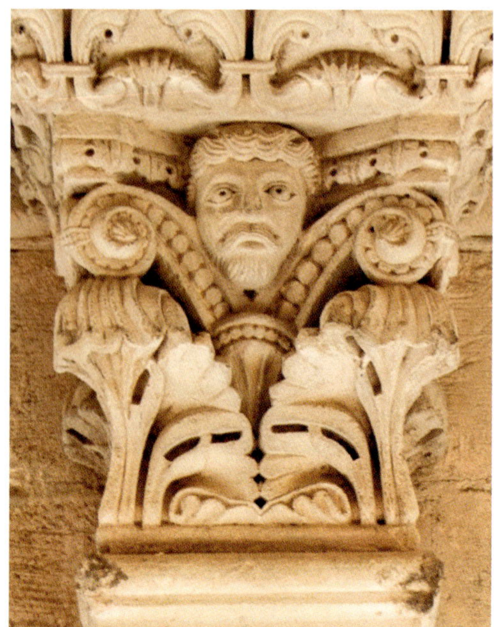

Abb. 91: Maske an einem Kapitell von Montmajour, ca. 11. Jhd.

gutes Beispiel ab, wobei die philosophische Einflusssphäre auf die damalige Kultur sicherlich nur die gebildete Oberschicht betraf. Anscheinend ging es an dieser Stelle nicht (mehr) darum, das macht die künstlerische Umsetzung der Masken deutlich, mit dem Gorgoneion direkt apotropäische Wirksamkeit und Schutzfunktionen zu realisieren. Es bildeten sich dann später, zumal im kulturellen Einflussbereich des Imperium romanum, auch neue Formen und Inhalte des Magischen heraus, mitunter wurde das magische Denken wie gesehen sogar stark zurückgedrängt, stichpunktartig gesagt lässt sich dies etwa in Phänomenen wie dem Kaiserkult, den Chaldäischen Orakeln, den an Einfluss gewinnenden ägyptischen Gottheiten Isis und Osiris, dem Mithraskult, dem persischen Religionsstifter Zoroaster greifen, und im 4. Jahrhundert wurde das Christentum römische Staatsreligion, womit vermutlich die stärksten Veränderungen hinsichtlich des antiken magischen Denkens einhergingen.

Mit dem Ausgang der Antike war das Gorgoneion zunächst eine Zeit lang kein Thema mehr, bis es in der romanischen Kunst des Mittelalters wieder auftaucht und den Außenbereich von Kirchen bevölkert[4] (Abb. 90 / 91). Ab diesem Zeitpunkt steht die Maske (von Gorgoneion im ursprünglichen Sinne kann man in diesen Fällen kaum noch sprechen) im Zeichen des Christentums und der christlichen Deutung der Wirklichkeit, was die Erscheinungsformen der Masken spürbar beeinflusst. Es handelt sich dabei zwar großteils um Masken mit herkömmlich apotropäischen Merkmalen (Zungenblecken, Augenaufreißen, Grimassenschneiden usw.), aber im Verhältnis zu ihren antiken Vorläufern hat sich etwas geändert. Aufschlussreich sind beispielsweise

4 Vgl. hierzu etwa besonders aufschlussreich die Apsis der Kirche von Schöngrabern oder den Kreuzgang der Abtei Montmajour u. a.

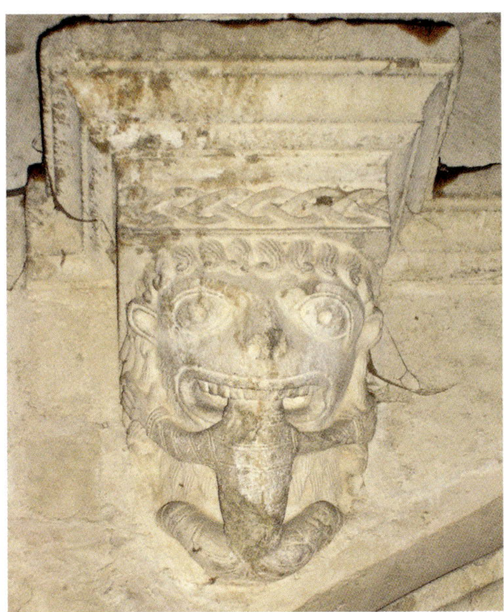

Abb. 92: Abtei Montmajour, augenrollende und zähnefletschende Maske, die einen Menschen verschlingt, ca. 11. Jhd.

verschiedene Maskendarstellungen im Kreuzgang des Klosters Montmajour in der Nähe von Arles (ab 11. Jahrhundert). Zu sehen sind dort an den Kapitellen etwa Masken, die einen Menschen verschlingen (Abb. 92), oder auch ein gehörnter Ziegenkopf (Abb. 93 / 94). Man erkennt hieran recht gut, dass die Masken in diesem Kontext in die christliche Glaubens- und Bildwelt hinübergewandert sind und es sich hierbei offenbar um christlich verstandene Teufels- bzw. Dämonendarstellungen handelt. Derselbe Befund zeigt sich variierend an einem Relief in der Kathedrale von Autun, wo der Sturz des Magiers Simon (Apg. 8,5-24) wiedergegeben und am Rand erneut eine Teufelsdarstellung zu sehen ist: Simon und der Teufel sind mit weit aufgerissenem Mund, riesigen Augen und gebleckter Zunge wiedergegeben (Abb. 95). Die apotropäischen Merkmale der Antike behält man bei dieser Darstellung grundsätzlich bei, transferiert sie

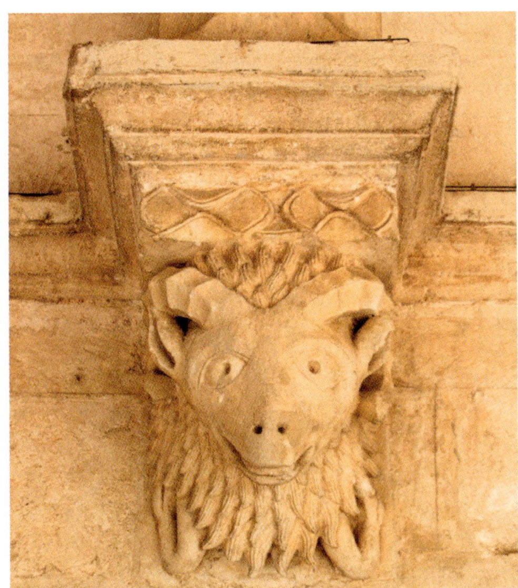

Abb. 93: Abtei Montmajour, gehörnter Ziegenbock, der die Transformation der klassisch-antiken Masken in die christliche Symbolik und Bildersprache dokumentiert, ca. 11. Jhd. Aufgerissene Augen und gefletschte Zähle bilden ein Kontinuum zu den antiken Gorgoneion-Darstellungen.

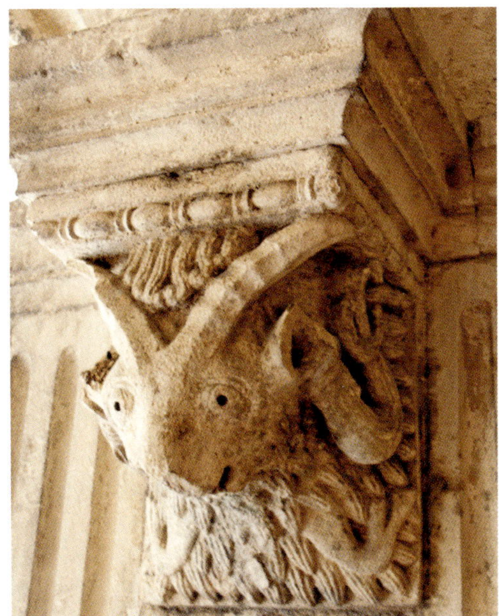

Abb. 94: Abtei Montmajour, ebenfalls gehörnter Ziegenbock, der die Transformation der klassisch-antiken Masken in die christliche Symbolik und Bildersprache dokumentiert, ca. 11. Jhd.

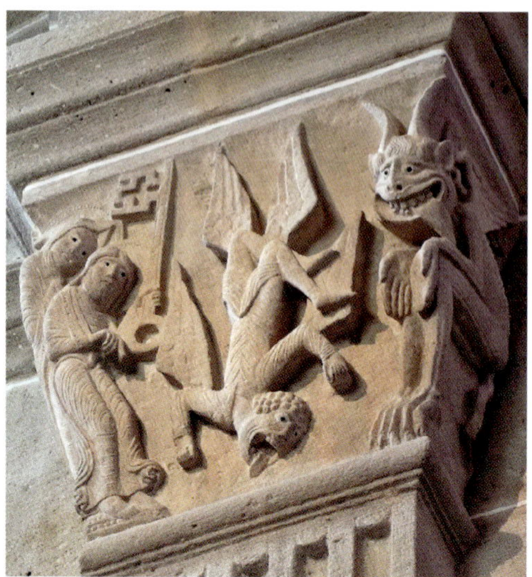

Abb. 95: Autun, Sturz des Magiers Simon, ca. 12. Jhd. Aufgrund seines Ansinnens, den Aposteln Johannes und Petrus (hier durch einen großen Schlüssel erkennbar) bedeutende geistliche Fähigkeiten für bare Münze abzukaufen, wird der Magier Simon mit einem Höllensturz bestraft. Der kopfüber stürzende Simon weist klassische apotropäische Merkmale auf: Aufgerissene Augen, straff gespannte und gebleckte Zunge, weit aufgesperrtes Maul, womit ein deutliches Zähnefletschen einhergeht.

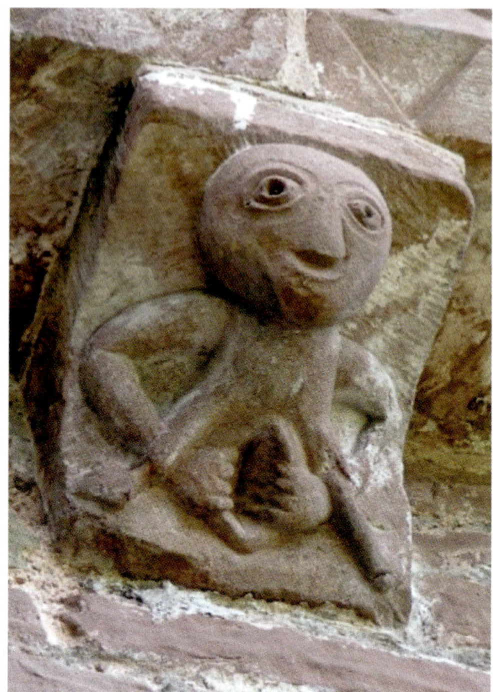

Abb. 96: Sog. „Sheela na gig", eine apotropäische dreidimensionale Maskenfigur am Außenbau der Kirche von Kilpeck / England.

jedoch in einen christlichen Kontext. Besonders Exemplare am Außenbau der Kirchengebäude weisen apotropäische Formen auf (Abb. 97 / 98 – Obere Pfarre), das kann vermutlich in zweierlei Hinsicht verstanden werden. Zum einen die „klassische" antike apotropäische Gestaltung, die aufgrund der grausigen Erscheinungsformen der Masken abschreckend wirkt – zum anderen wäre es auch denkbar, was an den Bamberger Beispielen sehr gut erkennbar ist, dass das Apotropäische ein wenig „um die Ecke" gedacht wurde, möglicherweise insofern, als die christlich verstandenen Teufel und Dämonen ihresgleichen vom Kirchenbau als Haus Gottes abhalten und abschreckend wirken sollen, weil sie aufgrund ihrer Darstellungsweise unterdrückte, besiegte Dämonen darstellen. Sie wehren in dieser Variante vermutlich deswegen Dämonen ab, weil sie

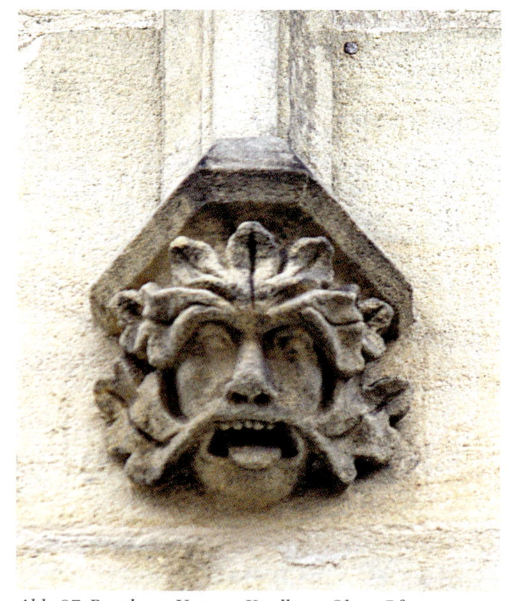

Abb. 97: Bamberg, Unterer Kaulberg, Obere Pfarre

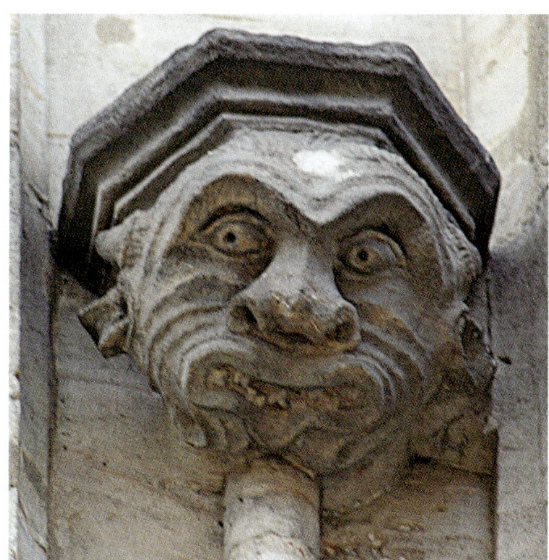

Abb. 98: Bamberg, Unterer Kaulberg, Obere Pfarre

als überwundene, unterworfene böse Geister ihresgleichen auf ihr mögliches zukünftiges Schicksal anschaulich hinweisen, das auch ihnen droht, wenn sie sich mit dem christlichen Gott, seiner Kirche und seinen Heiligen auf einen Kampf, ein Kräftemessen einlassen.[5]

Das Bemerkenswerte der mittelalterlichen Masken besteht gar nicht in erster Linie darin, dass auf ikonografischer Ebene die neuen christlichen Inhalte – Teufel, Dämonen, Simon Magus usw. – zum Tragen kommen, sondern dass eine neue menschliche, zwischen-

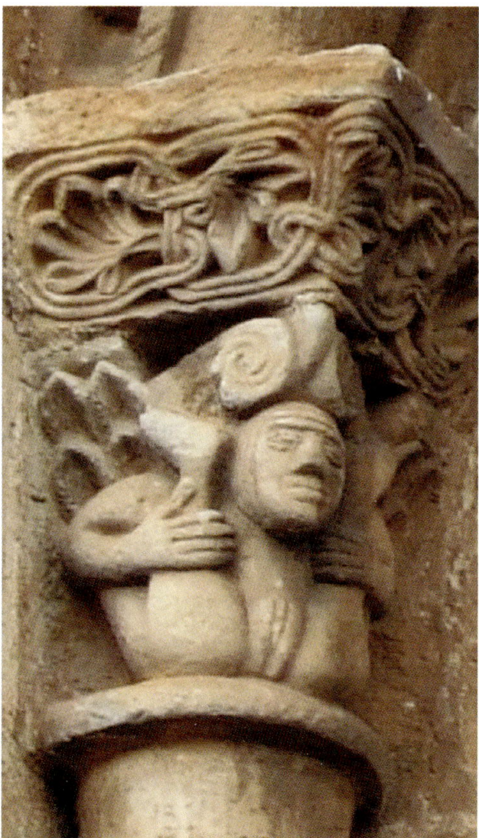

Abb. 99: „Sheela na gig" an der Stiftskirche von San Pedro de Cervatos (Spanien), Apsisfenster, ca. 12. Jhd.

menschliche Qualität erscheint. Die Maske ist nicht deswegen in ihrer funktionalen Wirkweise apotropäisch, weil sie, wie in der Antike, direkt einen Gegenüber mit grausigem Aussehen und Auftreten abschreckt, sondern im Kontext des christlichen Mittelalters findet gewissermaßen eine Umkehr bzw. Inversion hinsichtlich der Direktion, des Wechselspiels zwischen Maske und Adressat statt. War bislang die Maske in der antiken Vorstellungswelt, wenigstens in der Masse der vorfindbaren Beispiele, gewissermaßen das „aktive Subjekt", das auf das potenzielle objektive Gegenüber im Sinne von feindlichen Kräften als „passiver Adressat" einwirkt, so ändert sich das im Kontext der mittel-

5 In Bamberg ist dies am Außenbau des Ostchors der Oberen Pfarre ersichtlich, wo alle apotropäischen Darstellungen bezeichnenderweise unter etwas angebracht sind, unter Konsolen (auf denen Heilige/christliche Figuren stehen) oder unter Blendarkaden (als Zierde der christlichen Kirche). Als ikonografische Aussage ist diese Semantik eindeutig. Auch im Dom hat die Statue von Papst Clemens II. an den nordöstlichen Chorschranken eine Schlange unter ihren Füßen, genau wie sich in der Nürnberger Lorenzkirche unter dem Rosenkranz des „Englischen Grußes" von Veit Stoß eine überwundene und also unterdrückte Schlange ringelt und windet.

alterlichen Maske signifikant. Zwar wirkt auch hier die Maske auf das Gegenüber ein, aber das Gegenüber, das man an dieser Stelle tatsächlich zu Recht als Betrachter im künstlerisch-ästhetischen Sinn bezeichnen kann, ist gar nicht als eigentlicher Adressat jener Art von Masken gemeint: sondern vielmehr dessen Gesinnung, dessen Gewissen, kurz – dessen Inneres. Die mittelalterlichen Masken sind in vielen Fällen (es gibt parallel dazu natürlich auch Masken im Mittelalter, die sich unmittelbar im Sinne der antiken Masken in abschreckender Weise auf ein potenzielles Gegenüber beziehen, wie es sehr deutlich bei der „Sheela na Gig" der Fall ist – Abb. 96 / 99) intentional gar nicht auf ein Gegenüber ausgerichtet, auf das unmittelbar einzuwirken wäre, sondern wie gesehen auf einen Betrachter, der anlässlich der Betrachtung einer bestimmten Art mittelalterlicher Masken indirekt und mittelbar angesprochen wird und durch eigenes Nachdenken, eigenes In-sich-Gehen das Apotropäische dieser Art von Masken als Hinweis (in durchaus didaktischer, pädagogischer Weise) auf seine Sünde verstehen soll. Das Objekt, das eigentliche Gegenüber vieler mittelalterlicher Masken ist entweder die Sünde des Menschen und deren Folgen, vor der apotropäisch beim Betrachter gewarnt wird, oder in anderen Fällen die Angst der Dämonen und bösen Geister, wie sie immer wieder als mittelalterliche Masken dargestellt werden, als besiegte Übeltäter unter den Füßen der Heiligen zu landen (Abb. 100).

Unabhängig vom bisher Gesagten weisen die meisten mittelalterlichen Masken eine urwüchsige und bodenständige Version eines magischen Weltbildes auf – mit Dämonen, Teufeln, bösen magischen Welten und Mächten wird jederzeit gerechnet, und man versucht entsprechend, sich dagegen u. a. mithilfe von Masken zu wappnen, aber auch Zaubersprüche, Volks- und Aberglaube usw. sind Beispiele für ein stark ausgeprägtes magisches Weltbild.

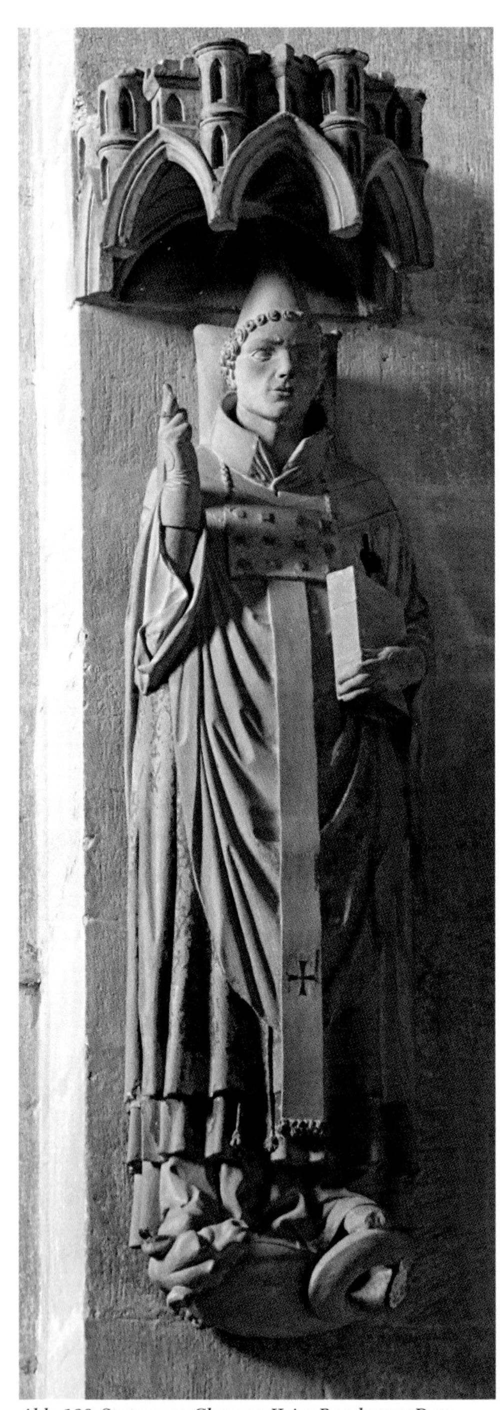

Abb. 100: Statue von Clemens II. im Bamberger Dom.

Was das magische Weltbild des Mittelalters in den meisten Fällen vom magischen Weltbild der größten Teile der Antike unterscheidet, ist der Umstand, dass das magische Weltbild des Mittelalters so gut wie durchgängig metaphysisch geprägt war, wohingegen in den meisten Fällen des antiken magischen Weltbildes – zumal in der archaischen Zeit, als die Masken ihr erstes bekanntes Auftreten erlebt hatten (in späteren Zeiten wie etwa dem Hellenismus ändert sich dies zumindest partiell, was hier aber nicht weiter verfolgt werden kann) – „Magie" bis zu einem gewissen Grad synonym mit „Zauberei", „gespenstisch", „Geisterwesen" und Ähnlichem gedeutet wurde.

Was heißt dann aber „metaphysisch" im spezifischen Kontext des Mittelalters? Auch wenn es zunächst überraschend klingt, das metaphysische Weltbild des Mittelalters, das seinen spezifischen Modus von „magisch" bestimmt, stammt natürlich von antiken Philosophen wie Platon, Aristoteles pp. und meint, dass der sinnlich wahrnehmbaren Welt eine übersinnliche, in gewisser Hinsicht auch transzendente Welt gegenübersteht, die als das wichtigere Moment zu verstehen ist, welches die Ursache, die Voraussetzung, die Bedingung aller sinnlichen Wirklichkeit ist.

Das irrationale Moment des Magischen (wie es in der Archaik der gängige Modus war) wird in gewisser Weise rationalisiert, es wird qua Metaphysik der Versuch unternommen, das Unverstehbare durch gedankliche Modelle irgendwie verstehbar zu machen. Das hat zwar auch schon die Archaik in Form von Ritualen, Opferkulten, Beschwörungen, Orakeln etc. beabsichtigt, neu im Sinne der Metaphysik ist nun aber, dass man diese Rationalisierung mit Begriffen und Argumenten, mit potenziell für alle Leute nachvollziehbaren Gründen zu belegen versucht. Dies ist eine der Wurzeln des Allgemeingültigkeitsanspruchs der mittelalterlichen Kirche, des zumindest angestrebten mittelalterlichen Universalismus (dass in dieser Zeit die Universitäten im genuinen Sinn ihren Ursprung haben, mag kein Zufall sein) sowie der mittelalterlichen Idee einer vernünftigen, weil zwar gottgewollten Schöpfung, aber nichtsdestotrotz vom Menschen erkennbaren göttlichen Ordnung von allem.

Selbst wenn uns heute jenes magisch-metaphysische Weltbild des Mittelalters in so gut wie jeder Hinsicht sehr fremd ist, so wird man festhalten können, dass das spezifisch mittelalterliche magische Weltbild, das stark vom magischen Weltbild der archaischen Antike differiert, letztlich etwas wirklich Neues darstellt (auch wenn die Basis des magischen Denkens in beiden Fällen als selbstverständlich bezeichnet werden kann) – ein durch göttliche Schöpfungsordnung allgemeinverbindliche und prinzipiell verstehbare Universalität –, dessen Wurzel ein spezifisch metaphysisches Denken ist. Womit bereits ein erstes Beispiel anschaulich wird, wie sich ein europäischer Kultur- und Mentalitätswandel vollzieht und u. a. im kunsthistorisch gut benennbaren Indikator der Masken seinen Niederschlag findet. Zwar haben auf den ersten Blick und rein phänotypisch die mittelalterlichen Masken einiges mit den antiken (von der Archaik bis zum Hellenismus) gemein, der prinzipielle Darstellungsmodus ändert sich in der Tat nur unwesentlich, aber genauer betrachtet machen die kleinen künstlerischen Unterschiede an dieser Stelle eine ganze Welt aus.

Denn durch das Christentum verändert sich das Verständnis des Magischen nennenswert im Vergleich zur Antike, das unmittelbar Spukhafte, Dämonische, Gespenstische wird nun wie gesehen metaphysisch eingehegt, es verliert im Glauben und Weltbild der Zeit zwar keineswegs seine faktische Realität, erlebt aber eine starke Modifizierung.

Die Masken in der Renaissance

Beispiele für Renaissance-Masken in Bamberg finden sich etwa in der Karolinenstraße 20 (Abb. 101), der Alten Hofhaltung (Abb. 102), wie insgesamt im Bereich des Kanzleigebäudes, Unterer Kaulberg 30 (Abb. 103) und Obere Karolinenstraße 6 (Abb. 104) sowie bei zahlreichen weiteren Bamberger Baudenkmälern. Zunächst einmal zeigt sich, dass auch hier die typischen apotropäischen Elemente nach wie vor kenntlich sind: gebleckte Zungen, aufgerissene Münder und große Augen – und das alles durchgängig en face für den Betrachter gebildet. Allerdings sind die Renaissance-Masken in Bamberg und anderswo spezifisch verschieden von den archaisch-antiken und mittelalterlichen Masken – wie ist das zu verstehen?

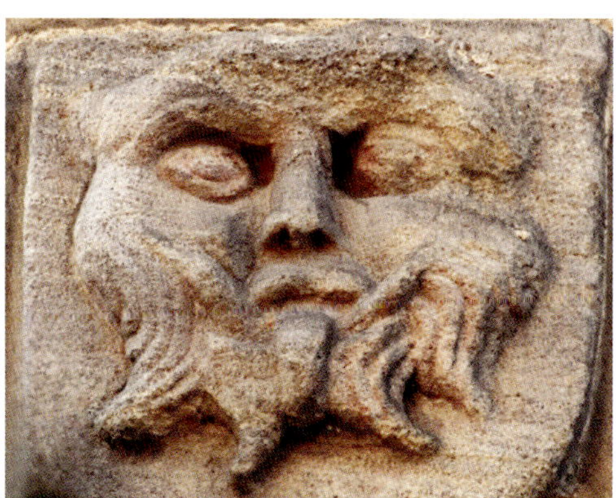

Abb. 101: Karolinenstr. 20

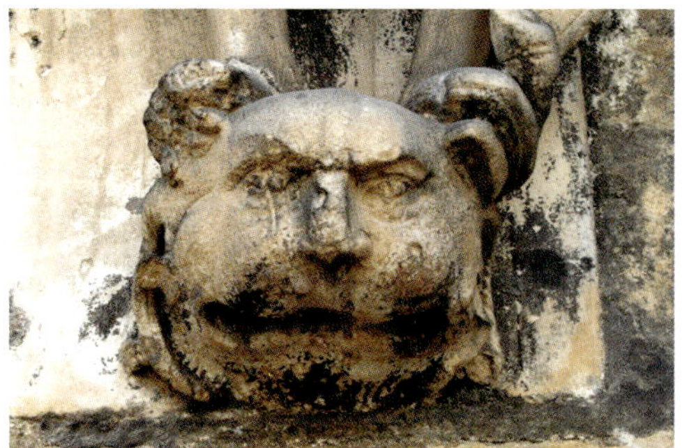

Abb. 102: Domplatz 7, Alte Hofhaltung

Man könnte fast behaupten, die Bamberger Renaissance-Masken seien eine Melange aus antiken, mittelalterlichen und nochmals sehr eigenen Momenten. Aus der Antike haben sie vielleicht eine gewisse Formstrenge übernommen (die meisten mittelalterlichen Masken, zumal diejenigen aus der vorgotischen Zeit (Abb. 105/106), kann man in formaler Hinsicht als unkanonisch bezeichnen), was sich etwa an den Gesichtsproportionen, einem „an-

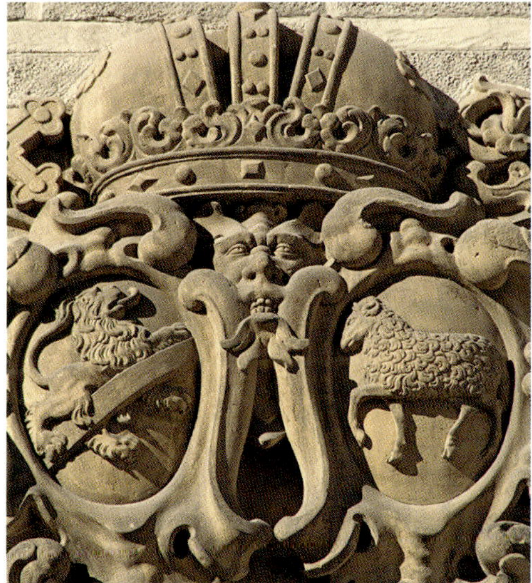

Abb. 103: Unterer Kaulberg 30

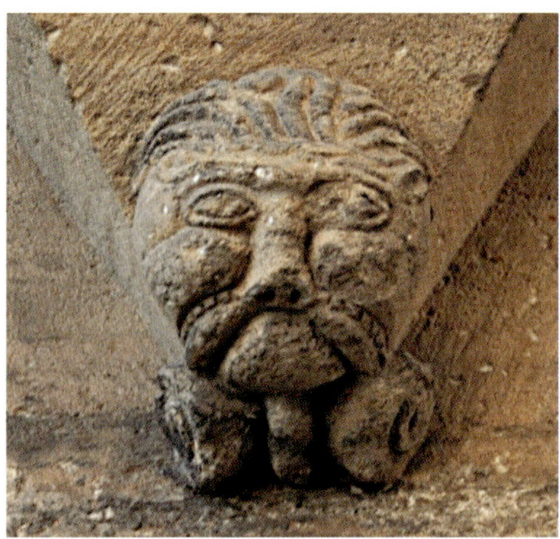

Abb. 104: Obere Karolinenstr. 6

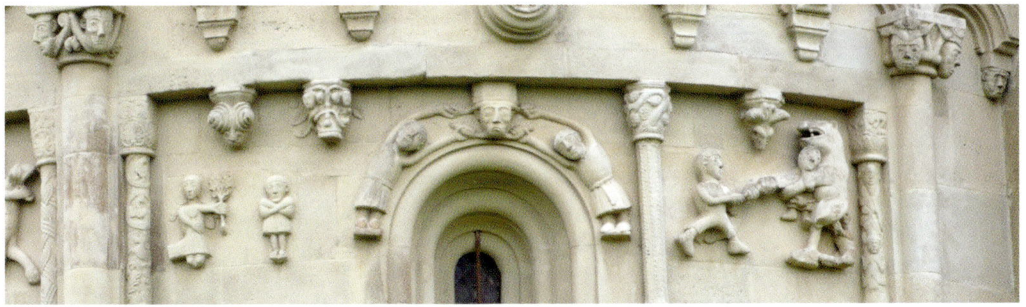

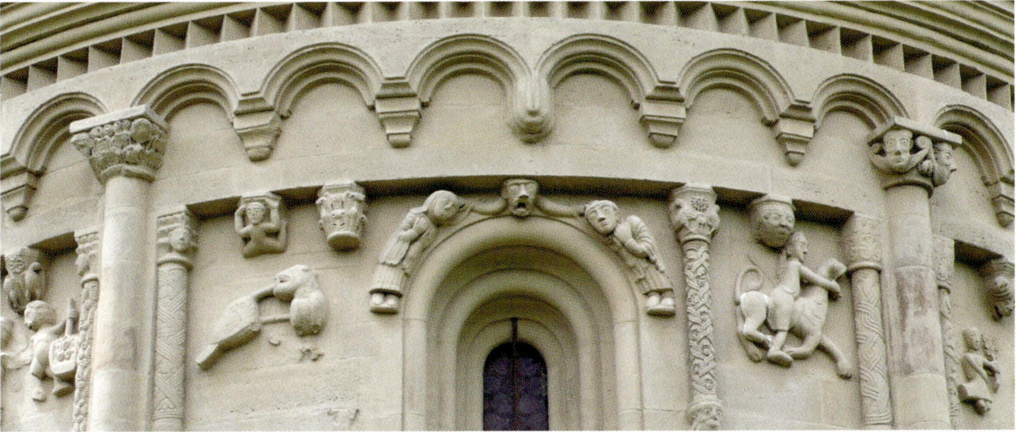

Abb. 105 / Abb. 106: „Steinerne Bibel" von Schöngrabern – unkanonische Masken der Romanik.

schaulichem Realismus" erkennen lässt, eine dezidierte und spezifische Ästhetik im Sinne von „Schönheit" kommt hier zur Geltung, bei der klassisch-antike Elemente spürbar sind. Das mittelalterliche Moment der Bamberger Renaissance-Masken lässt sich gut in dem grundsätzlich christlichen Weltbild und einem entsprechenden Umgang „mit dem Bösen" veranschaulichen, denn die Bamberger Renaissance-Masken weisen eine modifizierte, nichtsdestotrotz klar christliche Ikonografie auf, d. h. viele Masken zeigen christliche Teufelselemente: Hörner, evtl. eine Art Ziegenbärtchen, sardonisches Lachen (vgl. hierzu etwa die Abb. 93 / 94 sowie Abb. 167-169). Natürlich sind diese und viele weitere ikonografischen christlichen Teufelsattribute überhaupt nicht biblisch fundiert, vielmehr haben sich dieselben im Rahmen der Volksfrömmigkeit im Zuge vor allem des Mittelalters und der (Frühen) Neuzeit ausgebildet, wobei hier in der Regel meist vor- bzw. außerchristliche Motive eingeflossen sind. Dennoch hat sich dieses „teuflische Bildprogramm" kulturell durchgesetzt und bestimmt bis heute größtenteils die diesbezügliche Wahrnehmung.

Fraglos hat sich das Renaissance-Christentum vom mittelalterlichen Christentum weit entfernt, zwar leben auch in der Renaissance (und z.T. bis heute) genuin mittelalterliche Formen und Modi des Christentums in mehr oder weniger authentischer Weise fort – das Mönchtum kann man hierbei vielleicht als eines der augenfälligsten Beispiele nennen –, was keineswegs abwertend gemeint ist, sondern als ausgesprochen bemerkenswert gelten kann, denn grundsätzlich ist das Christentum nach 1500 nicht mehr dasselbe wie vor dieser Zeit, wofür viele Belange namhaft gemacht werden können, von denen vermutlich als einer der entscheidendsten die Reformation eine große Rolle spielt. Sicherlich zählen dazu auch Kolumbus, Keppler, Kopernikus, später dann auch Galilei usw. Die Zeit um 1500 hat die Menschen in Europa, wenn man so will, kalt erwischt und in eine neue, damals gänzlich ungewisse Zukunft entlassen, was natürlich mit vielen Verwerfungen, Experimenten zur Verbesserung der Lage, Krisen – man denke nur an die damaligen Glaubenskriege, von denen der Dreißigjährige Krieg sicherlich der schlimmste und wirkmächtigste war – einherging.

Es gibt aber zudem noch einen ausgesprochen hohen Anteil an eigener, sehr spezifischer Renaissance-Ästhetik hierbei zu entdecken. Am deutlichsten wird dies vermutlich bei einem Vergleich mit den mittelalterlichen Masken. Die romanischen Masken etwa aus Abtei und Kreuzgang von Montmajour (vgl. hierzu erneut S. 31, hier pars pro toto gesagt) sind in ihrer Gestaltung und damit auch Aussage weitgehend zentriert auf den zu vermittelnden (christlich moralischen) Inhalt, sie sind stark wirkungsbezogen, affektauslösend und abschreckend ausgearbeitet, womit sie ihre in diesem Sinne apotropäische Dimension sehr gut erfüllen. Die künstlerische Gestaltung dieser Masken ist daher immer etwas schematisch, typologisch und bei aller Phantastik doch zumeist auch immer ein wenig vorherseh- und erwartbar. Das verhält sich bei den Renaissance-Masken in Bamberg grundsätzlich anders – was übrigens ebenso in Bezug auf die meisten antiken Masken (nicht nur der Archaik) gesagt werden kann: So gut wie alle bekannten Renaissance-Masken in Bamberg haben ein individuelles Gepräge, mal künstlerisch besser, mal weniger gut ausgearbeitet, aber letztlich immer nachweisbar.

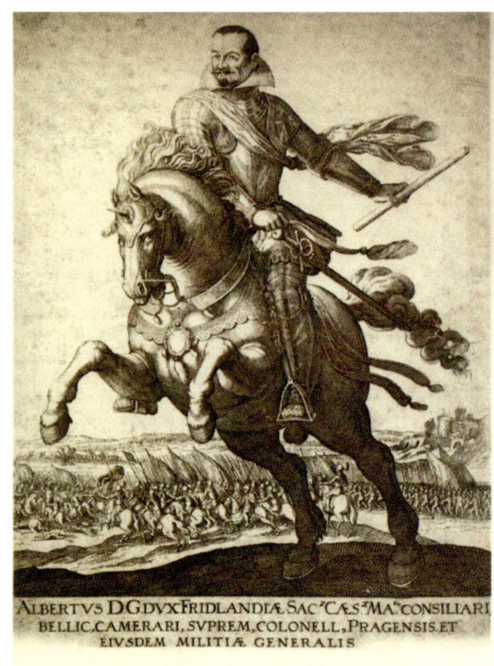

Abb. 107: Wallenstein, Herzog von Friedland, kaiserlicher Kriegsrat und Kämmerer, Kupferstich von ca. 1625.

Das Mittelalter hat wie die Antike längst die Einmaligkeit, Unverwechselbarkeit und (positive wie negative) Besonderheit jedes einzelnen Menschen gekannt und thematisiert, wobei in Antike wie Mittelalter eine größere einheitsstiftende Dimension über dem Menschen stand, in die er eingebunden war und die ihm seinen Platz im Ganzen bestimmt hat. In der Antike war dies der Kosmos in seiner großen allumfassenden Gesetzmäßigkeit als harmonische Einheit von Göttern, Menschen und Natur, im Mittelalter der ordo-Gedanke, d.h. die Idee, dass die Schöpfung des einen und einzigen Gottes das All in seiner quantitativen wie qualitativen Einheit in dieser Form und Faktizität der Ordnung im vollumfänglichen Sinne hervorgebracht hat, was zu dieser Zeit als mehr oder weniger unveränderlich galt. Jene Ideen von einem großen vorgegebenen Ganzen, das natürlich (Antike) oder göttlich

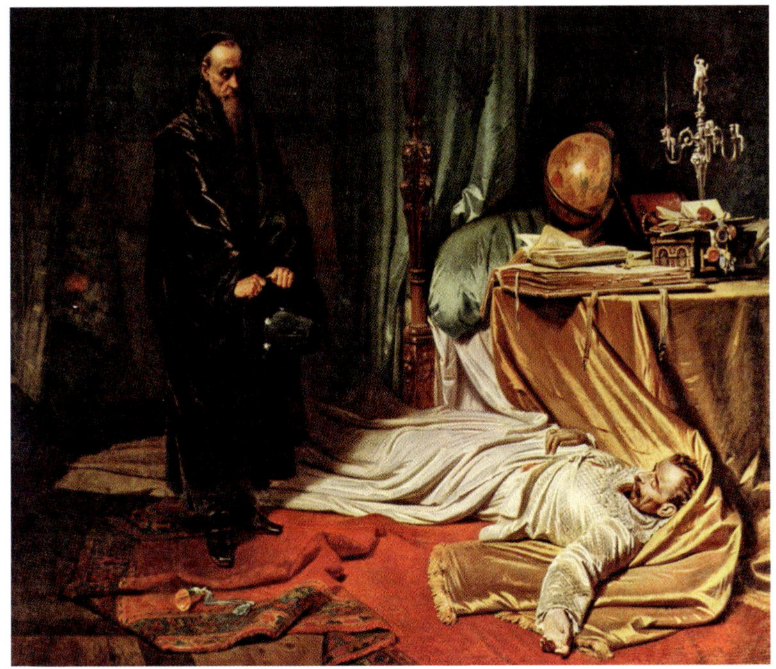

absoluten Prinzip) – so ändert sich das sukzessive ab etwa 1500 und relativiert das Moment des Absoluten (weil der historische Kontext – Kolumbus, Luther, Kopernikus u. a. – das im früheren Sinne Absolute diversifiziert, zersplittert und veruneinheitlicht hat) wie damit auch das des Individuums. Was letztlich bedeutet, dass sich das Individuum als „losgekettet von seiner Sonne" in Richtung Willkür bewegt, wie Nietzsche einmal gesagt hat.[6]

Abb. 108: Carl Theodor von Piloty: der Astrologe Seni an der Leiche Wallensteins, 1855.

(christlich) die gesamte Welt und den Menschen bestimmt, war im inhaltlichen und damit kulturellen Sinn der Rahmen, in dem sich das Besondere, Einmalige, Unwiederholbare und im Wortsinn „Individuelle" des menschlichen Lebens vollziehen konnte.

Genau diese Arten von Vorgegebenheit einer Ordnung, Schöpfung, Unveränderlichkeit und schöpferischen Gottgewolltheit bezüglich des „Individuums" verlieren im Zuge der Zeit um und vor allem nach 1500 ihre Bedeutung, ihre bindende Kraft. War bislang in Antike und Mittelalter die „Unteilbarkeit" des Individuums darin begriffen worden, dass gegenüber der kosmischen, göttlichen, (weitgehend) unveränderlichen und grundsätzlich gut eingerichteten Ordnung der Welt in jeder Hinsicht die Verantwortung, Zuschreibung von Tun und Lassen an die Adresse des jeweils Einzelnen unteilbar ist (individuelle Relation zu einem

Natürlich ist die Renaissance keine Zeit größerer Willkür als andere Zeiten, allerdings stellt hier das Moment der konsequenten inneren kulturellen Entwicklung in diese Richtung vermutlich tatsächlich ein Novum dar, womit eine neue, man kann fast sagen, „systematische" Qualität von Willkür seit jener Zeit entstand. Möglicherweise lässt es sich auch in den verschiedenen Facetten des Dreißigjährigen Kriegs ersehen, der zumal in der Miteinbeziehung der Zivilbevölkerung eine neue Dimension der Kriegsführung erreicht hatte. Besonders gut greifbar wird Letzteres wahrscheinlich in der Figur des „Generalissimus" Wallenstein (Abb. 107), bei dem ein bemer-

6 So illustriert Nietzsche in seinem Aphorismus „Der tolle Mensch" die conditio humana nach dem Tod Gottes, den Nietzsche als historische Tatsache für unhintergehbar hält.

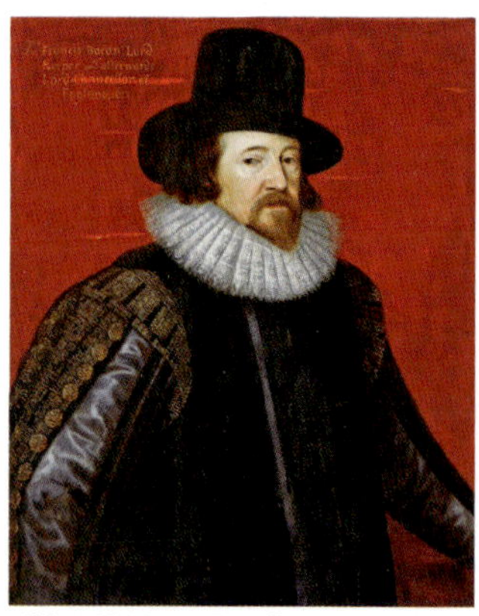

Abb. 109: Frans Pourbus: Porträt von Sir Francis Bacon von 1617.

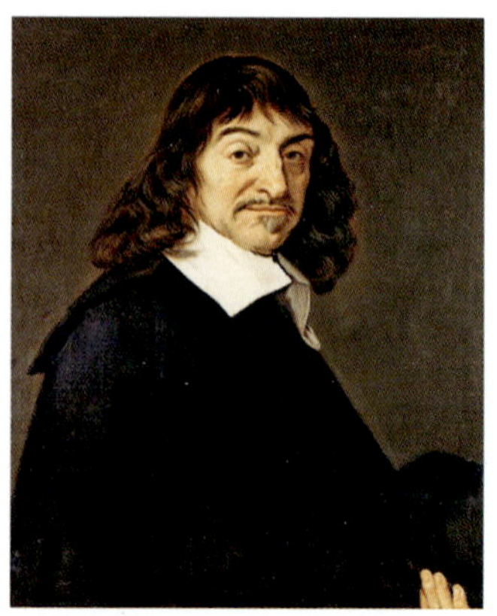

Abb. 110: Frans Hals: Portrait von René Descartes, 1648.

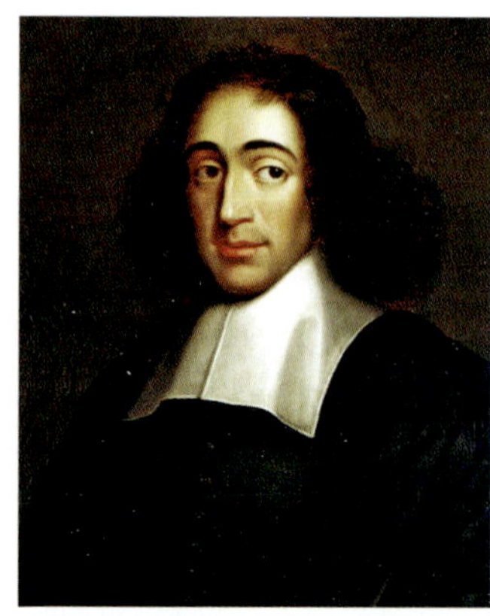

Abb. 111: Portrait von Benedictus de Spinoza, Ölgemälde um 1665.

kenswertes Ineinander von magischem wie rationalem Denken vorherrschte. Als Stratege war Wallenstein ein nüchterner und streng rationaler Kopf, der sich allerdings keineswegs in einem rein rationalen Weltbild bewegte, sondern der sich bei seinen Kriegsplanung insbesondere der Hilfe des Astrologen Seni bediente (Abb. 108). Aber auch abseits von Wallenstein zeigt sich ab dieser Zeit um 1500 teilweise ein deutliches Erstarken des rein rationalen Denkens. Das relativ zwanglose Ineinander von Rationalität – einer Rationalität, wie sie bis dato in so expliziter und mitunter auch exklusiver Form im Rahmen der abendländisch-europäischen Geschichte wohl noch nicht auf den Plan getreten war, was vorzugsweise durch die Philosophen Francis Bacon (Abb. 109), René Descartes (Abb. 110), Baruch de Spinoza (Abb. 111) und zahlreichen weiteren Protagonisten ausging – sowie magischem Denken, bei Wallenstein kurz illustriert, kann insgesamt als typisch für die Umbruchszeit vom Mittelalter zur Frühen Neuzeit verstanden werden (man denke neben Wallenstein nur an Persönlichkeiten wie etwa Paracelsus (Abb. 112), Athanasius Kircher (Abb. 113), Comenius (Abb. 114) und einige weitere, die genau diese Mischung verkörpern). Ein Umstand, der sich sehr schön und anschaulich auch bei den Bamberger Renaissance-Masken künstlerisch-ästhetisch niederschlägt: Auf der einen Seite weisen sie weitgehend christlich gemeinte apotropäische Momente auf, wie Augenrollen, Zungenblecken, Zähnezeigen (vgl. hierzu exemplarisch etwa Abb. 169), was die Dimension des magischen Denkens dabei zum Ausdruck bringt – zugleich aber zeigt sich auch eine rationale Brechung des magischen Denkens, denn, dies korrespondiert mit dem oben erwähnten Moment des Individuellen, die Bamberger Renaissance-Masken werden tendenziell akzentuiert künstlerisch umgesetzt, sie bekommen ansatzweise eine dekorative, pointiert ästhetische Dimension, was man gegenüber den mittelalterlichen Masken generell als einen neuen und signifikanten Zug bezeichnen kann. Bei den Einzelbildbesprechungen wird ebendieser Aspekt detailliert zur Sprache kommen.

Der Hintergrund solcher Entwicklungen ist freilich wesentlich vielgestaltiger als hier angedeutet werden kann, erwähnenswert scheint hierbei auch die offenbar nicht mehr konsensfähige Idee des Gottesgnadentums. Diese nicht mehr unangefochtene Legitimierung der Staatsgewalt durch die Idee des Gottesgnadentums hat in vielerlei Hinsicht zu Verunsicherungen geführt und das damalige Europa

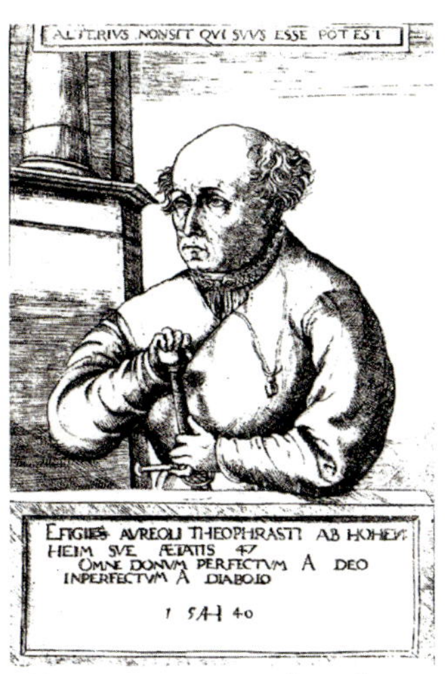

Abb. 112: Augustin Hirschvogel: Theophrastus Bombast von Hohenheim, genannt Paracelsus, Kupferstich 1540.

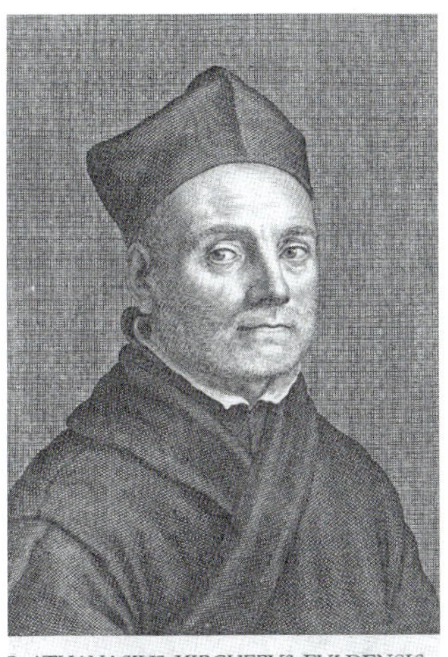

Abb. 113: Kupferstich von Pater Athanasius Kircher (vor 1664).

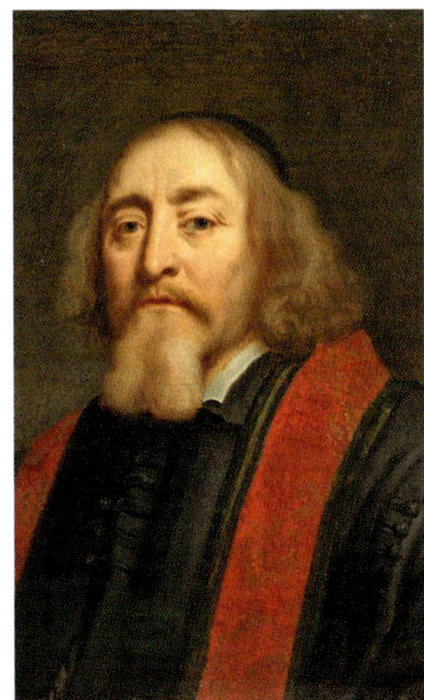

Abb. 114: Jürgen Ovens: Johann Amos Comenius, um 1660.

in eine Krise bezüglich des staatlichen Selbstverständnisses wie der Legitimation von Staat und Staatsrecht gestürzt. Der Staat, das Regiment war darauf angewiesen, mit Autorität und Strenge die labilen Verhältnisse zu festigen und für die nötige Stabilität zu sorgen. Gleichzeitig hatte die Renaissance auch die Tendenz zur gesteigerten Ästhetisierung, Schmuck- und Zierformen wurden im größeren Ausmaß verwirklicht, u. a. auch in der Architektur. Eine Aufwertung des Weltlichen, der weltlichen Kunst und weltlichen Schmucks lässt sich feststellen. Eine derartige Mischung aus Labilität, Autorität und weltlichen Schmuckformen kann man auch bei den Masken aus jener Zeit feststellen.

Für die Renaissance-Masken lässt sich sagen, dass das Moment des Apotropäischen mit exakt dieser Mischung, dieser Uneindeutigkeit von überkommenem und faktisch wenigstens partiell noch vorhandenem magischen Denken und einer faktisch partiellen Distanzierung davon operiert. Letzteres kann man hinsichtlich erwähnter Ästhetisierung der Masken erkennen, die neben apotropäischen Aspekten nun auch den dezidierten Charakter von Zier- und Schmuckformen, ein seit der Antike erstmals wieder deutlich greifbares ornamentales Gepräge bekommen. Das „magische" Moment der Renaissance-Masken bedient sich zwar klassisch apotropäischer Formen, was aber seine eigentliche Stoßrichtung nicht im Sinne eines schlichten Dämonen- und Geisterglaubens entfaltet, sondern im Kontext der Abbildung staatlicher Gewalt, rechtlicher Strenge zu verstehen ist. Deutlich wird dies an der Schönen Pforte, wo nicht nur die Maske des Torbogens Furcht einflößend wirkt – es sind vor allem die drei Hermen, die autoritäre Strenge verbreiten: ihr gebieterischer, harter Blick, der unverrückt nach vorne schaut, sowie die vor der Brust verschränkten Arme (Abb. 118). Gleichzeitig aber finden sich Zierformen, ob es die untere Körperhälfte der Hermen ist, die aufwendig mit Akanthusranken geschmückt wurde, der geflochtene Bart oder der Faltenwurf des Rockes, der ihnen um die Hüfte liegt. Bemerkenswert ist zudem der Umstand, dass die Schöne Pforte architektonisch zum Trakt des Kanzleigebäudes der Alten Hofhaltung, also zum Ort der bürokratischen Realisierung staatlicher Gewalt des damaligen Hochstifts gehört, womit das Gesagte nochmals unterstrichen wird (Abb. 117). In der Bildbesprechung zur Widdermaske der Schönen Pforte werden die erwähnten Beobachtungen weiter ausgeführt. Das noch nicht vergangene magische Denken und die damit einhergehende ästhetische Konkretisierung der Apotropaia sind ebenso bestimmend für das Erscheinungsbild der Renaissance-Masken wie die Tendenz zur Ornamentik und Schmuckform. Diese Tendenz wird sich dann bei den Barockmasken weiter steigern.

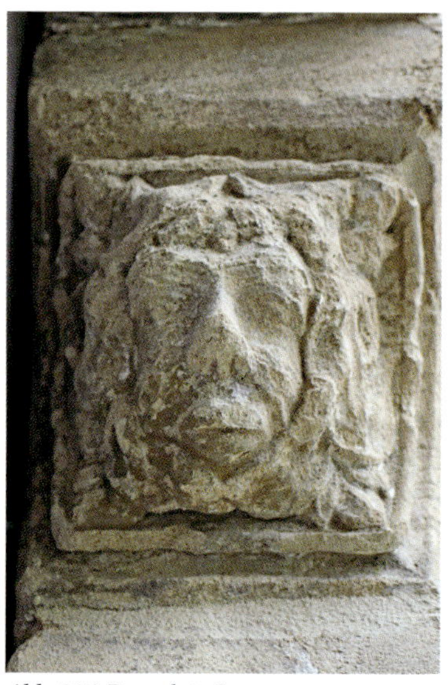

Abb. 115: Domplatz 3

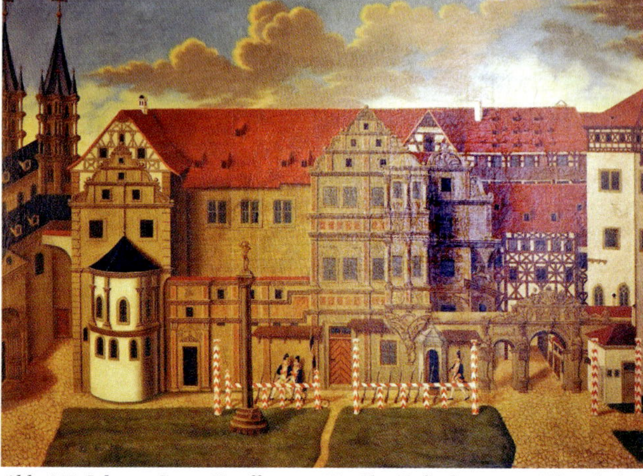

Abb. 117: Johann Georg Kauffmann: Die Alte Hofhaltung vor Abbruch der Hohen Warte und der Andreaskapelle, letztes Viertel 18. Jhd.. Der ehemalige Kanzleitrakt liegt in dem großen Renaissance-Trakt links der Schönen Pforte, der heute nicht mehr vollständig erhalten ist.

Abb. 116: Oberer Stephansberg 1

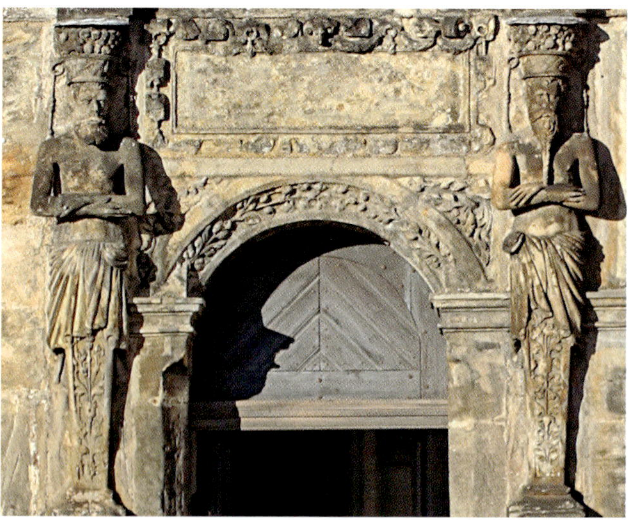

Abb. 118: Domplatz 7, Alte Hofhaltung, Hermen an der Schöne Pforte.

Die Masken im Barock

Wenden wir uns als nächster Epoche den Bamberger Barock-Masken zu. Prominente Beispiele hierfür findet man etwa in der Dominikanerstraße 4 (Abb. 119), am Unteren Kaulberg 3 (Abb. 120), Michelsberg 2 (Abb. 121), am Böttingerhaus (Judenstr. 14, Abb. 122–123), der Villa Concordia (Concordiastr. 28, Abb. 124) oder auch – wenn man das Rokoko in dieser Hinsicht nicht messerscharf vom Barock trennen will – an den Balkonen des Alten Rathauses (Abb. 125) sowie im Treppenhaus, Karolinenstraße 18 (Abb. 126). Ebenso gehören das durch E.T.A. Hoffmann berühmt gewordene Apfelweibla (Abb. 197/198) und die Masken an der Fassade von St. Martin (Abb. 128), St. Stephan (Abb. 17) und St. Gangolf (Abb. 127 dazu.

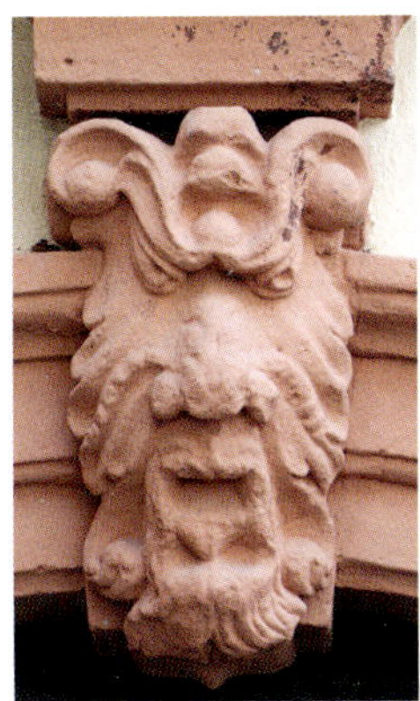

Abb. 119: Dominikanerstr. 4

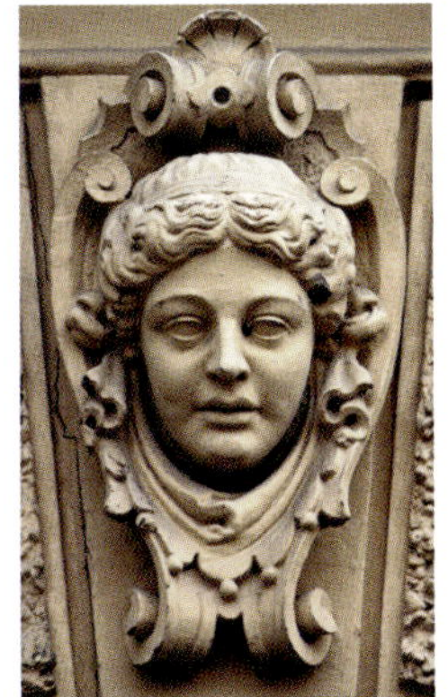

Abb. 120: Unterer Kaulberg 3

Abb. 121: Michelsberg 2

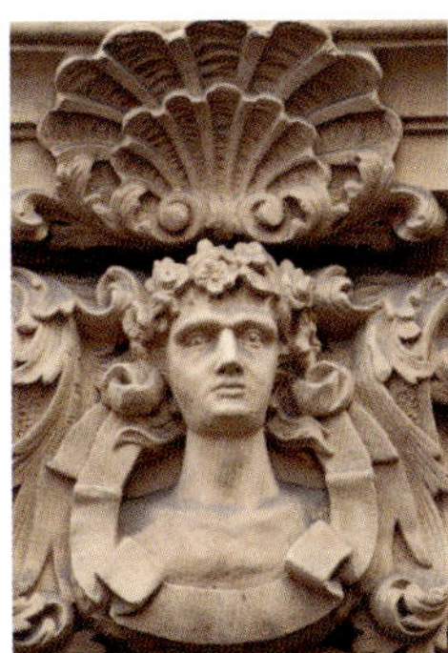

Abb. 122: Judenstr. 14, Böttingerhaus

Seit dem Westfälischen Frieden (1648) sind die Religionskriege in Europa weitgehend Vergangenheit, Katholiken und Protestanten haben den Status quo anerkannt, was zu einer konfessionellen Zersplitterung der betreffenden Territorien („cuius regio, eius religio"), aber letztlich zu Religionsfrieden führt (Abb. 129). In Frankreich etabliert sich der Absolutismus als Regierungsform, wodurch es zu einer großen Prachtentfaltung des höfischen Lebensstils, nicht nur in Frankreich, sondern an allen damaligen europäischen Königs- und Fürstenhöfen kommt. Im kirchlichen Bereich versucht die katholische Gegenreformation, verlorenes Terrain wieder gutzumachen. Für die privilegierten Schichten hält das Barock ein relativ großes Ausmaß an Unbeschwertheit, Lebensfreude, Genuss und der Möglichkeit zur Beschäftigung mit den schönen Dingen des Lebens bereit – was sich für die nichtprivilegierten Schichten dieser Zeit nicht behaupten lässt. Bei allem höfischen Glanz darf man sich nicht darüber hinwegtäuschen, dass das Barock eine Zeit großer Konflikte, innerer Widersprüche und nach wie vor großer sozialer Ungerechtigkeiten war und der Tod – trotz Beendigung der früheren, sehr blutigen Religionskriege – auf dem Schlachtfeld allgegenwärtig blieb. Die Kriege im Barock

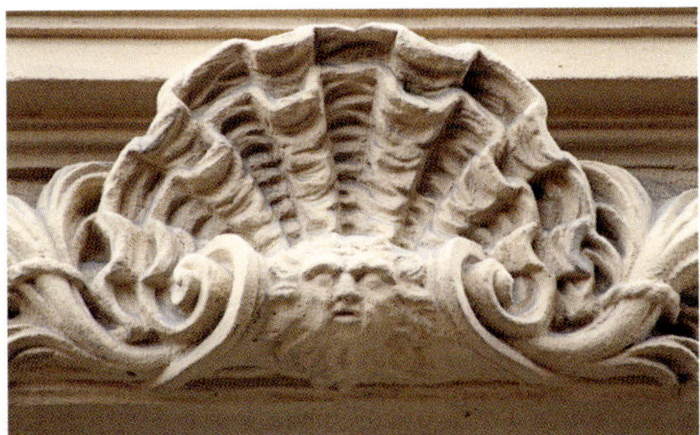

Abb. 123: Judenstr. 14, Böttingerhaus

waren primär Territorialkriege, wie dies etwa gut veranschaulicht wird bei den Kriegen zwischen Preußen und Habsburg, wo Schlesien das beidseitige Objekt der Begierde und entsprechender Zankapfel war, die selbstredend nicht weniger blutig als die Religionskriege abliefen. So gesehen erreicht das Barock keine neue qualitative Ebene, doch erwähnte verfeinerte höfische Lebensweise mit einer großen Aufwertung von Kunst und Ästhetik markiert zweifellos eine Differenz im positiven Sinne gegenüber den vorangegangenen Zeiten.

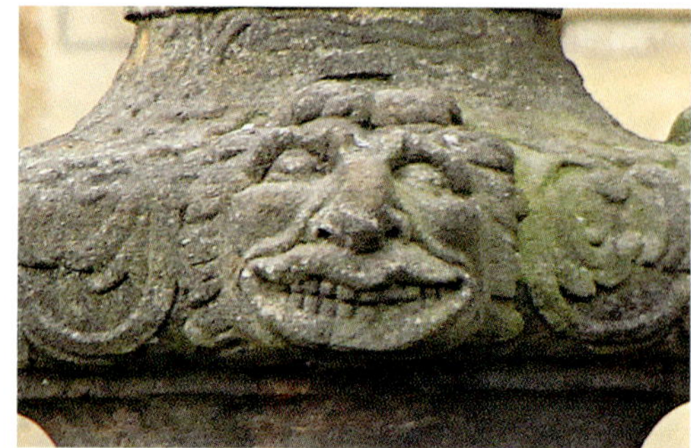
Abb. 124: Concordiastr. 28

Durch den Umstand, dass das Barock von katholischer Seite aus als die Epoche der Gegenreformation betrachtet wurde, bekam auch das Christentum einen erneuten spürbaren Aufschwung, was nicht zuletzt durch eine große Zahl von Kirchenneubauten ersichtlich wird. Zumal in Bamberg und im Bamberger Umland schlägt sich das nieder – vorrangig mit dem Namen der „Schönborns" verbunden, jenem Fürstengeschlecht, das hauptsächlich in der Barockzeit die Geschicke zwischen Bamberg und Würzburg und auch darüber hinaus maßgeblich bestimmt und eine Fülle an Kirchen und Schlössern hinterlassen hat (Abb. 130). Die neuen Kirchenbauten wollen die Prächtigkeit des (katholischen) Paradieses den Gläubigen vor Augen führen, weswegen zu dieser Zeit sehr gerne sehr edle Materialien wie Gold, Ebenholz, Marmor und dergleichen. bzw. entsprechende optische Substitute verwendet wurden, das Kircheninnere wie -äußere ebenfalls sehr prachtvoll, mitunter fast höfisch, einem Festsaal gleich gestaltet wurde, was sich ebenso bei den Bamberger Masken niederschlägt.

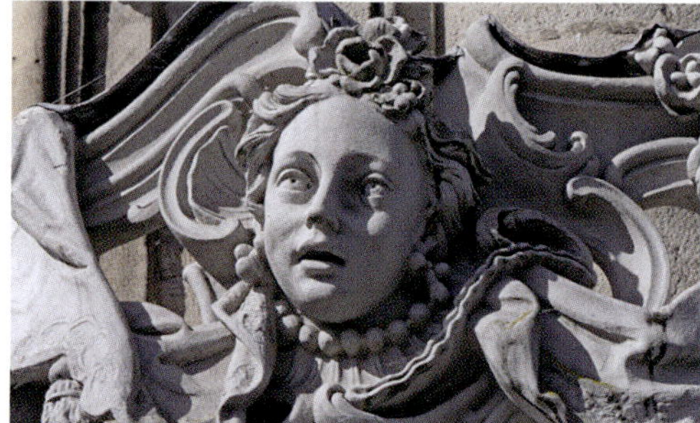
Abb. 125: Altes Rathaus

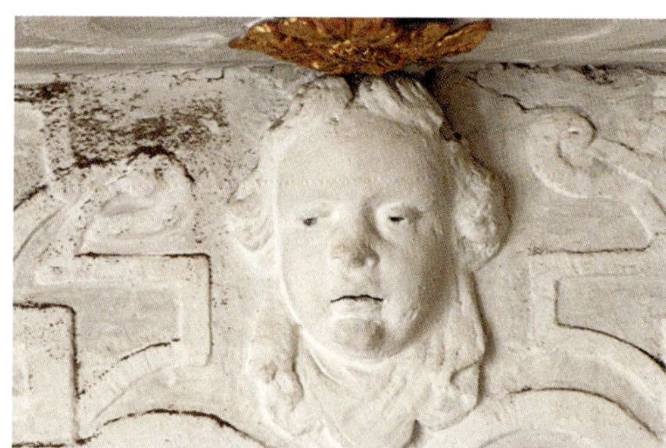
Abb. 126: Treppenhaus, Karolinenstr. 18

Trotz aller höfischer Lebensfreude für die privilegierten Bevölkerungsschichten, kannte das Barock auch die allgegenwärtige Dimension des Todes. Das führte mitunter fast zu einer Art ästhetischer Kultivierung der Todes-

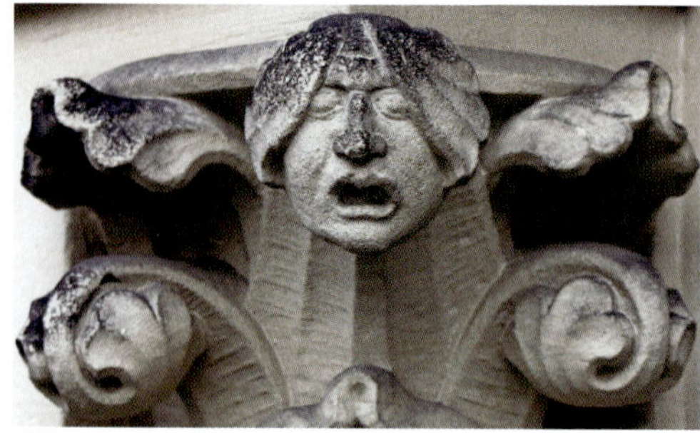
Abb. 127: St. Gangolf

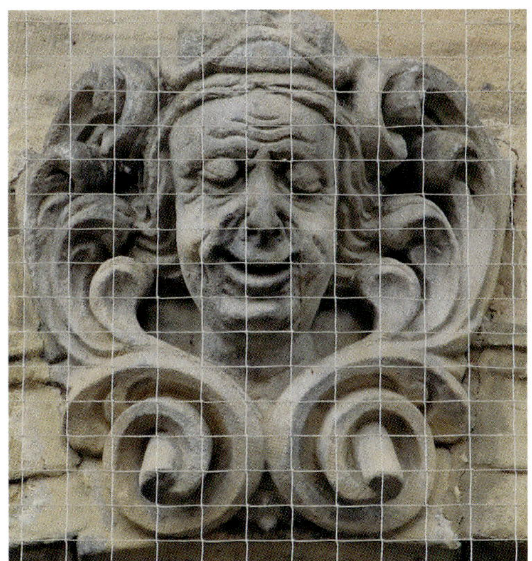

Abb. 128: Grüner Markt, St. Martin

motivik, was man mehr oder weniger mustergültig an dem in Stuck gearbeiteten Totentanz in der Heilig-Grab-Kapelle auf dem Bamberger Michelsberg sehen kann (Abb. 131–135). Der kulturhistorische Hintergrund hierfür ist komplex, natürlich kommt dabei die im Barock erstarkte Fokussierung christlicher Glaubensvorstellungen zum Tragen, zumal im Christentum der Tod in mehrerlei Hinsicht eine durchaus tragende Rolle spielt. Die Erlösung der Menschheit ist durch den Opfertod Jesu

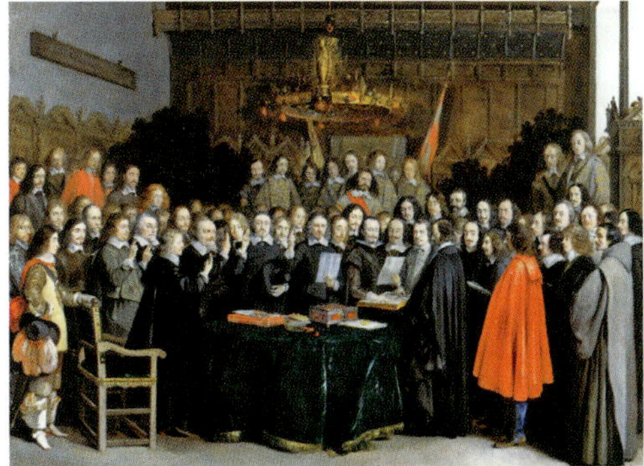

Abb. 129: Gerard ter Borch: Gemälde zur Erinnerung an die Ratifizierung des spanisch-niederländischen Friedensvertrags in Münster, Januar 1648, der dortselbst am 15 Mai auch unterzeichnet wurde.

Christi am Kreuz bewerkstelligt, die Auferstehung von den Toten dann mit der expliziten Negation des Todes durch das Ewige Leben pp. verbunden. Sicherlich tritt hier der Reflex auf die Gräuel des Dreißigjährigen Krieges in Erscheinung, von denen wahrscheinlich jede damalige Familie in der einen oder anderen Weise betroffen war, und nach Beendigung dieser Schrecknisse erst verspätet die (rationale, emotionale, weltbildkonstitutive) Aufarbeitung dazu einsetzte. Da der Tod im Zuge des Dreißigjährigen Krieges überaus üppige Ernte in vielen Gegenden und Ländern, Staaten und Königreichen Europas bei den Soldaten wie der Zivilbevölkerung gehalten hat, lässt sich leicht verstehen, dass er im Barock nochmals aufgegriffen wurde, wenngleich zeitverzögert – und wenn man so will im Modus des „Psychologischen". Zu guter Letzt mag die öffentliche, gesellschaftliche zur damaligen Zeit offenbar recht relevante Präsenz des Todes die Künstler aus wirtschaftlichen und/oder ästhetischen Gründen motiviert haben, ihrerseits ihren Ring in die entsprechende Waagschale zu werfen, was immer wieder zu außerordentlichen Kunstwerken geführt und das Barock als gesellschaftlich-politische wie künstlerische Epoche maßgeblich mitbestimmt hat.

In dem vielleicht bekanntesten Motto der Barockzeit in seiner bemerkenswert interessanten Janusköpfigkeit – „memento mori" und „carpe diem" als innerlich wesentlich zusammengehörig zu denken – kommt dieses in sich tief aber doch auch verstehbar ambivalente Selbstverständnis des Barock zum Ausdruck: Todesbewusstsein und Diesseitsbejahung, die sowohl eine bestimmte Art der religiösen Frömmigkeit als auch eine höfische Form der Bewältigung nach sich zog, in der die Kunst einen hohen Stellenwert einnahm und u. a. dazu diente, mit Raffinesse, Kultiviertheit, leichter, spielerischer, humoristischer und geistreicher Ornamentik das Leben möglichst angenehm zu machen und sich aus der letztlich alles anderen als glänzenden Welt im Schein der schönen Kunst zu flüchten. Die höfische wie religiöse Barockkunst hat bis zu einem gewissen Grad (auto)suggestive Tendenzen und weist in sich die innere Ambivalenz von künstlerischer Glorie sowie ästhetischer Morbidität auf.

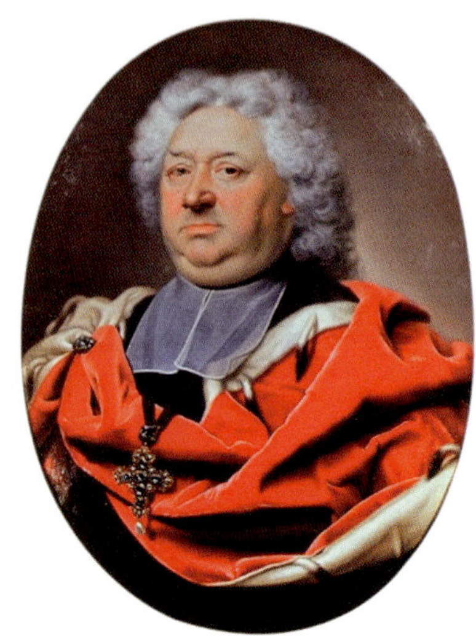

Abb. 130: Christian Schildbach: Gemälde Lothar Franz von Schönborns, 1715.

Wie bereits in der Renaissance weisen auch die Barockmasken eine deutliche Dimension des bewusst Schmuckvollen, Dekorativen, Schönen auf, das magische Denken und damit die apotropäischen Merkmale der Masken treten sehr weit zurück und werden mehr oder weniger nur noch als Zitate realisiert; ansatzweise galt das schon auch für die Renaissance-Masken, wobei hier das apotropäische Moment bzw. das magische Denken wohl noch einen größeren und auch authentischeren Stellenwert besaß.

Was jetzt im Barock wirklich neu bei den Bamberger Masken dazukommt, ist ihre zumindest in vielen Fällen klare humoristische Dimension. Bis zu einem gewissen Grad kann man vermutlich sagen, dass sich die ehemals apotropäischen Elemente der früheren Masken (zumal derjenigen der Antike und des Mittelalters) in eine humoristische, witzige und sehr leichtfüßige Manier der Darstellung umgewandelt haben und damit eine ganz andere kulturelle Luft atmen, als dies bislang im historischen Vergleich der Fall war.

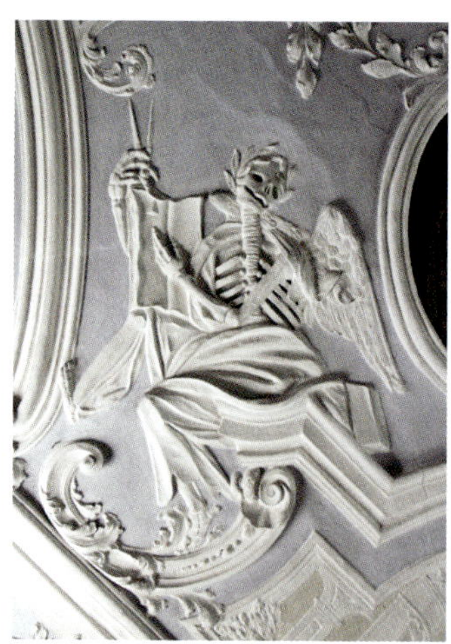

Abb. 131: Detail aus dem Michelsberger Totentanz.

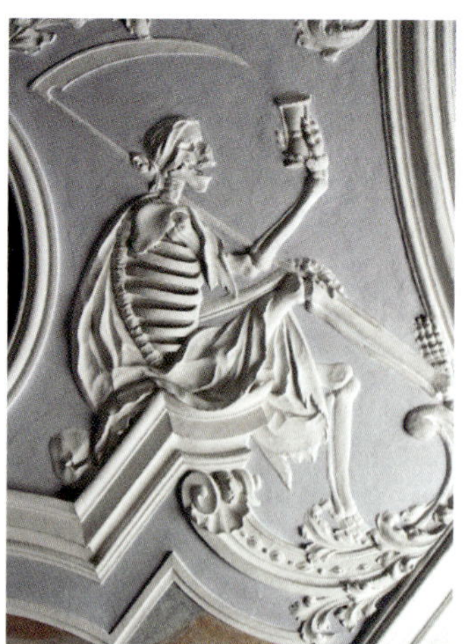

Abb. 132: Detail aus dem Michelsberger Totentanz.

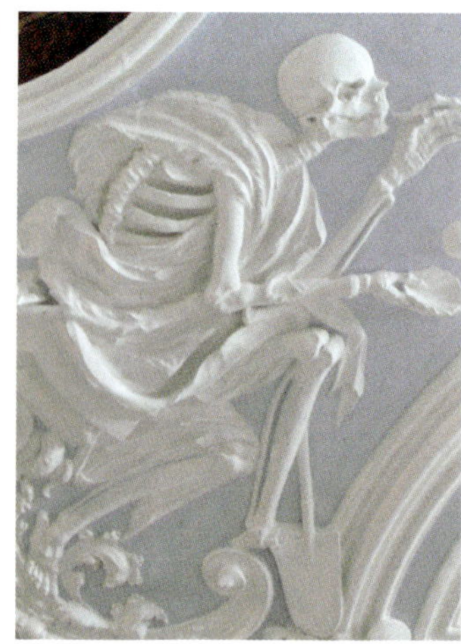

Abb. 133: Detail aus dem Michelsberger Totentanz.

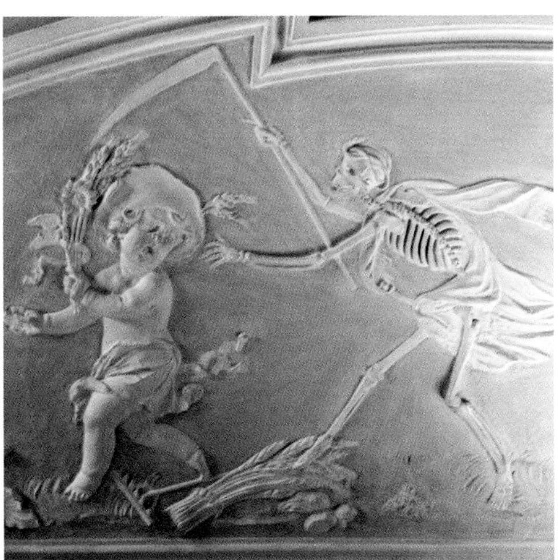
Abb. 134: Detail aus dem Michelsberger Totentanz.

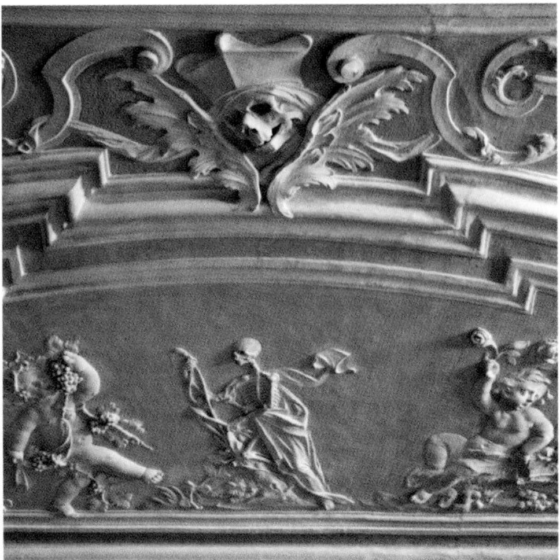
Abb. 135: Detail aus dem Michelsberger Totentanz.

Die Masken in der Klassik

In Bamberg wie in den meisten anderen Städten auch, bei denen Masken nachweisbar sind, ergibt sich ein beachtlicher, fast überraschender Befund: Masken aus der Goethezeit, der Zeit des Klassizismus um 1800 finden sich verhältnismäßig selten bis sehr selten. In Bamberg ist den Autoren vielleicht nur ein einziges Exemplar aus diesem Zeitraum bekannt, obwohl es einige erhaltene Gebäude aus dieser Zeit gibt, so etwa das ehemalige Allgemeine Krankenhaus, heute Residenzschloss-Hotel, 1789 von Johann Lorenz Fink nach längerer Bauzeit vollendet, ebenso möglicherweise der Obelisk-Brunnen am Schillerplatz (Abb. 136). Es ließ sich bedauerlicherweise nicht exakt klären, ob die Maske am Schaft der Anlage aus der Entstehungszeit von 1825 stammt oder später hinzugefügt wurde – aber auch wenn sie von 1825 herrührt, wäre sie das einzig bisher nachweisbare Exemplar einer Bamberger Maske aus dem Klassizismus. Fakt ist, dass aus jener Epoche nicht übermäßig viele Bauwerke in Bamberg entstanden und erhalten sind, aber nur eine einzige potentielle Maske existiert.

Der Befund erhärtet sich aber erstaunlicherweise beim Blick auf andere Städte, in denen der Klassizismus ausgesprochen gut im architektonischen Stadtbild erhalten blieb, wie es etwa in Weimar, Berlin oder auch München der Fall ist – womit besonders die Namen von Schinkel, Klenze und Gärtner als Architekten verbunden sind. So finden sich trotz all der zahlreichen Bauten in den erwähnten Städten nur sehr überschaubare Beispiele von Masken. In Weimar etwa an einem Brunnen (siehe Abb. 34, Seite 9), in München an der Feldherrnhalle (siehe Abb. 37, Seite 9) und in Berlin (siehe Abb. 35, Seite 9). Die Frage, warum zu just dieser Zeit um 1800 das bis dato sehr beliebte Architekturelement der Masken, das dann vor allem im Jugendstil, also bald auf den Klassizismus folgend, fast überbordende Verbreitung und Beliebtheit gewann, so gut wie keine Rolle spielt, lässt sich nicht einfach beantworten. Die zeitgenössische Antikenrezeption der Goethezeit, die relativ wenig mit der echten Antike zu tun hatte, man denke nur an die Frage und den Umgang mit der antiken Polychromie, die damals wider besseres Wissen aus zeitgenössischen ästhetischen Präferenzen weitgehend unterdrückt wurde, da, überspitzt formuliert,

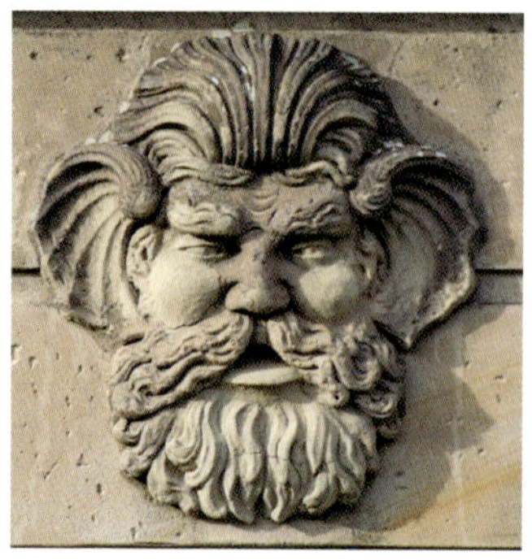

Abb. 136: Maske am Obelisk, Schillerplatz

der reine weiße Marmor derzeit offenbar als ästhetisches Ideal galt, charakterisiert diese Epoche und hat – zumal im Kontext der Säkularisation – auch immer wieder zu faktischer Zerstörung von Kunstwerken und Kulturgütern jedweder Art geführt – will sagen: Die Historizität des Klassizismus, der sich selbst gern als möglichst authentisch in historischer Hinsicht versteht, ist letztlich eine eigene ästhetisch-künstlerische Ausprägung, die mit der genuinen Antike nicht allzu viel zu tun hat.

Die Klassizität des Klassizismus ist im nennenswerten Unterschied zu den bislang betrachteten Epochen weniger durch religiöse, magische oder theologische Überlegungen, sondern durch die Blütezeit der damaligen Philosophie bestimmt: Leibniz, Wolff, Kant, Fichte, Schelling, Hegel und viele andere dieser Zeit ebenfalls haben durch die bemerkenswert hohe Qualität ihrer Gedanken offenbar großen Einfluss auf die damalige kulturelle Öffentlichkeit genommen, dergestalt, dass die Ideale der Aufklärung, Spätaufklärung und der daraus erwachsenden Strömung des Idealismus in seinen ganzen gedanklichen Spielarten bei aller Unterschiedlichkeit der jeweiligen Positionen wohl stärker als andere Strömungen dieser Zeit vor allem den deutschsprachigen Raum um 1800 in vielen geistigen, kulturellen, künstlerisch-ästhetischen Bereichen geprägt haben.

Im gedanklichen Spektrum jener maßgeblichen Denker hat das magische Denken, entsprechende Handlungsweisen wie apotropäische Gesten, Symbole, Attribute usw., keine reale Rolle. Im Gegenteil, es wird vor allem von Kant (Abb. 137), Schelling (Abb. 138) und Hegel (Abb. 139) (aber auch schon zuvor), mehr oder weniger gut hierüber informiert, zur Kenntnis genommen, in seinen historischen Kontext eingeordnet und damit auch sachlich ad acta gelegt – weil magisches Denken, apotropäische Momente und anderes dieser Art in diesem Kontext außer der historischen und damit relativen Faktizität keine Stelle hat.

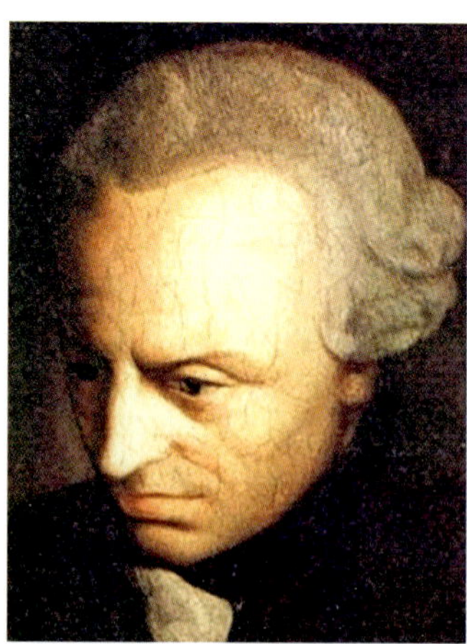

Abb. 137: Portrait des Philosophen Immanuel Kant, unbekannt um 1790.

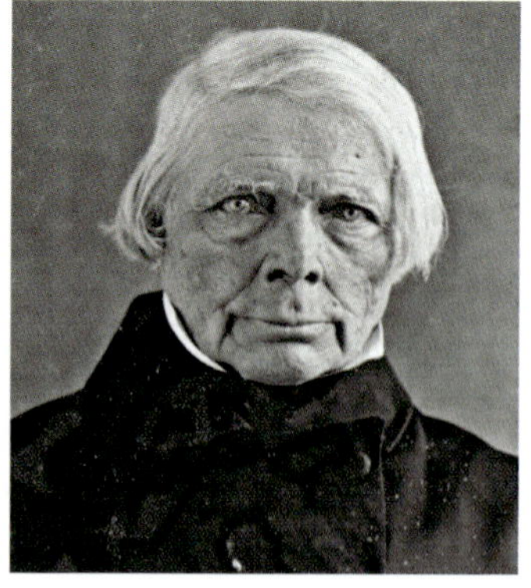

Abb. 138: Der Philosoph Friedrich Wilhelm Joseph Schelling im Jahr 1848. Daguerreotypie-Porträt von Hermann Biow.

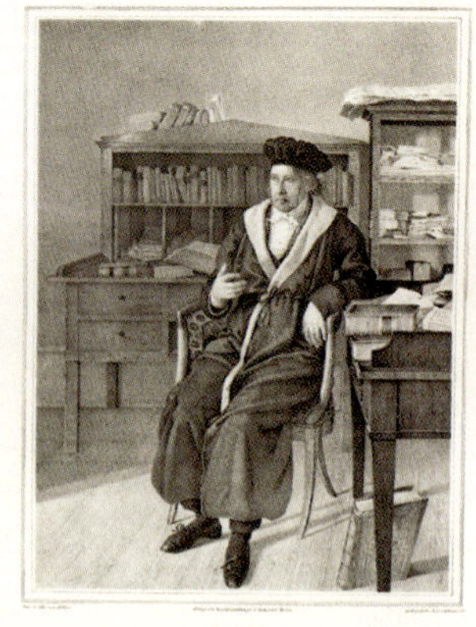

Abb. 139: Der Philosoph Georg Wilhelm Friedrich Hegel, Lithografie von Ludwig Sebbers.

Die Masken um 1900 (Jugendstil)

Offenbar war es schon länger absehbar, dass sich in der Zeit um 1900 viele Veränderungen in der europäisch-abendländischen Kultur ereignen werden, was einige Köpfe im 19. Jahrhundert zu zutreffenden Dia- bzw. Prognosen für diesen Zeitraum veranlasst hat. Besonders der protestantische Däne Søren Kierkegaard (Abb. 140) und der sächsische Pfarrerssohn Friedrich Nietzsche (Abb. 141) haben das Zeitgefühl gut eingefangen und entsprechend wiedergegeben. Es ist selbstredend hier nicht der Ort, eine ausführliche Exegese zu diesen beiden Denkern und ihrer bedeutenden Wirksamkeit zu bieten, allerdings kann man auch nicht, ohne einen zumindest rudimentären Blick auf die Gründe der spannenden Wirkungsgeschichte zu werfen, die Zeit um 1900 (und später), die ein sehr besonderes Lebensgefühl hinterlassen und den entsprechenden Niederschlag in den Bamberger Masken gefunden hat, verstehen. Weswegen hier in kurzen und knappen Strichen darauf Bezug genommen werden soll, was damals auf dem Hintergrund der maßgeblichen Ideen Kierkegaards und Nietzsches die Selbstanschauung und das Selbstverständnis und damit auch in vielen Fällen die (Selbst)Anschauung und das Verständnis der Masken möglicherweise ausmacht.

Wie gesehen war der Klassizismus, die Goethezeit, interessanterweise nicht nur keine Blüte der Masken in Europa, man wird mit einem gewissen Recht sagen können, dass diese Zeit den Masken irritiert, verständnislos und wohl auch ablehnend gegenüberstand, was mit dem aufgeklärten, philosophisch-rationalem Geist, der seinerzeit dominierte, erklärbar wird, in dem kein Keim eines magischen Denkens Platz finden konnte. Bemerkenswerterweise sind nun aber im Gefolge jener so hoffnungsfrohen Zeit von Geist und Vernunft historische Ereignisse eingetreten, die solche Ideen und Ideale nachgerade konterkariert haben. Das diesbezüglich wahrscheinlich einschneidendste Ereignis war die Industrialisierung (Abb. 142). Die Lebensbedingungen so gut wie aller Menschen, die von diesem epochalen Einschnitt betroffen waren, haben sich massiv verändert, eine ganz neue soziale Schicht, Proletarier genannt, entstand alsbald. In England, dem Mutterland von Industrialisierung und Kapitalismus, aber auch in großen Bereichen Frankreichs, Deutschlands, der Niederlande usw. entwickelte sich ein enorm wohlhabender Industrie-, Wirtschafts- und Finanzadel der eine sehr kleine Oberschicht bildete, dem ein großer Bereich sehr armer oder gar verarmter Bevölkerung gegenüberstand. Die damit aufgebrochene soziale Frage hat das Gesicht Europas in vielerlei Hinsicht verändert. Der soziale und finanzielle Aspekt wurde ebenso berührt, aber auch der gesamte kulturelle Bereich größerer Teile Europas waren damals betroffen. Es hat sich

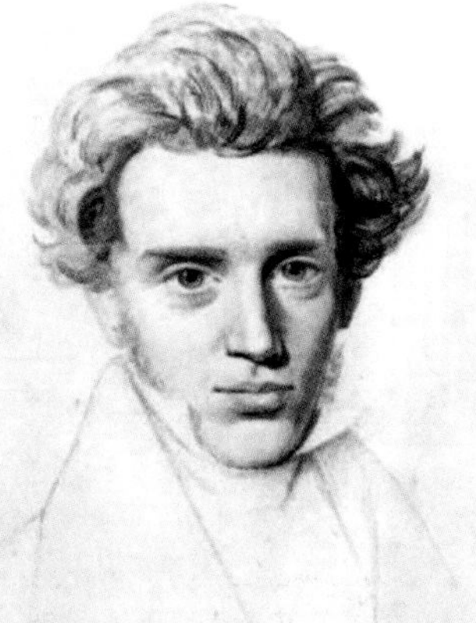

Abb. 140: Søren Kierkegaard, nach einer Skizze von Niels Christian Kierkegaard, etwa 1840.

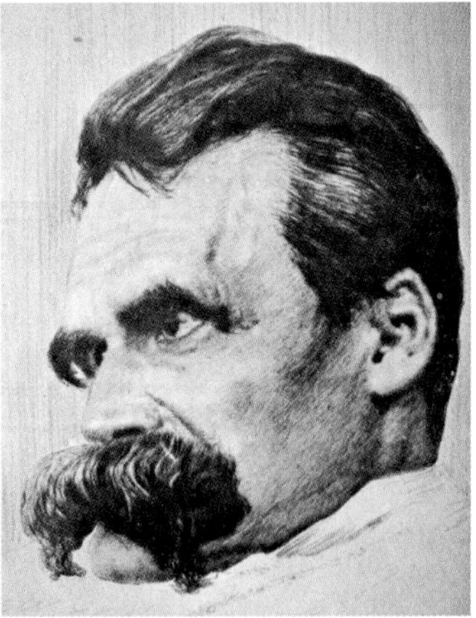

Abb. 141: Porträt Friedrich Nietzsches von Hans Olde, 1899.

anlässlich der sozialen Frage aus dem Denken Hegels vor allem die Bewegung der sogenannten „Linkshegelianer" gebildet, zu deren bekanntesten und wirkmächtigsten Anhängern Marx, Engels und später noch Feuerbach zählten.

Was das im Einzelnen zu bedeuten hat, braucht uns hier nicht zu interessieren – entscheidend für unseren Zusammenhang ist in erster Linie der Umstand, dass die ganze bis dato tonangebende Strömung eines philosophischen Idealismus sein Ende fand und demgegenüber ein betonter Materialismus Einzug hielt.

Die Folge war, dass es zu einem raschen Traditionsabbruch dieses idealistischen Denkens auf breiter Front kam, was natürlich Raum für ganz neue Denk- und Mentalitätsweisen eröffnete. Geblieben aus dieser idealistischen Zeit ist die Betonung von Rationalität und Wissenschaftlichkeit, wurde aber angereichert mit teils auch gegenläufigen Strömungen, etwa der Betonung von „Nacht" und Irrationalität etwa in der Romantik, sowie, damit zusammenhängend, einer aufkeimenden Psychologie. Arthur Schopenhauer gilt als einer der ersten Denker von Rang, der bereits in der Spätphase des Idealismus einen dezidierten Zug zu psychologischen Betrachtungen hatte – womit es nicht Wunder nimmt, dass einer seiner bekanntesten Anhänger, Friedrich Nietzsche, dieselbe Richtung weiterverfolgte, was dazu führte, dass sich Nietzsche einmal selbst als „Seelenerrather" bezeichnet hatte. Von hier aus geht eine mehr oder weniger direkte Linie zu den bedeutenden Psychologen wie Sigmund Freud (Abb. 143) und C. G. Jung (Abb. 144), die beide das Werk Nietzsches und auch dasjenige Schopenhauers gut kannten und bis heute mit zu den bekanntesten Vertretern der Zunft der Psychologen zählen. Historisch vereinfacht, aber sachlich zutreffend lässt sich sagen: Das Moment der Psychologie, des Psychologischen, das (für Bamberg

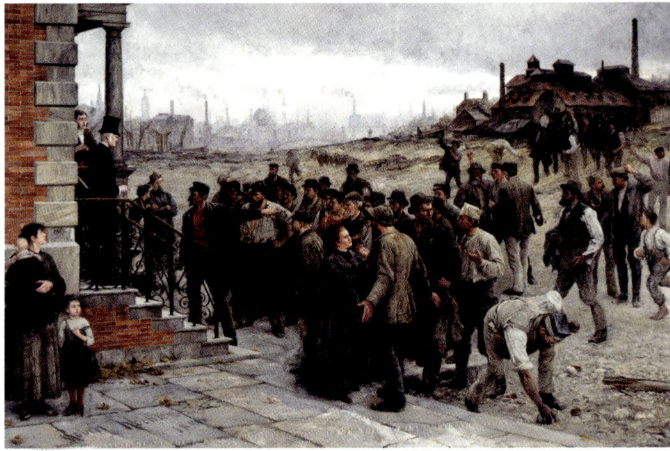

Abb. 142: Robert Koehler: Der Streik, von 1886. Das Bild zeigt aufgeregte Arbeiter, die sich einem Fabrikbesitzer bei einem Streik gegenübersehen.

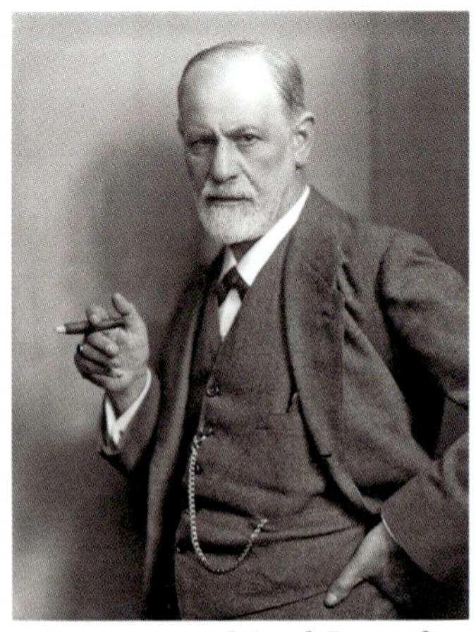

Abb. 143: Sigmund Freud, Fotografie von Max Halberstadt, 1921.

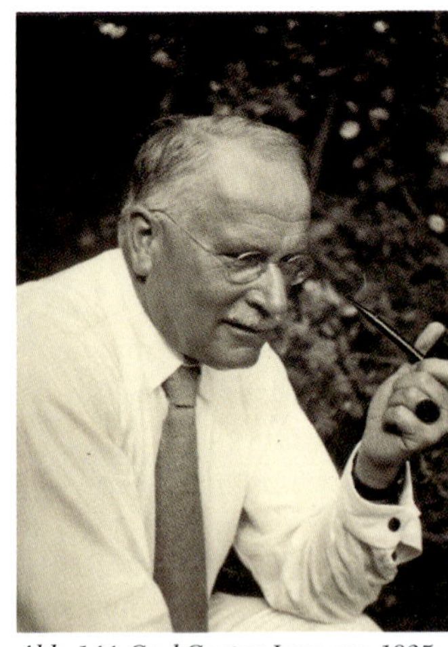

Abb. 144: Carl Gustav Jung, um 1935.

von besonderem Interesse) bereits in der Zeit kurz nach 1800 in signifikanter Weise von E.T.A. Hoffmann (Abb. 145) ins Spiel gebracht

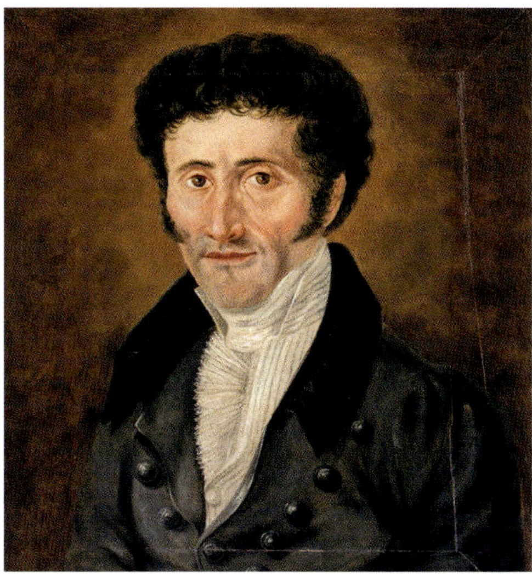

Abb. 145: E.T.A. Hoffmann, Öl, anonym, vor 1822.

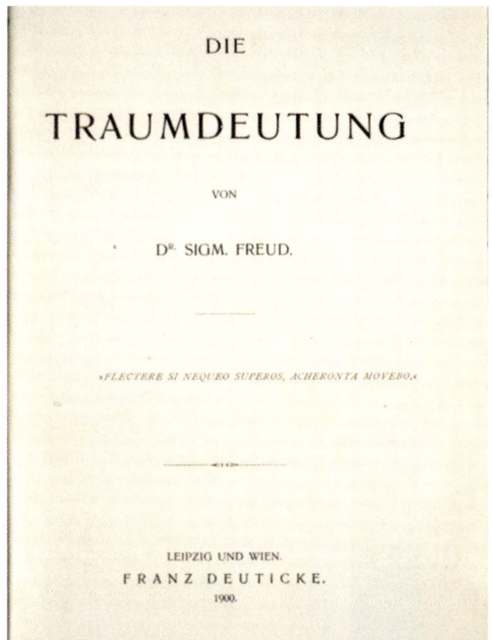

DIE

TRAUMDEUTUNG

VON

DR. SIGM. FREUD.

»FLECTERE SI NEQUEO SUPEROS, ACHERONTA MOVEBO.«

LEIPZIG UND WIEN.
FRANZ DEUTICKE.
1900.

Abb. 146: Titelblatt der Originalausgabe von Sigmund Freuds „Die Traumdeutung", Franz Deuticke, Leipzig & Wien, 1899.

wurde, bekommt eine große und tiefergehende Relevanz als jemals zuvor. Möglicherweise kann hierfür auch Freuds Schrift „Die Traumdeutung" stehen, die 1900/1901 publiziert und innerhalb kürzester Zeit große intellektuelle Kreise vor allem des Kultur- und Kunstlebens erfasst hatte (Abb. 146).

Diese Aufbruchsstimmung und -bewegung, so kann man das geistige Klima in der Zeit um 1900 wohl zutreffend bezeichnen, eine Stimmung, die wahrscheinlich auch einer der Gründe für die große Kriegsbegeisterung zu Beginn des Ersten Weltkriegs ausmachte, in der das damalige deutsche Kaiserreich seinen „Platz an der Sonne" einigermaßen erfolgreich einnahm, was seinen Widerhall ebenfalls auch in vielen nennenswerten wirtschaftlichen, wissenschaftlichen sowie sozialen Errungenschaften gefunden hat, schlägt sich in einem hohen Maß bei den Bamberger Masken um 1900 nieder, wie sie üppiger, geistreicher, witziger, unkonventioneller, phantastischer usw. kaum denkbar ist und weder zuvor noch danach jemals (wieder) gewesen war: Die Blütezeit der Bamberger Masken findet exakt in diesem Zeitraum statt (Abb. 147).

Die ganzen miteinander verwandten, aber keine systematische Einheit bildenden Ideen von Schopenhauer (Abb. 148), Nietzsche, Kierkegaard, Freud und Jung sowie zahlreicher weiterer diesbezüglich wichtiger Persönlichkeiten, die hier nicht eigens genannt werden können, erzeugen in ihrem Zusammenspiel ein bemerkenswert fruchtbares Klima in der Zeit um 1900, das in den unser Thema betreffenden Belangen mit Begriffen wie: Individuum, experimenteller und positiv konnotierter Unverbindlichkeit, Fantasiereichtum und großem Interesse an fremden Kulturen, was wahrscheinlich auch mit den Entdeckungen der Welt seit etwa dem 17. Jahrhundert und besonders später zu tun hat oder zudem am

Interesse an Vorformen von „Science Fiction" (Jules Verne) und anderem gut beschreibbar ist. Fruchtbar für diese kleine Explosion an Fantasie, Individualismus, willkürlicher Gestaltungsfreude usw. sind vermutlich die unmittelbar historisch vorgängigen Geschehnisse in doppelter Hinsicht: Zum einen hat die Phase der Aufklärung und Philosophie um 1800 als Zeit des Klassizismus jedes ernst gemeinte magische Denken aus dem Bereich des öffentlichen, offiziellen Lebens verbannt, was aber unmittelbar – Romantik – im Bereich der Kunst seine neue und sehr vitale Nische gefunden hat, zum anderen trug dann wohl die gesamte kultur- und geistesgeschichtliche Entwicklung bis etwa 1900 dazu bei, dass die oben erwähnten Momente von Fantasie, Individualität, Unverbindlichkeit usw. das in jeder Hinsicht eindrucksvollste Aufkommen von Masken in Bamberg hervorgebracht hat.

Ab grob gesagt 1918 finden sich kaum mehr Masken in Bamberg. Ähnliches gilt für so gut wie alle Masken-relevanten Städte Europas. Einige wenige, in Ausdruck und Form verhaltene und in einem sehr konkreten, funktionalen Kontext ausgeführte Beispiele lassen sich vor Ort noch bis etwa in die 30er-/40er-Jahre nachweisen (Abb. 149), danach scheint wohl das bisherige Ende der Bamberger Masken erreicht worden zu sein. Der Erste Weltkrieg, seine Schrecken und sein zumal für Deutschland und Österreich unrühmliches wie demütigendes Ende, das wohl faktisch sehr ähnlich in weiten Teilen Europas erlebt wurde.

Der Erste Weltkrieg ist zweifellos die maßgebliche Zäsur, der entscheidende Bruch in der bisherigen Geschichte Europas gewesen, dessen Folgeerscheinungen bedauerlicherweise bis heute wohl noch nicht abgeschlossen sind – und den entsprechenden Befund eines Maskenschwunds, vielleicht sogar einer Ablehnung der Masken als Architekturelement bedingt hat. Somit ist es in diesem Zusammenhang bezeichnend, dass kurz nach der Blüte der Bamberger Masken ein massiver Einbruch in Bezug auf dieselben zu konstatieren ist: Offenbar hat der Erste Weltkrieg das positive Selbstgefühl, das es vor 1914/18 gegeben hat, stark in Mitleidenschaft gezogen, dergestalt, dass man das Spielerische, Post-Barocke usw. als unpassend empfand.

Keine Verzierungen, sachliche, nüchterne Schlichtheit war angesagt, und der entsprechende Ausdruck auf architektonischer Ebene war nun: das Bauhaus.

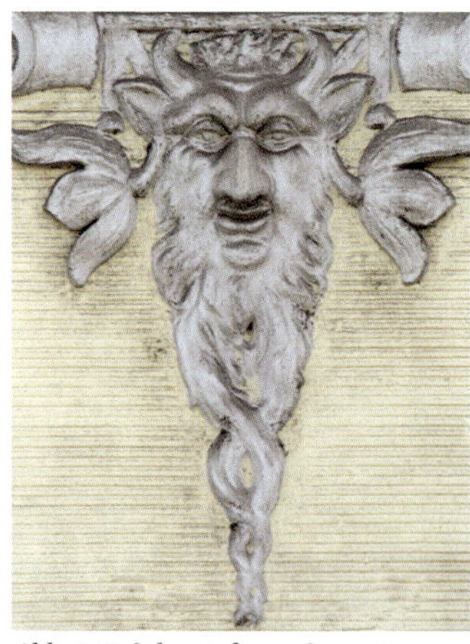

Abb. 147: Schweinfurter Str. 130

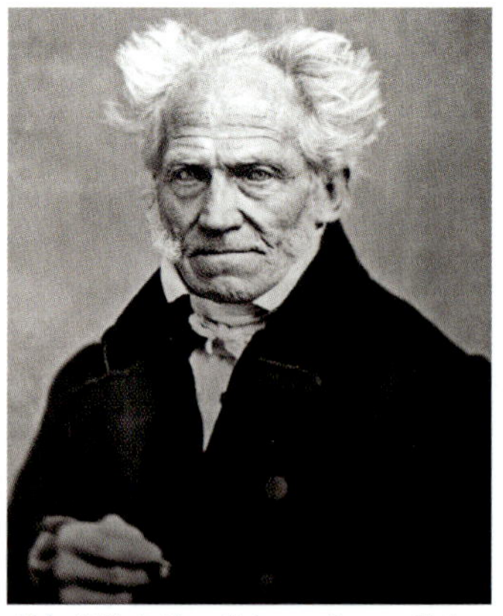

Abb. 148: Arthur Schopenhauer, Fotografie von Johann Schäfer, 1855.

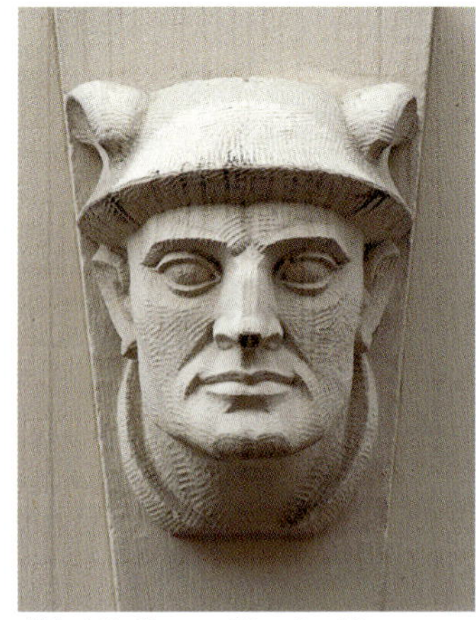

Abb. 149: Herzog-Max-Str. 12

Die Masken und das magische Denken

Gehen wir nun einen Schritt im Verständnis der Masken weiter. Der Begriff des „magischen Denkens" wurde im Lauf dieser Untersuchung mehrfach und in tragender Bedeutung verwendet. Was damit gemeint ist, möchte ich hier mit einigen wenigen philosophischen Überlegungen zu klären versuchen.

Menschliches Denken ist von sich aus immer magisch, so gesehen handelt es sich bei dem Begriff des „magischen Denkens" letztlich um einen Pleonasmus. Wie ist das zu verstehen? Das menschliche Denken ist u. a. dadurch charakterisiert, dass es zu einer mehr oder weniger unbegrenzten Synthesebildung in der Lage ist und dies auch unwillkürlich beständig tut. Das zeigt sich auf mehreren Ebenen, wofür zumindest der Traum, aber auch Mythos bzw. vergleichbare Kulturäußerungen der Menschheit ein sehr anschauliches Material liefern. So kann unser Denken etwa sowohl kausale wie auch substanzielle Synthesen in freier Willkür herstellen. Bekannte Beispiele: Wenn das Kind seinen Teller nicht aufisst, wird es morgen Regen geben; weil der Gott Thor mit seinem von Ziegenböcken gezogenen Wagen über die Wolken fährt und mit seinem Hammer Mjölnir auf dieselben einschlägt, gibt es ein Gewitter mit Blitz und Donner

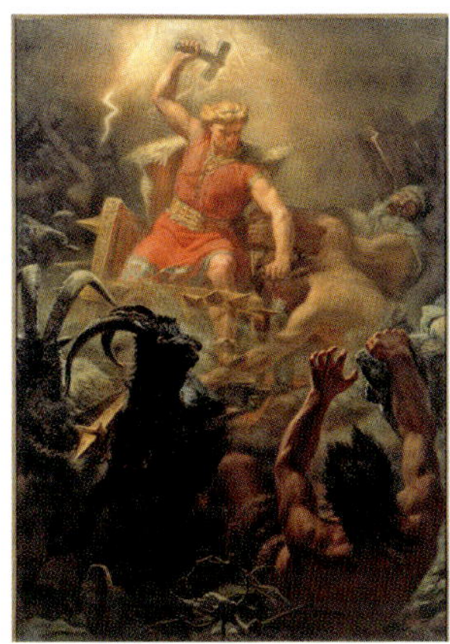

Abb. 150: Thors Kampf mit den Giganten, Gemälde von Mårten Eskil Winge (1872).

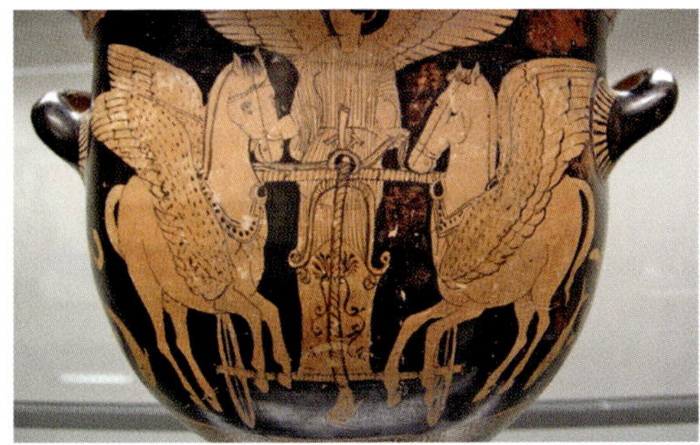

Abb. 151: Eos fliegt mit ihrem Wagen über das Meer, Delphine und Fische sind erkennbar. Rotfiguriger Krater aus Unteritalien, 430-420 v. Chr.

(Abb. 150); weil die rosenfingrige Göttin Eos mit ihrem Gefolge des Morgens immer ihrem Bruder Helios („Sonne") vorausreitet, sieht man sie als Morgenröte vor Sonnenaufgang aus dem Osten kommen, in ihrem Wagen, der von den beiden Pferden Phaethon („Schimmer") und Lampos („Glanz") gezogen wird usw. (Abb. 151). Fabelwesen wie etwa Pegasus oder sonstige Chimären (Abb. 152) sind aus den Mythen der Menschheit geflissentlich bekannt. Hiermit wird eine ganze magische Welt evoziert, die von magischen Wesen bevölkert ist, von Kentauren, Hippogryphen, Sphingen und dergleichen mehr (Abb. 153 / 154), die entsprechend ihrer magischen Wirkkraft frönen. Die natürliche ästhetische Qualität verschiedener Mythen wurde immer wieder zur Sprache gebracht und lässt sich auch nach mehreren tausend Jahren meist noch gut nachvollziehen.

Die zunächst uneingeschränkt möglichen Synthesebildungen unseres menschlichen Denkens werden jedoch in gewisser Weise limitiert, wenn man anfängt zu überprüfen, ob denn diese diversen Syntheseleistungen auch der Wirklichkeit entsprechen und als solche haltbar sind. Mit Experimenten, mit der Ausbildung von Logik, mit gegenseitigem Austausch usw. kamen die Menschen im Lauf ihrer bisherigen Geschichte dazu, bestimmte Formen bzw. konkrete Synthesebildungen zu verwerfen: Der

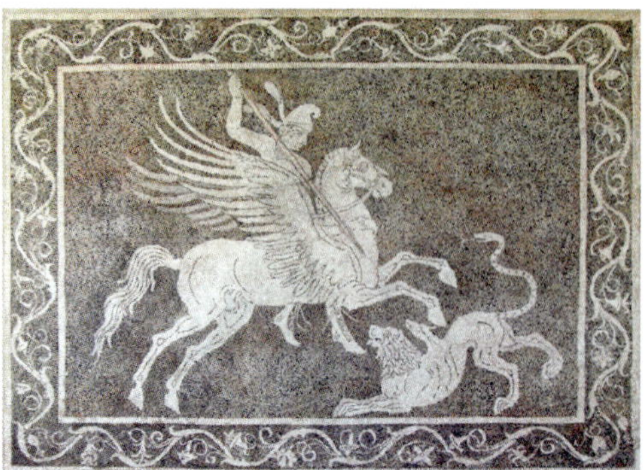

Abb. 152: Mosaik mit der Darstellung des Bellerophon auf dem geflügelten Pegasus, der die Chimäre tötet, um 300 v. Chr.

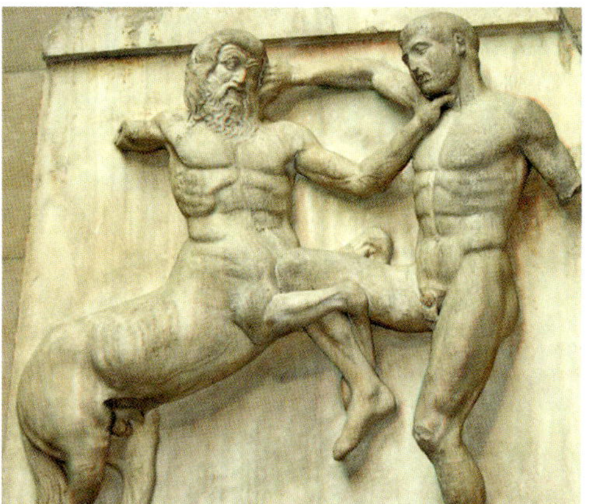

Abb. 153: Kentaur im Kampf mit einen Lapithen, Parthenon / Athen um 435 v. Chr.

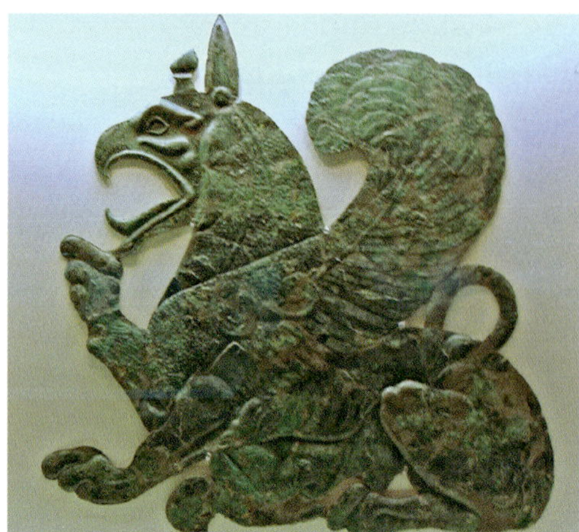

Abb. 154: Greif (Hippogryph) mit Pferdeohren, der sein Junges säugt, Peloponnes ca. 630 v. Chr.

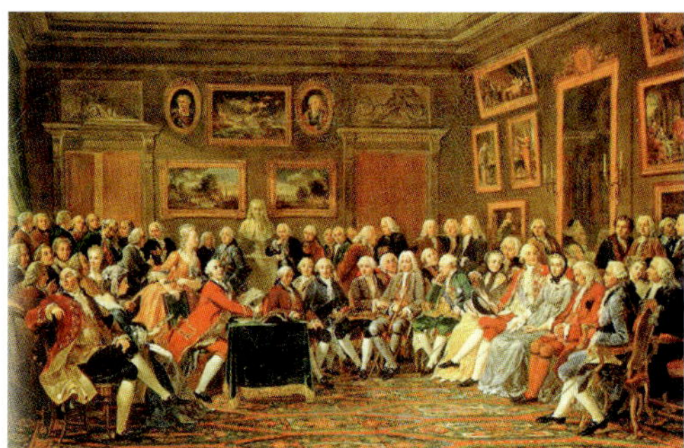

Abb. 155: Lesung von Voltaires Tragödie "Die Waise von China" im Salon von Marie Thérèse Rodet Geoffrin im Jahr 1755, Lemonnier um 1812. Szene einer aufgeklärten und die Aufklärung befördernden Gelehrtenrunde durch Diskussion und geistigen Austausch.

Prozess der Inkulturierung der Spezies homo sapiens ging die ersten ca. 70.000 Jahre vor heute mehr oder weniger direkt proportional einher mit der Zurückdrängung magischen Denkens – aber als sich spätestens in der Zeit um 500 v. Chr. die entscheidenden Grundlagen von Rationalität herausgebildet haben, lässt sich eine exponentielle Entwicklung der Rationalität zu Lasten magischen Denkens konstatieren. Ein Prozess, dessen Ende bis heute nicht absehbar ist. Die Instrumente hierfür sind Verstand und Vernunft, und die Epoche, in der dies, zumindest für die abendländische Kultur am nachhaltigsten und wohl auf kultureller Ebene irreversibel geschah, ist die Aufklärung (Abb. 155). Nichtsdestotrotz darf man dabei nicht vergessen, dass sich mittels magischen Denkens und seiner unlimitierten Synthesebildung alle ursprünglichen Formen menschlicher Kultur formiert und inhaltlich gestaltet haben. Durch den sekundären Rückbau magischen Denkens mittels Präferierung rationaler Denkoperationen, was offenbar gewisse Vorteile zeitigte (Technik), ist im abendländischen Kulturkreis das magische Denken als Kulturform vergangen.

III. Die Bamberger Masken – eine ausgewählte Besprechung

Nachdem nun die wichtigsten geschichtlichen wie sachlichen Hintergründe und Zusammenhänge zum Thema Masken zur Sprache kamen, soll der Blick konkret auf den Befund an Masken in der fränkischen Domstadt Bamberg fokussiert werden. Um das zunächst weitgehend theoretisch Gesagte in seinen zahlreichen Aspekten und Relevanzen fortan mit konkreter Anschaulichkeit zu unterfüttern, wird ein repräsentativer Bildteil den faktischen Bestand der Bamberger Masken exemplarisch dokumentieren, wobei mit jeweiligen Erläuterungen zu den einzelnen Objekten das Verständnis des jeweils Spezifischen hierbei befördert werden soll. Die Auswahl der besprochenen Masken ist letztlich natürlich subjektiv, versucht aber doch möglichst wichtige und aussagekräftige Beispiele zu präsentieren.

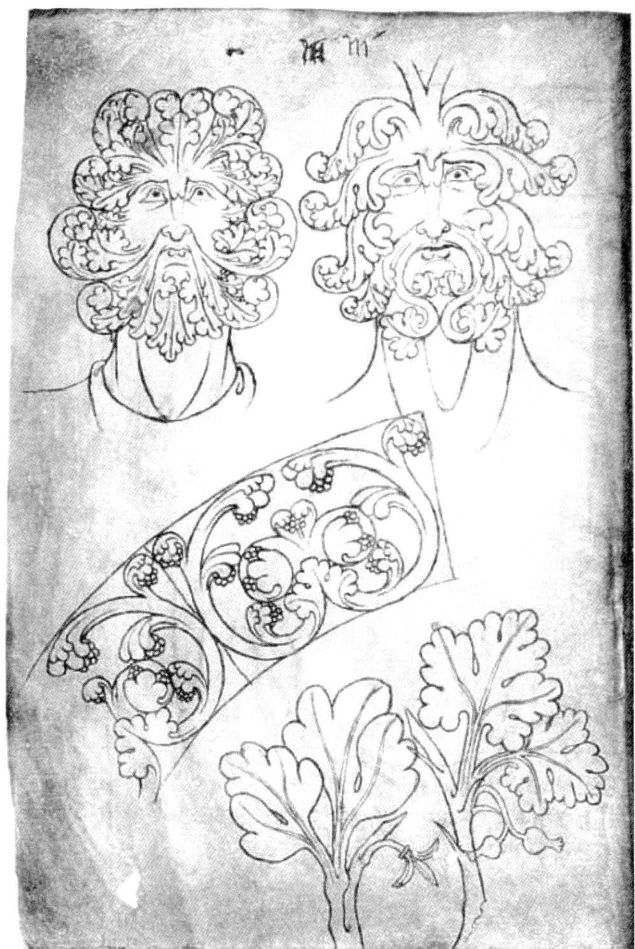

Abb. 156: Skizzenbuch des Villard de Honnecourt, um 1230 mit zwei Varianten von Blattmasken.

1. Die Blattmaske am Bamberger Reiter

Die wohl bekannteste Bamberger Maske ist zugleich auch die älteste dieser Stadt: Die berühmte Blattmaske an der rechten Konsole unter dem ebenfalls berühmten Bamberger Reiter, die auf 1220/1230 datiert wird. Die Beziehungen der Bildhauer, die den Bamberger Reiter und die Blattmaske geschaffen haben, zur Kathedrale von Reims und deren hochqualitativen Skulpturen sind seit langer Zeit bekannt und weisen damit auch auf die Antike: Die Reimser Bildhauer konnten vor allem deswegen ihre zu der damaligen Zeit nachgerade revolutionären Plastiken schaffen, weil in der Stadt Reims kurz nach 1200 noch einige original römische Plastiken vorhanden waren. Die Römer gründeten nach der Eroberung Galliens durch Caesar zahlreiche neue Städte in ihrer neuen Provinz, die sie in der Regel mit Monumentalplastiken, oftmals Kaiserdarstellungen, ausstatteten, was erklärt, weswegen im mittelalterlichen Reims, dem römischen Urbs Remorum, diese antiken Kunstwerke als Vorbild für die mittelalterlichen Künstler dienen konnten. Somit weisen auch die Bamberger Domskulpturen einige signifikante römisch-antike Charakteristika auf, was auch für das Genre der Blattmaske zutrifft, die wie gesehen vornehmlich eine römisch-hellenistische Entwicklung der antiken Masken darstellt. Auch im Bauhüttenbuch des Villard de Honnecourt findet sich eine Darstellung, die zwei Typen von Blattmasken zeigt (Abb. 156), möglicherweise die ersten Beispiele von Blattmasken seit der Antike im Mittelalter, und auch die Blattmaske am Bamberger Reiter ist vermutlich die älteste Blattmaske in Deutschland seit der Antike, was ihren kunsthistorischen Stellenwert verdeutlicht.

Künstlerisch tritt ebendiese Blattmaske besonders hervor: Es sind primär nur sehr üppige Akanthusblätter, die in ihrem entsprechenden Arrangement ein längliches und eckiges Gesicht ergeben, zumal die Augen bzw. Augenhöhlen rein durch die Anordnung der Akanthusblätter erzeugt werden. Die Nase und der Mund sind eigenständige und nicht aus Akanthusblättern gebildete Elemente, verschmelzen aber komplett mit der erwähnten Flora, da sie – besonders gut lässt sich dies an der Nase erkennen – aus den Akanthusblättern erwachsen. Somit kann man sagen, dass Nase und Mund sekundäre, aus dem primär pflanzlichen Material erwachsende Gesichtsbestandteile sind. Im erstaunlichen Unterschied zu den englischen Green-Man-Beispielen, die in der Regel, der Name weist bereits darauf hin, grün eingefärbt waren, sofern sich die Farbgebung der Steinmetzarbeiten erhalten hat, hat die Farbuntersuchung an dieser Blattmaske ergeben, dass sie ursprünglich gelb-orange gefasst war – ein Befund, der sich vorderhand nicht ohne Weiteres deuten lässt. Wie im Bauhüttenbuch Villards erkennbar, so weist auch die Bamberger Blattmaske (was für die Bamberger Domskulpturen ohnehin charakteristisch ist) eine deutliche Zeichnung eines gefühlsmäßig bestimmten, vielleicht sogar ein wenig psychologisch deutbaren Gesichtsausdruckes auf: Sie hat eine etwas unheimliche Anmutung, die vornehmlich durch die als Augenbrauen fungierenden Akanthusblätter erzeugt wird, welche sich zur Nasenwurzel hin zusammenziehen. Darüber hinaus werden durch die oberen Lagen der Akanthusblätter noch zwei weitere Augenpaare evoziert – und bei genauem Hinsehen merkt man, dass die Maske ihre Augen rollt, und zwar deutlich nach links. Was es damit auf sich hat, ist schwer zu sagen, ihr Blick geht zum Fürstenportal des Bamberger Doms, durch das im Mittelalter bedeutende Persönlichkeiten in den Dom eingetreten sind, ob damit unter Umständen sogar eine gewisse humoristische Szene impliziert ist, bei der die augenrollende Maske als Apotropaion die Hohen Herren der damaligen Zeit gleichsam ironisch in Empfang nimmt, oder ob etwas ganz anderes damit gemeint ist, muss letztendlich wohl offen bleiben – eine schöne Parallele zum Reiter übrigens, der auch ein ganzes Bündel an Fragezeichen aufwirft, insbesondere seine bis heute ungeklärte Identität anbelangend.

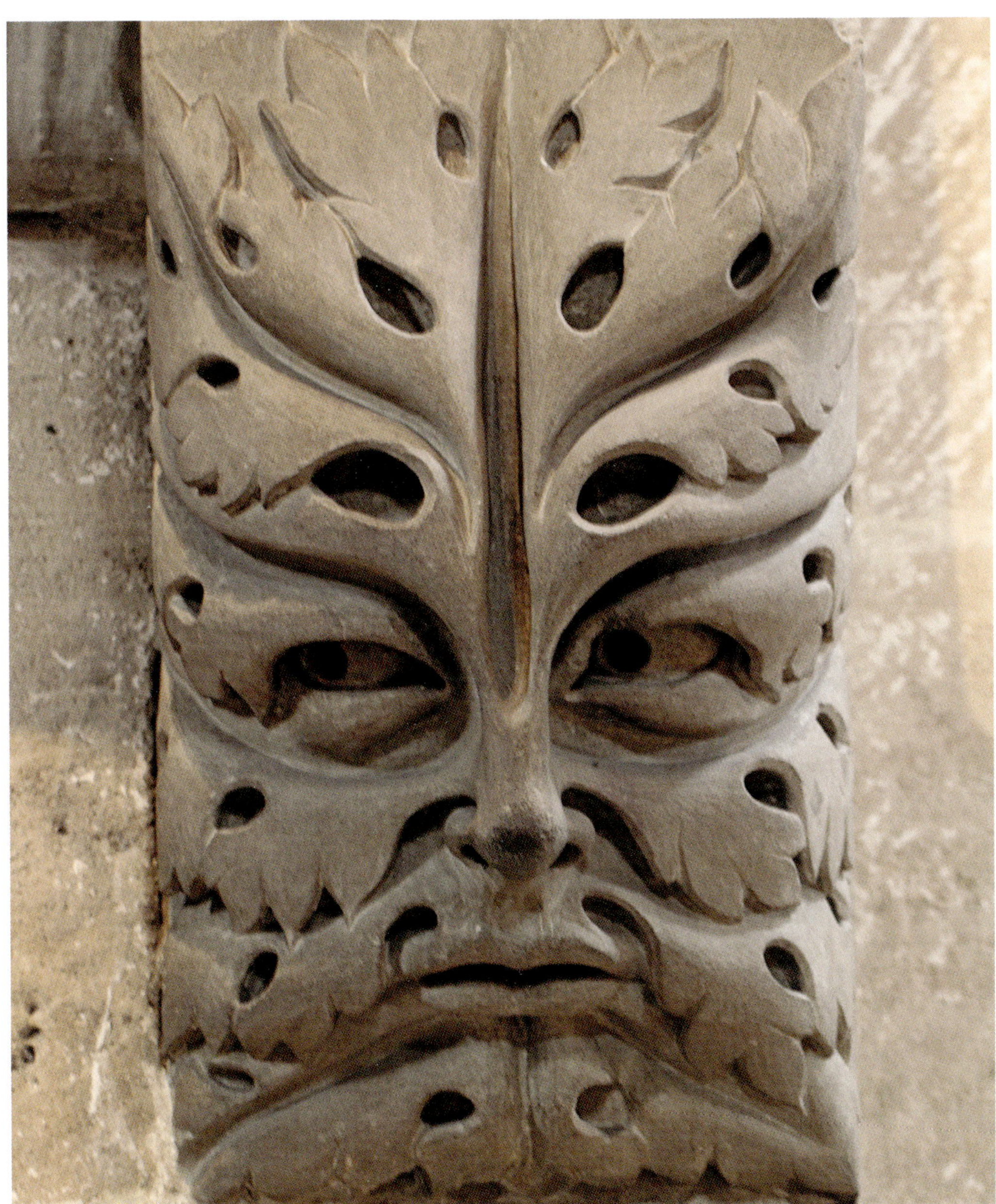

Abb. 157: Blattmaske am Bamberger Reiter.

2. Die Masken der Oberen Pfarre

Die Masken der Oberen Pfarre sind in vielerlei Hinsicht beachtenswert, bilden sie doch das größte zusammenhängende Ensemble mittelalterlicher Masken in Bamberg. Sie finden sich im Bereich des groß angelegten Ostchores des Gebäudes wieder, der gegen 1380 von Peter Parler bzw. dessen Schule an die bereits bestehende Kirche neu angebaut wurde und sicherlich auch den architektonischen Glanzpunkt derselben darstellt. Im Innenbereich des Chores zeigen sich einige bemerkenswerte Blattmasken an Konsolsteinen von Säulenplastiken, die stilistisch eng verwandt mit der großen Blattmaske am westlichen Chorgestühl des Bamberger Doms sind (Abb. 166), womit ein deutlicher Hinweis hinsichtlich der Provenienz dieses Chorgestühls ebenfalls aus der Parler-Schule bzw. -Werkstatt gegeben ist. Charakteristisch für diese Blattmasken ist der Umstand, dass nicht, wie bei der Maske des Bamberger Reiters, die Blätter durch ihre spezifische Zusammenstellung das Gesicht komponieren, sondern es ist hier jeweils ein deutlich erkennbares menschliches Gesicht die primäre künstlerische Ausgangsbasis, aus dessen Mundwinkeln nun sekundär üppiges Blattwerk an gut erkennbaren Ästen herauswächst und das Gesicht der Maske in bestimmter Weise umfängt.

Im Außenbereich des Chors lassen sich zwei Modi von Masken unterscheiden: Zum einen Masken als kleine verzierte Konsolsteine am unteren Ende der länglichen Stege realisiert (Abb. 159), die zu der Reihe von durchgehenden gotischen Blendarkaden unterhalb der großen Maßwerkfenster gehören (hier sind sehr viele Stege dieser Blendarkadenreihe am unteren Ende figürlich gestaltet, teils mit Fantasiefiguren (Abb. 164), die an die Drôlerien des westlichen Chorgestühls im Dom erin-

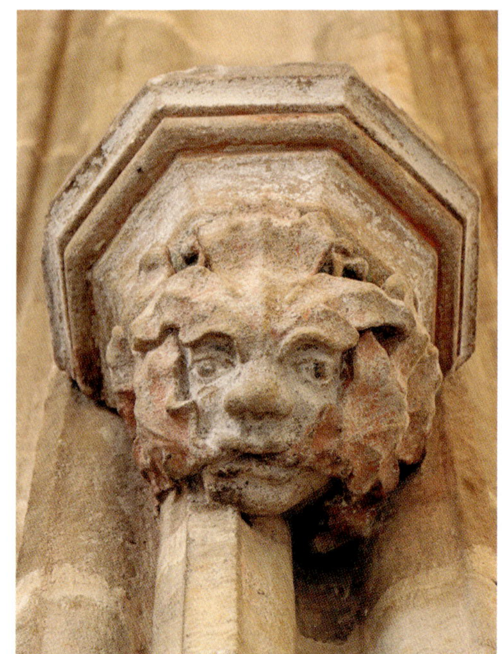

Abb. 158: Unterer Kaulberg, Obere Pfarre

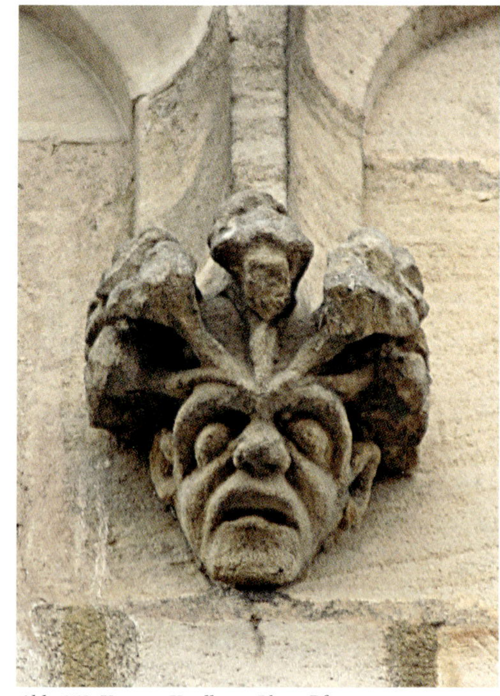

Abb. 159: Unterer Kaulberg, Obere Pfarre

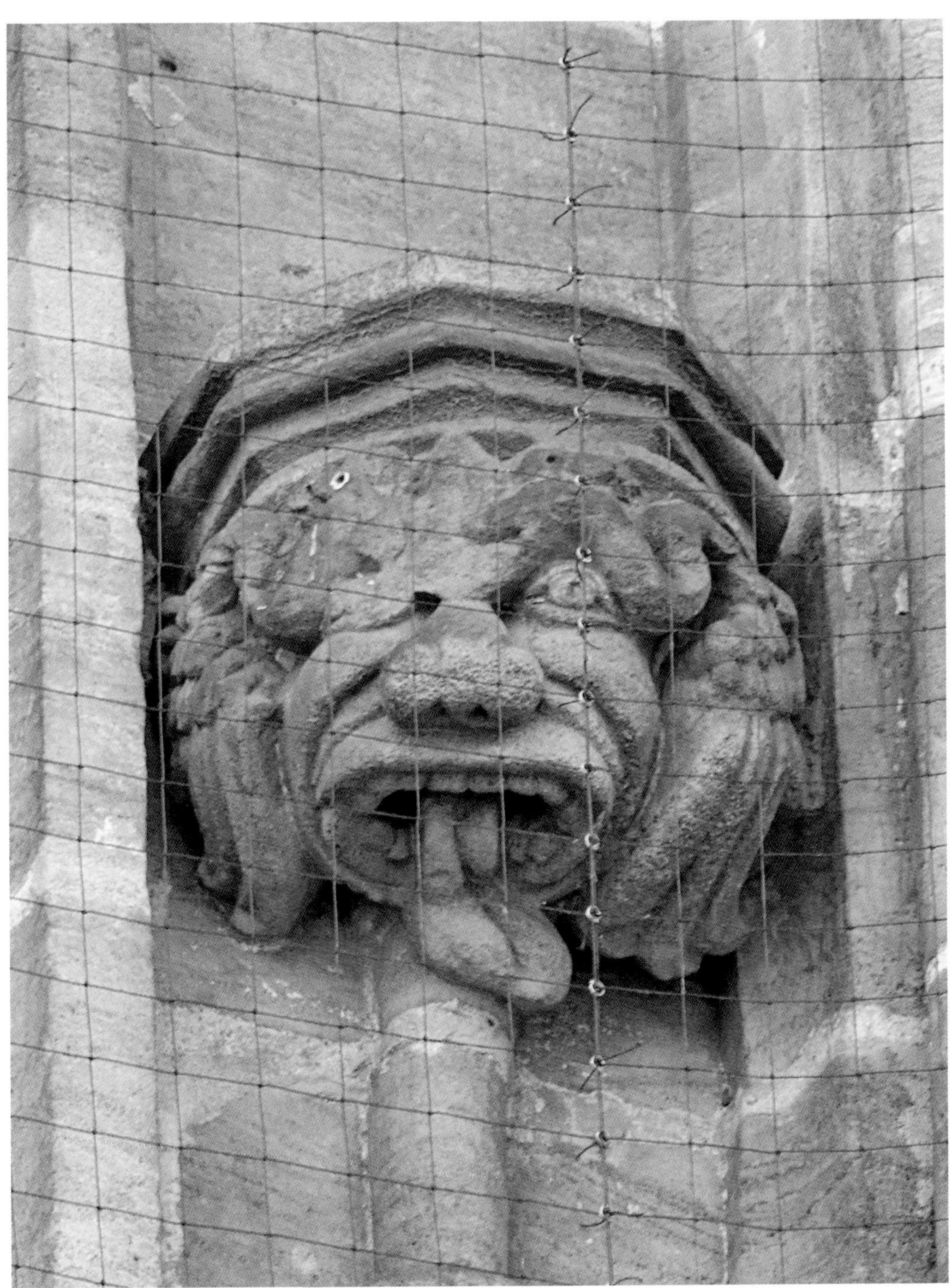

Abb. 160: Unterer Kaulberg, Obere Pfarre

nern (Abb. 162), teils eben mit Masken (Abb. 163), und zum anderen als große Konsolsteine zwischen den Fenstern, wo jeweils vier Großplastiken ihren Platz hatten, was man an den noch vorhandenen gotischen Baldachinen erkennen kann. Im Bereich des Obergadens dieses Chores konnten bislang keine Masken nachgewiesen werden. Die großen Masken an den Skulptur-Konsolsteinen stellen eine Besonderheit im Rahmen der Bamberger Masken dar, denn sie sind vermutlich gräulicher als die übrigen Bamberger Masken gestaltet: massives Zungenblecken, rollende Augen, gequetschte Gesichtsformen (Abb. 160), alternierend mit offenbar defektierenden Figuren (Abb. 161) usw. Das sind einerseits typische und sicherlich auch ernst gemeinte apotropäische Momente, womit böse Geister und Dämonen vom Kirchengebäude abgehalten werden sollen, aber der Modus des Apotropäischen geht hier noch einen Schritt weiter, als dies in der Antike der Fall war. Und zwar sind jene Masken wie gesehen durchgängig als Konsolsteine gearbeitet, d. h. sie befinden sich unter den Füßen von Großplastiken, die ehemals verschiedene christliche Heilige gewesen waren. Wir wissen leider nicht mehr, welche konkreten Plastiken, welche Heiligen hier standen, das spielt aber auch für die Aussage der Masken an dieser Stelle keine Rolle: Die Masken sind hier klar erkennbar als dämonische Wesen gestaltet (in Montmajour konnte man sehen, dass Masken teils mit expliziten Teufelsattributen versehen waren), die von den christlichen Heiligen besiegt sind und unter ihre Füße gelegt wurden, wie es eine bekannte biblische Wendung ist (Ps 110,1; Mt 22,44 pp.), somit stellen sie von christlichen Heiligen überwundene Dämonen dar.

Das apotropäische Moment dieser Masken ist damit nicht linear umgesetzt, sondern, wenn man so will, „um die Ecke", „à la bande": Die überwundenen, von den christlichen Heiligen unterworfenen Dämonen präsentieren sich in ihrer Niederlage den anderen Dämonen und wollen auf diese Weise anderen Dämonen gegenüber apotropäisch wirken, indem sie ihnen, wie in einem Spiegel, ihr Schicksal demonstrieren, das ihnen dräut, wenn sie sich mit dem christlichen Gott und seinen Heiligen einlassen. „Indirekt-mittelbares Apotropaion" könnte man diesen Modus des Apotropäischen fast nennen, jedenfalls lässt er sich als durchaus geistreich und innovativ bezeichnen und hat in dieser Hinsicht keine Parallele bei anderen Bamberger Masken in deren apotropäischer Funktionsweise, weswegen man ihnen zweifellos einen besonderen Status im Rahmen der Bamberger Masken zuerkennen kann. Zu ergänzen wäre noch, dass zwar merklich gebrochen und auch stark variiert, aber immer noch sehr deutlich das magische Denken bei der Verfertigung der Masken eine Rolle gespielt hat, was man bei der Blattmaske am Reiter im Dom durchaus mit einem Fragezeichen versehen kann.

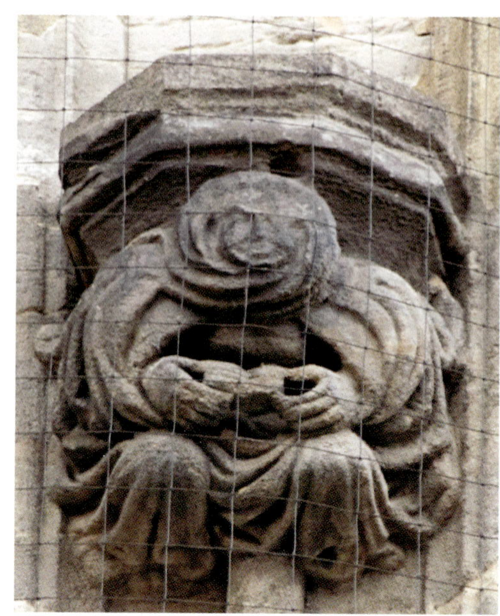
Abb. 161: Unterer Kaulberg, Obere Pfarre

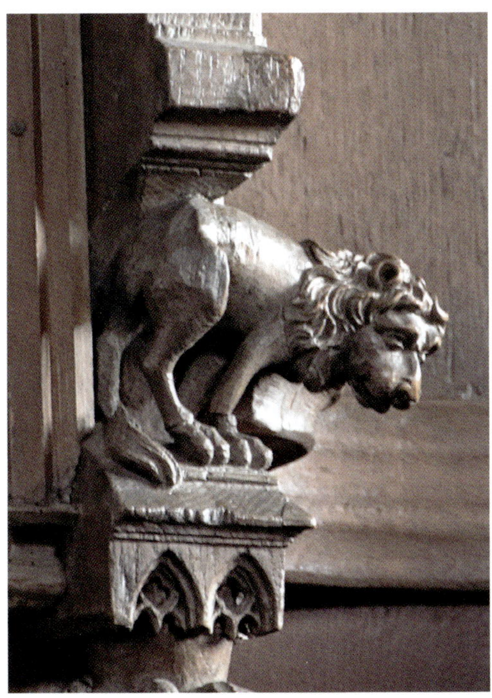
Abb. 162: Westliches Chorgestühl, Dom

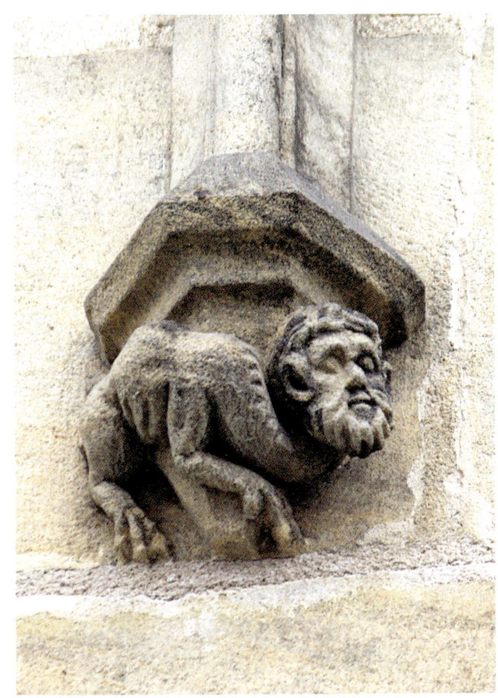
Abb. 164: Unterer Kaulberg, Obere Pfarre

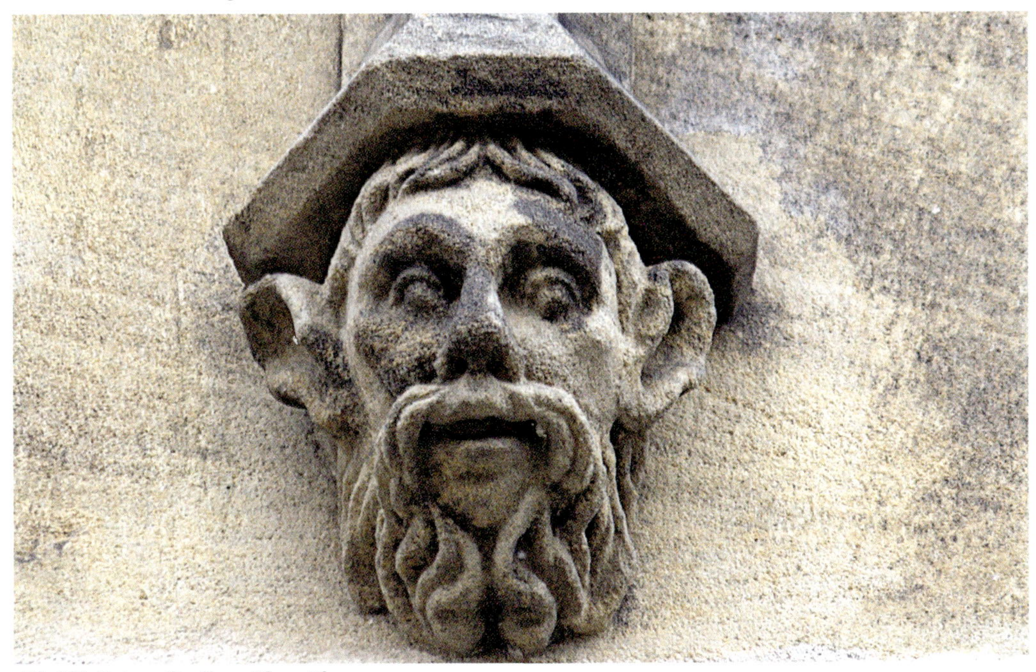
Abb. 163: Unterer Kaulberg, Obere Pfarre

3. Die Masken am Westlichen Chorgestühl des Bamberger Doms

Es wurde schon erwähnt, dass die Blattmasken im Bereich des Chorumgangs der Oberen Pfarre, die dort als Konsolsteine umgesetzt sind, erkennbar verwandt mit der großen Maske an der äußeren südwestlichen Chorwange des Chorgestühls im Westchor des Bamberger Doms sind. Diese erkennbare stilistische Verwandtschaft ist eine der Argumentationslinien, die sowohl den Chorneubau der Oberen Pfarre sowie das erwähnte Chorgestühl in enge Verbindung mit Peter Parler und seiner Schule bzw. Werkstatt bringt. Die große Blattmaske am Chorgestühl ist charaktervoll gestaltet: Ein eindeutig menschliches Gesicht, klassisch en face dargestellt, mit in Falten gelegter Stirn, leichtem Doppelkinn, überproportional großen Ohren und leicht nach unten gesenktem Blick, wobei eine deutliche Asymmetrie der Augen erkennbar wird. Das vom Betrachter aus linke Auge samt Augenbrauen ist weit nach oben gezogen, so dass dort ein lebendiger, bewegter Gesichtsausdruck entsteht, was vielleicht ansatzweise karikaturhafte Momente in der gesamten Darstellung enthält. Diesem Gesicht wurden nun noch ausgiebig florale Elemente hinzugefügt, wie es bereits bei den Masken im Innenbereich der Oberen Pfarre festgestellt werden konnte, hier allerdings in wesentlich verschwenderischer, üppigerer Weise: Aus den Mundwinkeln wachsen nach oben gerichtete Stängel heraus, die kurz hinter den Wangen in wucherndes Blattwerk und Fruchtstände bzw. Knospen münden, beide Blattwerke sind wieder etwas asymmetrisch gestaltet, was der Wirkung dieses Elements künstlerisch durchaus zuträglich ist, ebenso kommen aus den jeweils äußeren Augenwinkeln der Maske etwas dünnere und kürzere Stängel denn aus dem Mund, recht steil nach oben wachsend und ebenfalls in Blattwerk und knospenartige Gebilde mündend, hier jedoch sich spaltend, wobei die jeweils eine Gabelung ihre pflanzlichen Auswüchse über bzw. leicht hinter den Ohren findet. Dies wächst sich jeweils ein wenig anders auf das Haupt der Maske aus, bedeckt dasselbe eng anliegend und sorgt damit gleichsam für deren vegetabilen „Haarbewuchs".

Etwas einfacher und weniger kunstreich mögen die Blattmasken-Konsolen im Innenbereich des Chorumgangs der Oberen Pfarre gearbeitet sein, aber man erkennt unschwer, dass es sich dabei um dieselbe ästhetische Handschrift handelt, was wie gesagt die Zuordnung jener kleinen Kunstwerke zu Peter Parler und seinem Umfeld ausgesprochen wahrscheinlich macht. Ein solcher Befund ist im Rahmen der Bamberger Masken recht singulär, dass man nämlich aufgrund signifikanter stilistischer, gestalterischer Merkmale verschiedene Masken an verschiedenen Objekten recht sicher einander zuweisen kann. Vergleichbares lässt sich noch für die Bamberger

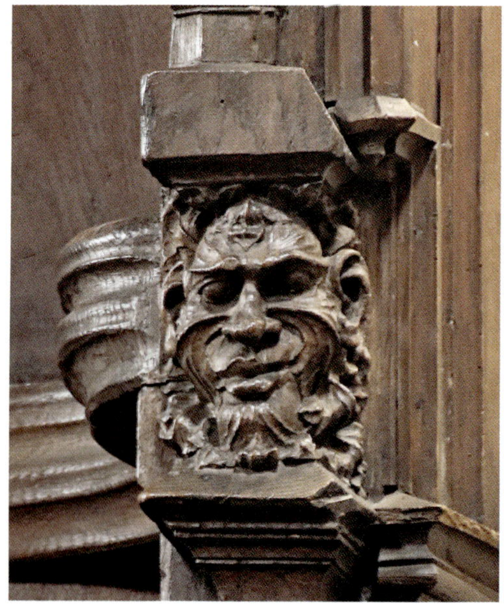

Abb. 165: Westliches Chorgestühl.

Masken von Hans Erlwein (vgl. hierzu die Abb. 268-272) sagen, sonst finden sich in Bamberg keine so gearteten Beispiele in derlei deutlichen stilistischen Beziehungen zueinander. Damit beherbergt der Dom die beiden wohl kunstvollsten und vielleicht auch interessantesten Blattmasken in Bamberg – Blattmaske am Reiter und Blattmaske am Chorgestühl – auf engem Raum, womit auch von dieser Seite aus die kunstgeschichtliche Bedeutung des Kaiserdoms verdeutlicht wird. Darüber hinaus gibt es noch eine Blattmaske am westlichen Chorgestühl des Bamberger Doms (Abb. 165), die als vollplastisches Element und mit einem außergewöhnlichen, annähernd sardonischen Gesichtsausdruck nochmals die Qualität und hohe Stellung des westlichen Chorgestühls herausstreicht. Die betreffende Maske ist wohl in erster Linie, wie auch die vielen regelmäßig angebrachten und sehr hochwertigen Drôlerien an diesem Chorgestühl als Amusement und geistreiche Schmuckform, mitunter womöglich auch Narretei zu verstehen, die die Chorherren bei ihren täglichen Chorgebeten in eine angenehme und heitere Stimmung versetzen sollten.

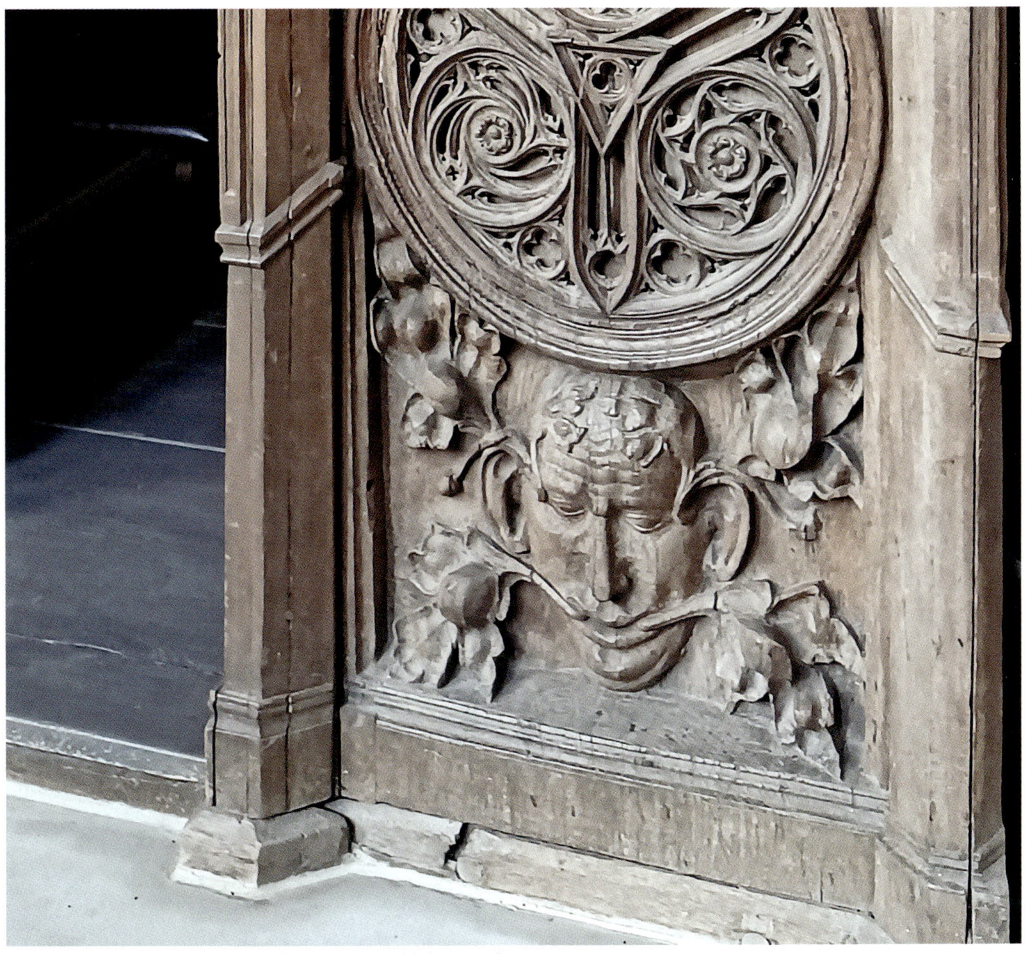

Abb. 166: Blattmaske am westlichen Chorgestühl des Bamberger Doms.

4. Masken und Hermen an der Schönen Pforte (Alte Hofhaltung)

Als Einzelmaske beeindruckend und sehr kunstvoll sowie detailreich ausgearbeitet, prangt als Schlussstein der Schönen Pforte der Alten Hofhaltung, dem mittelalterlichen Sitz der Bamberger Fürstbischöfe (den auch Goethe in seinem Götz von Berlichingen verewigt hat) am Bamberger Domplatz, eine Widderkopfmaske (Abb. 169), die in ihrer ganzen Art fast singulär in Bamberg sein dürfte – fast, weil sie noch eine Art Zwillingsgeschwister am oberen Abschluss der Wendeltreppe im Kanzleitrakt der Alten Hofhaltung hat (Abb. 167). Beide stammen wohl vom selben Künstler, dem Bildhauer Pankraz Wagner, der das prächtige Renaissanceportal 1573 schuf. Außerdem ist noch eine ganz kleine Widderkopfmaske im linken Bereich der Schönen Pforte angebracht (Abb. 168), die ebenfalls vom selben Künstler wie die beiden großen Masken gearbeitet wurde und sich ornamental in den ästhetischen Gesamtentwurf des Portals einfügt, da sie, wie ihre große Schwester, über der kleinen linken Seitenpforte ihre apotropäische Aufgabe erfüllt. Besonders an dieser Maske erkennt man recht gut, wie sehr sich im Verhältnis zu Antike und Mittelalter die Auffassung des Apotropäischen sowie das magische Denken in genere zu dieser Zeit der zweiten Hälfte des 16. Jahrhunderts gewandelt hat, denn die kleine und fast ein wenig niedliche Widderkopfmaske ist – allein aufgrund ihrer geringen Größe, die sie beinahe in der Ornamentik dieses Teils der Pforte verschwinden lässt – weitgehend als ästhetische Reminiszenz, als kleiner künstlerischer Spaß und vorrangig als Zier- und Schmuckelement zu verstehen, wie es bereits in den obigen Ausführungen zur Sprache kam. Etwa hundert Jahre ältere Masken finden sich im Innenhof der Alten Hofhaltung, sehr kleine, kaum sichtbare Bildwerke am Fachwerkanbau

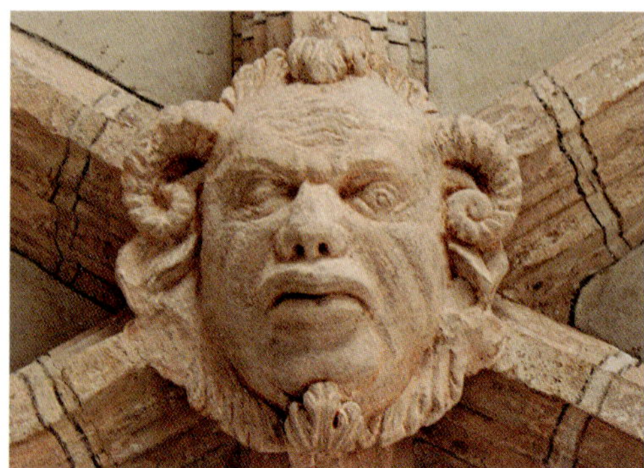

Abb. 167: Domplatz 7, Alte Hofhaltung

der nordwestlichen Schmalseite des Gesamttraktes (Abb. 170 / 171). Zudem existiert noch eine ausgesprochen bemerkenswerte Maske in der kleinen nördlichen Seitenpforte direkt am Dom, die als Einzelmaske in Kürze noch eigens besprochen wird.

Auch besonders erwähnenswert sind die drei lebensgroßen Hermen an der Schönen Pforte, die die beiden (kleinen und großen) Eingänge dieser Toranlage flankieren (Abb. 172). Dies vorrangig deswegen, weil an ihnen besonders gut ersichtlich wird, welchen Stellenwert das Moment des magischen Denkens zur Zeit der Renaissance in Bamberg offenbar hatte und wie sich Letzteres im ikonografischen Gesamtensemble der Schönen Pforte sehr anschaulich

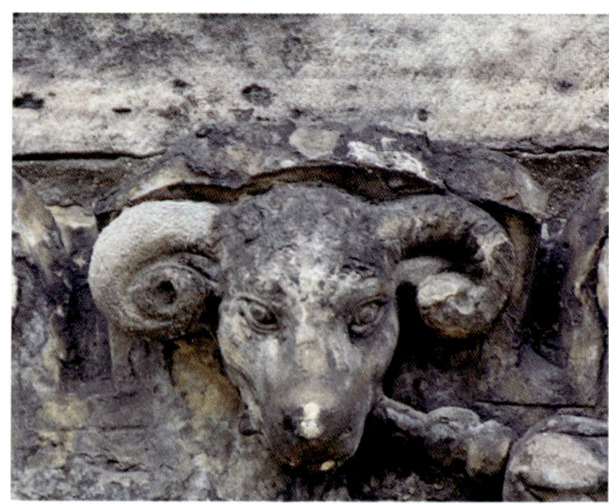

Abb. 168: Domplatz 7, Alte Hofhaltung, Schöne Pforte

niederschlägt, und natürlich auch deswegen, weil die drei Hermen künstlerisch-ästhetisch durchaus auffallend sind. Hermen sind eine aus der Antike überkommene Kunstform, die in der Regel einen Pfeilerschaft zusammen mit Kopf und Schultern kombinieren, welche ursprünglich als Wegmarken dienten und schon bald kultischen Status erhielten, an denen dem Gott der Wegfindung, dem (zumeist bärtig dargestellten) Hermes, was auch den Namen „Hermen" erklärt, oft an wichtigen Kreuzungen gehuldigt wurde (Abb. 173). An der Bamberger Schönen Pforte tauchen diese antiken Hermen wieder auf, doch in mehrfach modifizierter, transformierter Weise. Optisch sind sie eng an die antiken Vorbilder angelehnt, haben aber offenbar mittlerweile eine neue Funktion bekommen: Nämlich als Torwächterfiguren aufzutreten, was sie in eine (mythologische und künstlerische) Nähe zu antiken Sphingen (vgl. Abb. 66) oder auch den assyrisch-babylonischen, später auch persischen Großplastiken von Lamassu bzw. Shedu (vgl. Abb. 67) rückt.

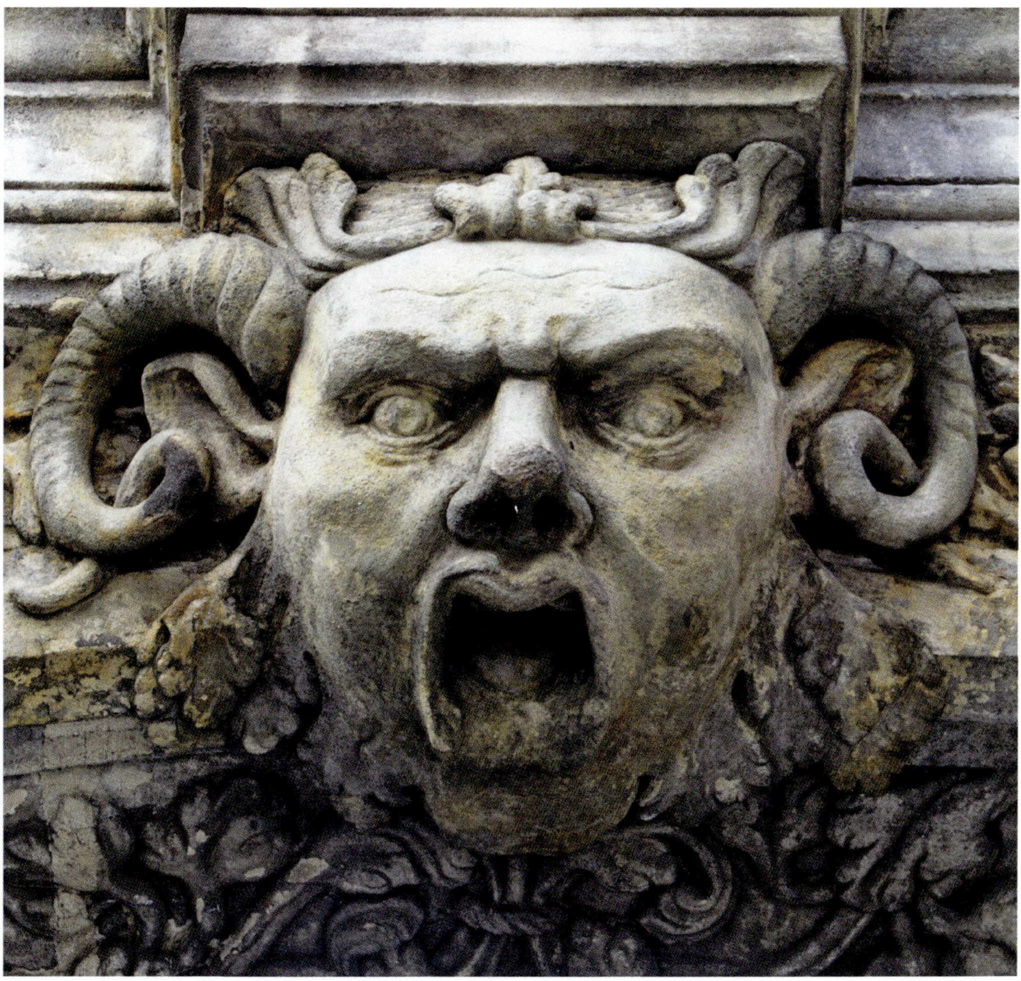

Abb. 169: Domplatz 7, Alte Hofhaltung, Schöne Pforte

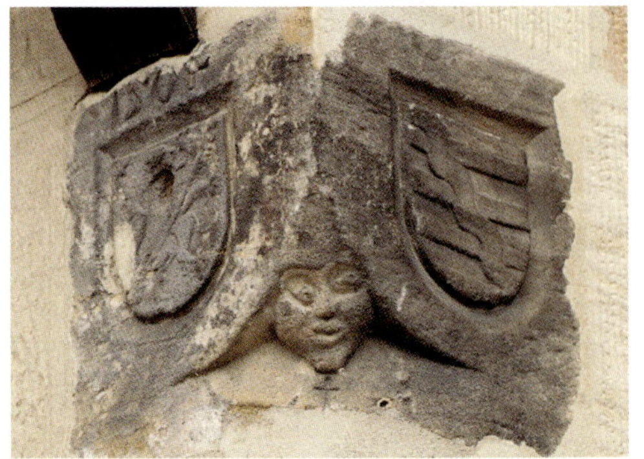

Abb. 170: Domplatz 7, Alte Hofhaltung

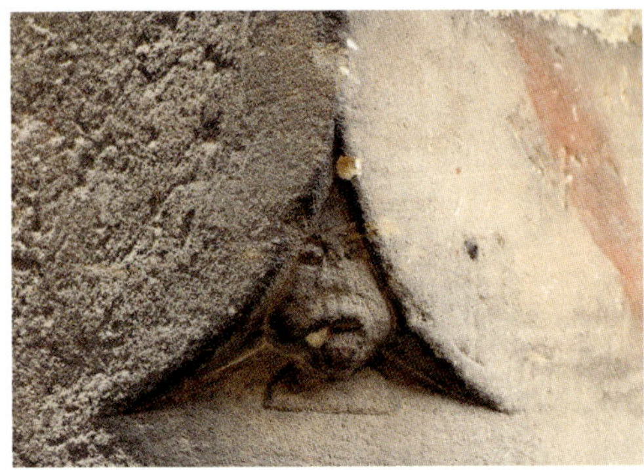

Abb. 171: Domplatz 7, Alte Hofhaltung

Ebenfalls bemerkenswert in diesem Zusammenhang ist der Umstand, dass die Ikonografie der verschiedenen Sphinx-, Lamassu- sowie Shedu-Darstellungen insofern auch mit den Hermen kongruiert, als es sich in all diesen Fällen um Mischwesen handelt: Mensch-Tier oder, wie bei den Bamberger Hermen der Schönen Pforte ersichtlich, Mensch-Pflanze. Mischwesen, Chimären sind typisch für magisches Denken, wie man dies aus der Archäologie, der antiken Mythologie und Kunstgeschichte und auch aus der Bibel kennt, denn sowohl die

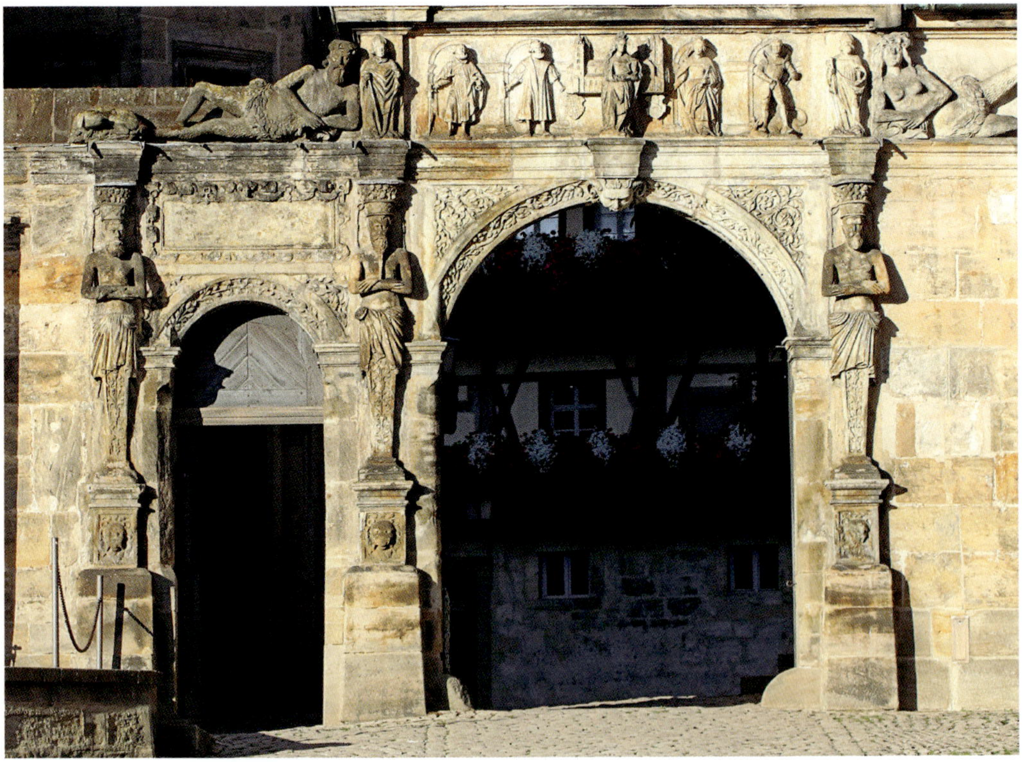

Abb. 172: Domplatz 7, Alte Hofhaltung, Schöne Pforte

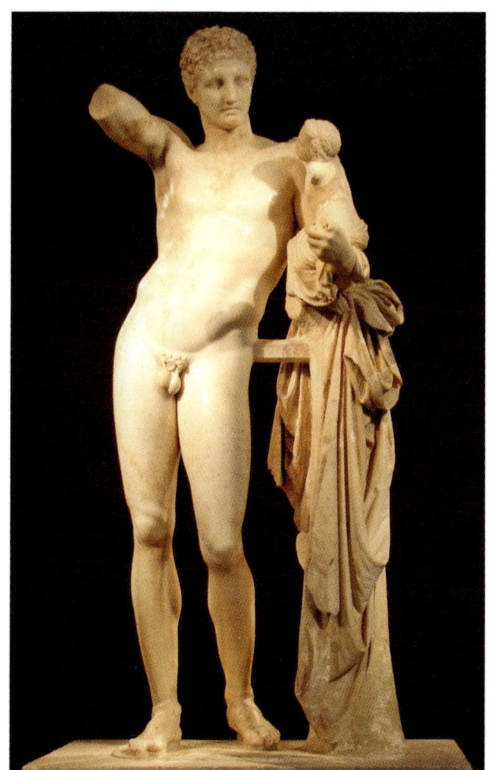

Abb. 173: Praxiteles: Hermes mit Dionysos-Kind, spätklassische Darstellung.

Cherubim (Abb. 174) wie auch die Seraphim (Abb. 175 / 176) als sehr hohe Engel des Alten und Neuen Testaments sind erkennbar aus assyrisch-babylonischen Vorgänger-Modellen von Mischwesen übernommen und entsprechend biblisch gewendet worden. So sind denn auch die Bamberger Hermen der Schönen Pforte gewissermaßen „Mischwesen" auf kultur- und mentalitätsgeschichtlicher Ebene, denn bis zu einem gewissen Grad verkörpern sie noch rudimentär und ansatzweise ein magisches Denken, andererseits sind sie ästhetisch gelungene und anspruchsvolle Zier- und Schmuckformen an diesem Bauwerk. Das Ornamentale dieser Hermen liegt auf der Hand: Sie bestehen etwa im unteren Drittel aus sehr fein gearbeitetem Akanthuswerk, der Hüftbereich ist durch ein sehr faltenreiches, teils geschwungenes, teils geknotetes Tuch, eine Art Lendenschurz ausgearbeitet, während der menschliche Oberkörper nackt und mit verschränkten Armen vor der Brust bei allen drei Hermen ausgeführt wurde. Besonders der Bart der mittleren Figur – ein langer geflochtener Streifen – sowie die Kopfbedeckung der drei Herren verdient Aufmerksamkeit, handelt es sich doch hierbei um eine Art großer Früchtekorb, der jeweils sehr schön ausgearbeitet ist. Demgegenüber erwecken die Hermen zumal mit ihren vor der Brust verschränkten Armen eine außerordentliche Anmutung von Strenge, ihr Blick und das ganze Gesicht sind nicht unbedingt als einladend zu bezeichnen, alles

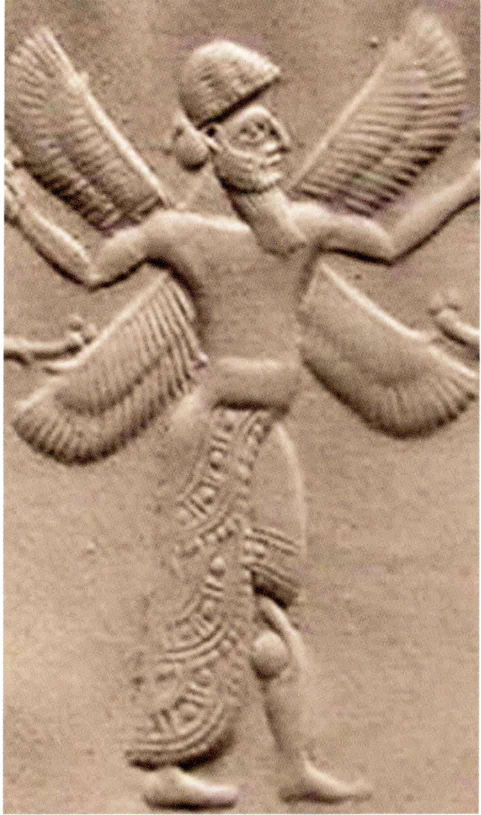

Abb. 174: Cherub auf einem neuassyrischen Siegel. ca. 1000 v. Chr. oder später.

wirkt sehr bestimmt und willensstark, was der ikonografischen Idee eines Torwächters entspricht. Es wird auf diese Weise vermutlich die Strenge der weltlichen Herrschaft betont – der Trakt direkt links der Schönen Pforte ist das Kanzleigebäude, in dem die fürstbischöflichen Dekrete und sonstige staatliche, rechtliche Edikte angefertigt wurden –, selbst wenn man zu dieser Zeit des 16. Jahrhunderts (zumindest bei den gebildeten Schichten) nicht mehr davon ausging, dass die Hermen bei realer Gefahr aus dem Stein treten, lebendig werden und die feindseligen Elemente in apotropäischer Manier vor der Pforte unschädlich machen, was sich in der Antike und z. T. wohl auch im Mittelalter durchaus anders verhielt; somit sind diese Hermen nicht nur als Schmuck- und Zierform konzipiert, sie haben eine erkennbare Funktion, die vorrangig darin besteht, die fürstbischöfliche Regierung und ihre Organe als durchaus ernst zu nehmende Instanzen wahrzunehmen.

Das apotropäische Moment dieser Hermen lässt sich in modifizierter Weise erkennen – es wendet sich zwar offenbar nicht mehr (vorrangig) an magische Wesen, Dämonen und böse Geister, sondern an die Untertanen des Fürstbischofs bzw. an alle Personen, die unter dem herrschenden Gesetz des Hochstifts stehen, die Adressierung wird jedoch mit Strenge, Härte, Bestimmtheit und Nachdruck zum Ausdruck gebracht. Als erwähnenswert kann in diesem Zusammenhang ein Aspekt gelten, der bereits bei der Blattmaske am Reiter sowie den anderen Skulpturen genannter Bildhauer immer wieder eine Rolle spielte, nämlich der psychologisch-emotionale: Das Apotropäische der Hermen wird weniger über die Schaltstelle des Magischen umgesetzt, sondern wie es sich ausnimmt, wird die beschriebene strenge Anmutung der drei Plastiken über die antizipierte und intendierte Wahrnehmung beim Rezipienten, dessen in gewisser Hinsicht wohl

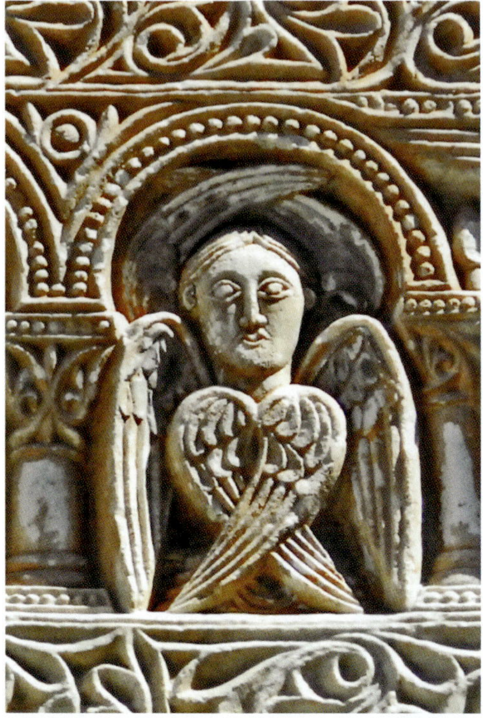

Abb. 175: St-André-de-Sorède, Türsturz mit Seraph, nach 1020.

intendierte Eingeschüchtertheit bewerkstelligt, wobei erwähnte Zierformen dies stark konterkarieren und einen gänzlich anderen Zug, den der Ästhetisierung, ins Spiel bringen.

Zum Schluss der Ausführungen soll nun endlich die große Maske am Haupteingang der Schönen Pforte detaillierter betrachtet werden, und weil diese Pforte ein ikonografisches Gesamtensemble darstellt, war es wichtig, im Vorfeld die verschiedenen anderen Elemente und Ebenen der gleichermaßen kunstvoll wie durchdachten Konzeption zu beleuchten. Die große Widdermaske vereint in sich letztlich alle hier soeben erörterten Aspekte: Sie ist einerseits ästhetisch ansprechend und handwerklich anspruchsvoll gearbeitet, weist andererseits so gut wie alle wesentlichen apotropäischen Elemente des antiken Gorgoneions

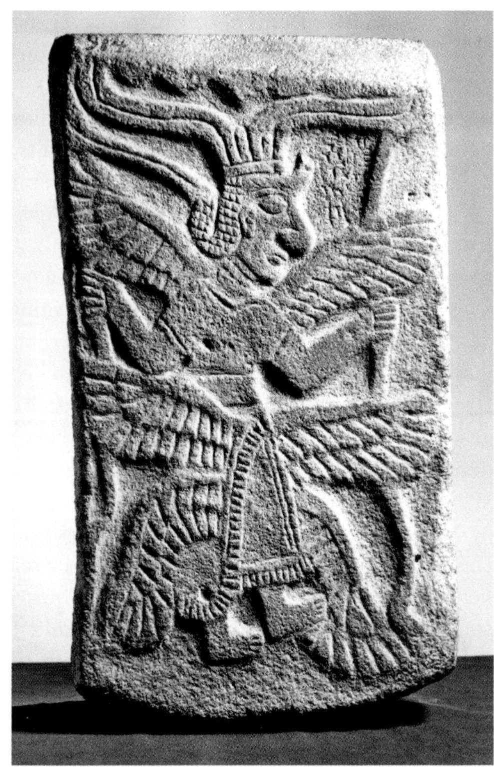

Abb. 176: Sechsflüglige Gottheit, Tel-Halaf, 10 Jhd. v. Chr.

auf, wodurch eine ikonografische Abkehr von einem Großteil der mittelalterlichen Masken bekundet ist – Masken, die kaum mehr als antikes Gorgoneion erkennbar sind, da sich durch die christliche Adaption des Motivs auch die Ikonografie wie gesehen stark verändert hat. Wohingegen sich in vorliegendem Fall tatsächlich auch optisch die „Wiedergeburt der Antike" zeigt, allerdings nicht als bloße Kopie, sondern in sehr eigener Realisierung, und sie wirkt anders als ihre kleine Schwester über dem kleinen Eingang – keineswegs niedlich. Der weit aufgerissene Mund, bei dem die Zunge zwar nicht herausgebleckt wird, aber dennoch irgendwie bedrohlich zum Recken oder sonstigen Agieren bereit in der Mundhöhle liegt, die deutlich sichtbaren, etwas asymmetrisch gebildeten Zähne, die großen, ebenfalls asymmetrisch gespreizt und geblähten Nasenflügel assoziieren ein wütendes Schnauben, ganz besonders die durch gestaffelte Augenringe deutlich betonten, weit aufgerissenen und stierenden Augen – das alles erweckt den Eindruck, als ob uns als Betrachter diese Widdermaske regelrecht anbrüllt und auf unangenehme Weise in den Blick nimmt. Zumindest die Mund- und Augenpartie wirkt durch Falten und sichtbare Kräftelinien gespannt, taxiert und energetisch sehr aufgeladen, was die bedrohliche Wirkung auf den Betrachter weiter unterstreicht. Zugleich aber erscheinen die Widderhörner – als Reminiszenz und Transformation der mittelalterlichen Teufelshörner zu verstehen – fast ein wenig verspielt und verschnörkelt, sie sind jeweils aus in sich eingedrehten Windungen gestaltet, das alles kann man als ausgesprochen kunstvoll und in ihrer Darstellung keineswegs bedrohlich beschreiben. Der aufgerissene Mund wird eingerahmt von sehr vollen, annähernd als sinnlich zu bezeichnenden Lippen, welche sich im oberen Bereich zu gut sichtbaren Amorbögen ausbilden, was dem gesamten Mund damit eine stark ästhetisierte Qualität verleiht.

Auch die weich gestalteten Blattornamente, die wie eine Art Backenbart die Wangenpartie dieser Maske umspielen, haben nichts Abstoßendes oder Furcht Einflößendes an sich, im Gegenteil, sie wirken warm und wie ein kleines Moospelzchen an dieser Stelle. Man sieht hier deutlich, wie die Maske in sich künstlerisch bemerkenswert ambivalent gearbeitet ist – reizvoll und wie ein Widerschein der Ambivalenz des Zeitalters hinsichtlich magischem Denken, Funktionalität, Strenge und Ornamentik, weswegen speziell dieser Maske im Kontext des Bamberger Befunds eine betont performative Dimension hinsichtlich realisierter Ästhetik und spezifischem Zeitgeist zukommt, was insgesamt als äußerst reizvoll und gelungen bezeichnet zu werden verdient.

5. Eine apotropäische Inversion: Die Persona-Jesu-Maske

Ebenfalls in einem Eingangsbereich der Alten Hofhaltung – der kleinen südlichen Pforte direkt gegenüber dem Dom – findet sich eine ganz besondere Maske, weil sie das Moment des Apotropäischen regelrecht umkehrt, weswegen man an dieser Stelle zutreffend von einer Inversion des Apotropäischen sprechen kann. Man erkennt die Maske erst auf den zweiten Blick, da sie nicht, wie dies bei den Masken normalerweise üblich ist, senkrecht dem Betrachter gegenübergestellt, sondern waagrecht aus der Unterseite des hier eingebrachten Schlusssteins herausgemeißelt wurde, so dass sie von oben dem Passanten aufs Haupt blickt bzw. sich ihm auf diese Weise zuwendet. Daher erkennt man sie erst, wenn man innerhalb des kleinen Torbogens nach oben schaut, weswegen sie fast ein bisschen versteckt wirkt.

Bis auf den Umstand, dass die Präsentationsweise der Maske en face ausgearbeitet ist, fehlen die sonstigen, vor allem die apotropäischen Merkmale der Masken: kein Zungenblecken, kein Augenrollen, kein Zähnefletschen oder Ähnliches. Demgegenüber hat die Maske etwa schulterlanges Haar und einen gut erkennbaren, voluminösen und doppelsträngigen Bart, ansonsten sind keine besonders auffälligen klassischen Kennzeichen einer Maske in dieselbe eingearbeitet. Relativ schnell wird klar, worum es sich hierbei handeln soll – nämlich offenbar um einen Christuskopf, um eine Persona Jesu-Darstellung. Es ist in einer mittelalterlichen Bischofsresidenz, die in unmittelbarer Nähe zum Dom steht, sicher nicht weiter verwunderlich, dass sich dort eine Christus-Darstellung befindet, allerdings scheint es sich dabei um durchaus mehr als nur einer frommen Christus-Darstellung im herkömmlichen Sinn zu handeln. Denn der prinzipielle Typus einer Maske (wenn auch wie hier in unkonventioneller Umsetzung) ist wie gesehen ikonografisch etwas anderes als eine bloße bildliche Wiedergabe eines bestimmten Inhalts, sondern das Charakteristische einer Maske im klassischen Sinn ist seine Funktion als Apotropaion, d. h. die (magische) Wirksamkeit gegen Übel, böse Geister, grausige Feinde usw. Dieses Moment der apotropäischen Wirksamkeit unterscheidet die Masken grundsätzlich von den meisten anderen Formen bildlicher Darstellungen, Ausnahmen sind, wie bereits gesehen, Sphingen, Lamassus, Hermen usw., denen ebenfalls eine magische, apotropäische Wirksamkeit zugeschrieben wird.

Das ausgesprochen Interessante bei unserer Persona Jesu-Darstellung ist nun der Umstand, dass die apotropäische Wirksamkeit einer Maske wie angedeutet hier geradezu umgekehrt wird: Diese Christus-Maske soll zweifellos durchaus wirksam und funktionell sein, aber nicht im apotropäischen, sondern im segensspendenden Sinn: Jeder, der durch jene kleine Pforte geht, erhält „von oben" (die Symbolik bzw. konkrete Metaphorik hierbei ist gewiss kein Zufall) den göttlichen Segen, das Benefizium eines himmlischen Zuspruchs Christi usw. Man könnte daher vielleicht von einer Art „Segensdusche" sprechen, die der Ein- und Austretende an dieser Stelle von dieser Christus-Maske erhält. Ein solcher Gedanke ist zumal bei Sakralbauten einigermaßen geläufig und gut belegt, so befinden sich direkt über den beiden östlichen Eingängen des Bamberger Doms jeweils zwei Turmkapellen, die Reliquien von Heiligen aufbewahren – und ebendiese Reliquien haben auch die Funktion einer „Segensdusche" bzgl. der Domportale, sprich: Sie senden ihre heilige Wirkung von oben auf alle Menschen aus, die durch diese Domportale ein- und ausgehen. Analoges lässt sich ebenso bei zahlreichen mittelalterlichen

Kirchenbauten finden. Somit taucht die Idee bemerkenswerterweise auch bei jener kleinen Pforte der Alten Hofhaltung auf, hier allerdings nicht mittels Reliquien oder sonstiger herkömmlicher sakraler Gegenstände, sondern mithilfe einer Maske und deren ins Positive gewendeten, also anti-apotropäischen, wenn man so will benefizierenden, Wirksamkeit – was als durchaus originell im Zusammenhang der künstlerischen Handhabung von Masken gelten kann und innerhalb der Bamberger Masken einen singulären Befund darstellt.

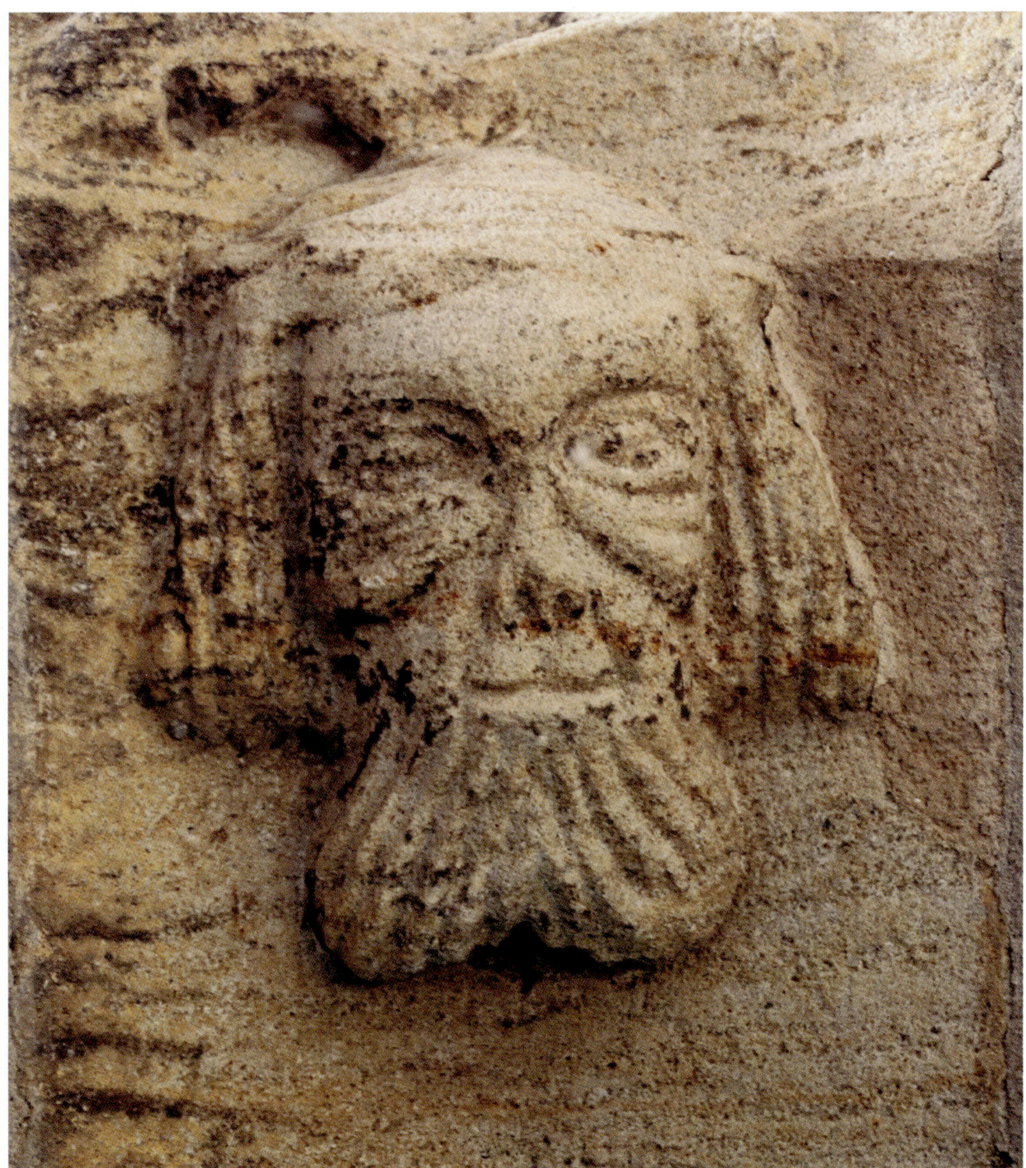

Abb. 177: Jesudarstellung, Domplatz 7, Alte Hofhaltung

6. Masken als Schlusssteine

Ohne bisher explizit darauf eingegangen zu sein, wurden im Vorhergehenden bereits mehrere Masken behandelt, die ostentativ auf dem Schlussstein eines Torbogens angebracht sind, wie etwa die Widdermaske an der Schönen Pforte (vgl. Abb. 169). In der Tat gibt es in Bamberg eine nennenswert hohe Anzahl von Masken, die optisch sehr auffallend gearbeitet und als Schlussstein an Torbögen von verschiedenen Bamberger Gebäuden angebracht sind, wie etwa Jakobsplatz 5, Unterer Kaulberg 30, Domplatz 1, Jesuitenstr./Grüner Markt 17, Kirche St. Martin und etliche mehr. Das Thema „Schlussstein" stellt in der Architektur ohnehin ein besonderes Sujet dar, so z. B. der Schlussstein von Bögen oder Gewölben, denn statisch gesehen hängt an diesem Schlussstein elementar die Stabilität des jeweiligen Gebäudeteils. Weil in der Bibel Jesus Christus selbst ausdrücklich (oder implizit) als Schlussstein bezeichnet wird (Psalm 92,16; Psalm 118,22; Sach 4,7; Mt 21,42 ff.; Eph 2,20; 1 Pet 2,6), finden sich vor allem im Kontext mittelalterlicher und barocker Kirchen immer wieder Schlusssteine, die einen Christuskopf zeigen. Durch diese Handhabung sowie seine architektonische Bedeutung ist der Schlussstein ein herausgehobenes Bauelement, wobei es nicht verwundert, dass auch besondere Masken an Schlusssteinen angebracht wurden.

Die Schlusssteinmaske Unterer Kaulberg 30 (Abb. 178), die das Portal der heutigen Jugendherberge ziert und ursprünglich für ein Waisenhaus erstellt wurde, das Fürstbischof Philipp Valentin Voit von Rieneck 1671/72 in Auftrag gab, stammt aus der Renaissance und weist die für die Zeit relativ typische Mischung von magisch konnotierten Apotropaia sowie Schmuckmotiven auf: große rollende Augen, dezent gebleckte Zunge und spitz zulaufende Teufelsöhrchen, zugleich eine wallende und frisierte Haarpracht, runde Ornamentbögen zwischen Ohren und Nase. Deutlich grimmiger blickt die Maske am Schlussstein vom Jakobsplatz 5 (Abb. 179) drein, worin sich mittlerweile Ämter des erzbischöflichen Ordinariats befinden und das 1721-1725 von Leonhard Dientzenhofer als barockes Bürgerpalais errichtet wurde: Vom Typus her eine Blattmaske, schaut das Gesicht mit weit geöffnetem Mund und sehr deutlich entblößten Zähnen, etwas verkniffenen Augen und stark zur Nasenwurzel hin zusammengezogenen Augenbrauen den Betrachter an. Besonders die Mundpartie wirkt wohl ein wenig furchterregend, da sie den Eindruck erweckt, als ob ein paar unflätige, vulgäre Beschimpfungen mit einer gewissen geladenen Verve dem Betrachter entgegengeschleudert werden – jedenfalls erfüllt die Maske, wobei dies alles ästhetisch freilich stark gebrochen ist, die apotropäische Schutzfunktion für dieses Haus ohne jeden Zweifel. Dasselbe gilt für Jesuitenstr./Grüner Markt

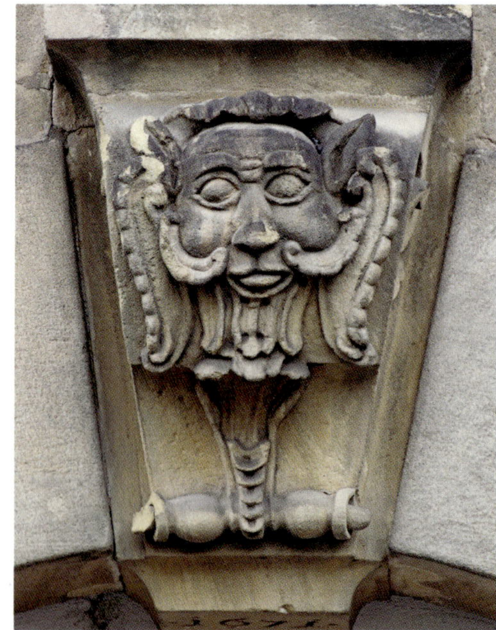

Abb. 178: Unterer Kaulberg 30

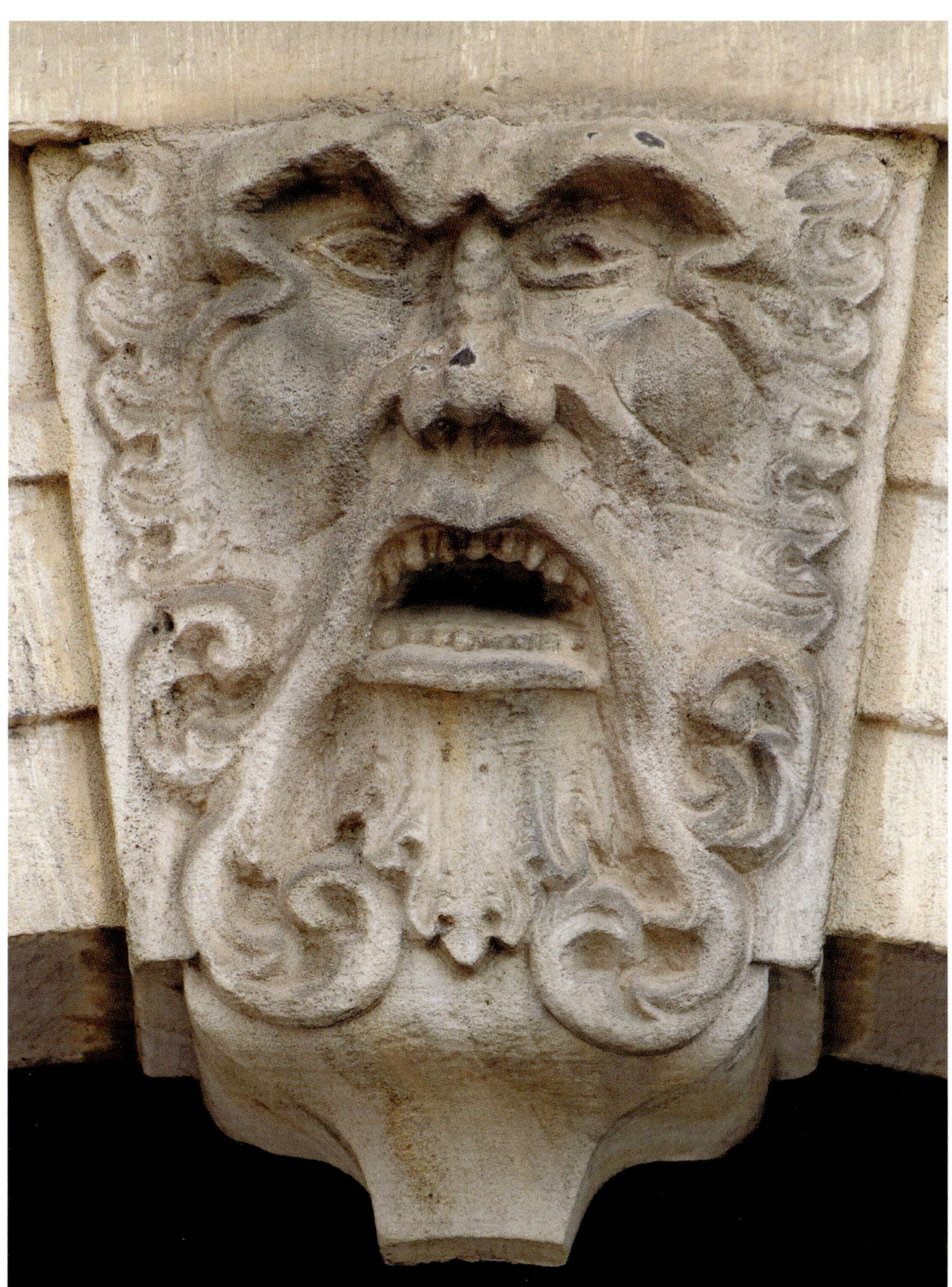

Abb. 179: Jakobsplatz 5

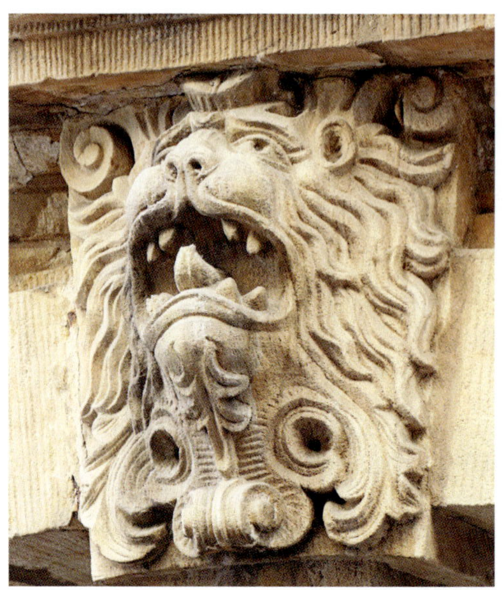

Abb. 180: Jesuitenstr. 17

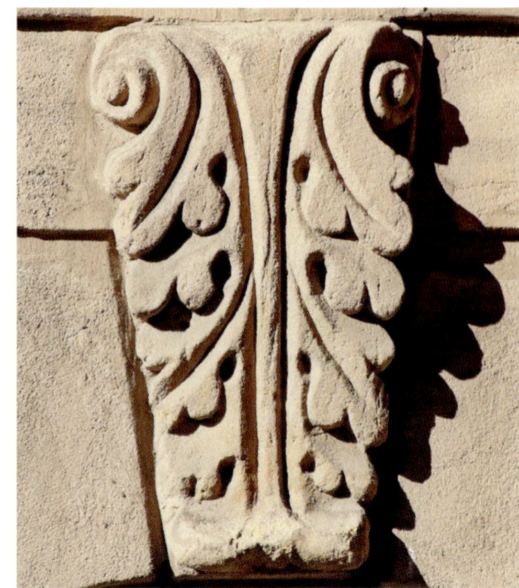

Abb. 181: An der Universität 2

17 (Abb. 180), wo ein brüllender und zähne- wie zungenfletschender imposanter Löwe als Schlusssteinmaske am Torbogen des Gebäudes unerwünschten Besuchern klar macht, wer hier das Sagen hat. Der Gebäudetrakt ist um 1700 errichtet worden, die Maske wohl zeitgleich, was die gekonnte künstlerische Verschmelzung von drohenden Gebärden der Maske mit nennenswerten Ästhetisierungen erklärt – ein Umstand, der nur wenige Meter weiter in Richtung U2 (Abb. 181) auf noch ganz andere Weise deutlich wird: Denn das Eingangsportal zum ehemaligen Jesuitenkloster ist von einem auffälligen Schlussstein bekrönt, der keine Maske pp. aufweist, sondern nur mit floralem Dekor gestaltet wurde. Der Schlussstein hat aber, ob intendiert oder nicht, lässt sich kaum entscheiden, Züge, die entfernt, aber doch erkennbar an ein menschliches Gesicht erinnern (wie man dies etwa auch bei Abb. 181 sehen kann), zumal die Augen durch Verschlingungen des Rankenwerks prononciert zu sein scheinen, vielleicht auch eine Nase, wobei ein Mund letztlich fehlt. Große

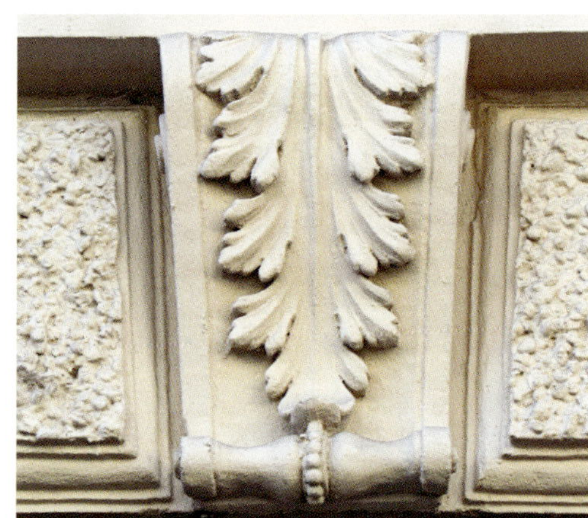

Abb. 182: Luitpoldstr. 25

Parallelen hierzu, wo eindeutige Masken- mit Rankenornamentik eng verschmilzt, entdeckt man in der Hainstraße 12 (Abb. 184). Dieses Changieren zwischen einer Maske bzw. einem Gesicht oder vielleicht dann doch keiner, ist letztlich eine konsequente Weiterentwicklung des barocken und später auch jugendstilmäßigen Spiels und Oszillierens der Masken auf mehreren Ebenen, was manchmal eine Reduktion der Masken auf schiere Ornamentik

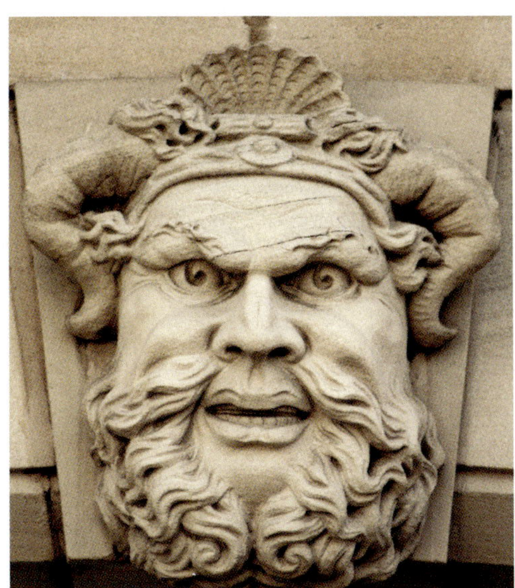

Abb. 183: Schützenstr. 21

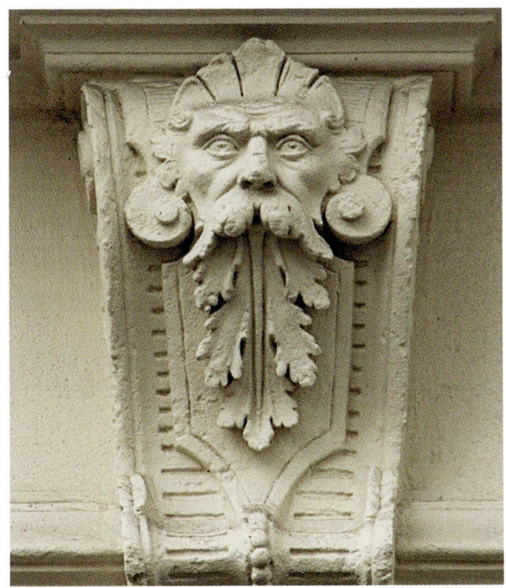

Abb. 184: Hainstr. 12

bedeuten kann, wie es am genannten Beispiel gut erkennbar wird.

Das Barock kannte für diese absichtliche Verwirrung des Auges den Begriff Trompe-l'œil, zu Deutsch „Augentäuschung", und hat Letzteres immer wieder sehr gezielt in verschiedenen Kunstgenres eingesetzt. Handelt es sich wie hier um Gesichter, die als Masken umgesetzt werden, bekommt der Trompe-l'œil noch eine tiefere Dimension, denn in der Psychologie kennt man ein Phänomen, das man als Pareidolie bezeichnet. Damit ist keine Krankheit, sondern der Umstand gemeint, dass das menschliche Auge die starke Tendenz hat, bekannte Muster, erkenn- und benennbare Strukturen in eigentlich zufälligen Gebilden, Arrangements der Natur oder Kultur zu finden, wie dies etwa für das Phänomen der Wolken-Bilder gilt. Ein Phänomen übrigens, das bereits Leonardo da Vinci genau kannte[7], wenn er etwa den Adepten der Kunst empfahl, in fleckigen, verwitterten oder nassen Mauern Anregung für Gemälde zu finden. Besonders gut ist das menschliche Auge darin, überall (menschliche) Gesichter zu sehen, wo auch nur annähernd etwas wie ein Augenpaar, ein Mund und vielleicht noch eine Nase erblickt werden kann. Möglicherweise haben die Menschen im Barock diesen Umstand bereits (intuitiv) registriert und mit jener menschlichen Neigung, überall Gesichter sehen zu wollen, gespielt und, wie hier an der U2, Blattwerk so arrangiert, dass man darin entfernt ein menschliches Gesicht erkennen kann. Es fällt auf, dass die meisten pareidolischen „Masken" in Bamberg aus dem Barock stammen und zumeist als Schlusssteine verwirklicht wurden, was man damals möglicherweise tatsächlich als eine Variante des Trompe-l'œil ansah – jedenfalls verdeutlicht dieses Phänomen die erwähnte spielerische Gestaltungsfreude der meisten Barockmasken auf nochmals eigene Weise.

7 Genau betrachtet, ist auch Salvador Dalís „paranoisch-kritische Methode" eine gezielte Einsetzung der Pareidolie in der Kunst, hier allerdings spezifisch auf die Verschmelzung von Produktions- und Rezeptionsästhetik gemünzt.

7. Die Neidmasken am „Haus zum Sankt Laurentius“

An der Schauseite des „Haus zum Sankt Laurentius“ am heutigen Bamberger Pfahlplätzchen existieren sechs in Reihe angebrachte Prunkmasken aus der Barockzeit (Abb. 186–191). Es handelt sich um vier in variierender Realisierung umgesetzte Blattmasken, einen zungenbleckenden Löwenkopf direkt über dem Haupteingang und ganz rechts um ein menschliches Antlitz. Die Maske ganz links setzt sich in ihrer Gestaltung durchgängig aus großflächigen Blättern zusammen, aus denen die eigentlichen Gesichtszüge erwachsen, was in dieser Machart an die Maske am Bamberger Reiter erinnert, der Mund wird aus überlappenden Blättern erzeugt, die Augenpartie ebenfalls durch ein bestimmtes Arrangement von mehreren Blättern, wie dies insgesamt für die ganze Kopfform der Maske zutrifft, wohingegen die große Knubbelnase ein eigenständiges Element darstellt. Die ruhige Anmutung, geschlossener Mund, normale Augengröße ohne erkennbare Bewegung oder Schielen sowie keine besonders markanten Gesichtspartien wirken nicht sehr Furcht einflößend. Die Maske rechts davon, prinzipiell ähnlich gebildet, jedoch mit wesentlich prägnanteren und schärfer gearbeiteten Gesichtszügen, wodurch aufs Ganze gesehen, ein zorniger, fast bösartiger Ausdruck entsteht: große, rollende Augen, zur Nasenwurzel hin zusammengezogene Augenbrauen, weit aufgerissenes Maul, eine weit gebleckte Zunge, die ebenfalls konsequent aus einem Blatt gestaltet wurde und in ihrer ganzen Länge sogar noch das Kinn bedeckt. Hier haben wir es wieder mit stark betonten apotropäischen Momenten zu tun. Die Maske rechts davon, zwar grundsätzlich auch wieder durchgängig aus Blättern, wohl Akanthusblättern geschaffen, wurde aber in Anmutung und künstlerischer Realisierung nochmals ganz anders als die beiden ersten Masken umgesetzt. Es lässt sich eine eigenständige, nicht aus Blättern sich konstituierende Stirn-, Nasen- und Kinnpartie erkennen, was sich damit viel stärker von einer reinen Blattmaske entfernt, als es bei den beiden linken Masken der Fall ist. An der Oberlippe scheint sich ein Schnurrbart zu zeigen, und die gebleckte Zunge schießt annähernd senkrecht aus dem geöffneten, aber relativ kleinen Mund nach vorne. Die obigen Blätterregionen erinnern optisch an Haare, fast an eine nach oben toupierte Frisur, wodurch dieser Maske insgesamt ein betont menschliches Antlitz verliehen wird, viel stärker jedenfalls als den beiden bisher besprochenen Masken. Sie scheint zwar laut zu schreien, zeigt aber ihre unverkennbar apotropäischen Merkmale, wirkt ein bisschen giftig, bewegt sich aber in ihrem gesamten Ausdruck etwa in der Mitte zwischen den beiden bisher beschriebenen Masken. Die vierte Maske stellt den erwähnten Löwenkopf dar, der so gesehen etwas aus der Reihe der bisherigen Masken am Haus zum Sankt Laurentius fällt. Er hat keine erkennbaren Blattornamente, dafür sehr viel Löwenfell und Löwenmähne, brüllt auch wie

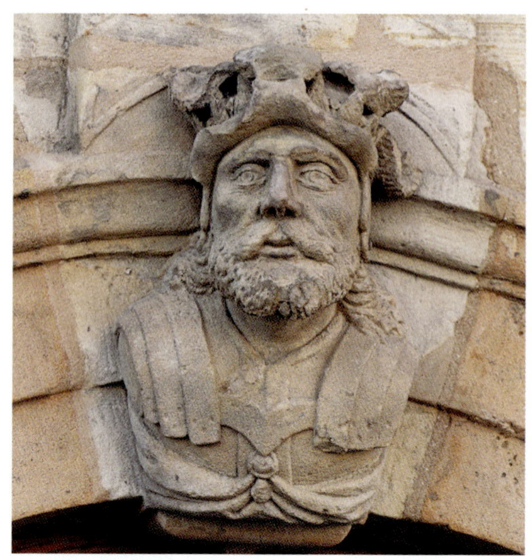

Abb. 185: Untere Königstr. 1

ein Löwe mit gereckter Zunge, die aber im Vergleich zu den beiden anderen Bleckern am Haus relativ verhalten wirkt. Obwohl das Maul der Löwenmaske weit aufgesperrt ist und einen wirklich riesigen Schlund offenbart, kommen die großen Löwenzähne hier interessanterweise nicht zum Tragen, es wirkt beinahe, als ob dieser Löwe ein annähernd zahnloser Tiger wäre, denn nur ganz klein und harmlos sind seine Zähnchen im Maul erkennbar – ein Eindruck, der durch die geschlossenen, vielleicht sogar zusammengekniffenen Augen nochmals unterstrichen wird.

Das nächste Objekt zeigt erneut eine Blattmaske, allerdings wiederum anders gestaltet als die bisherigen drei, und die Tendenz zu einem Menschengesicht, wie bei

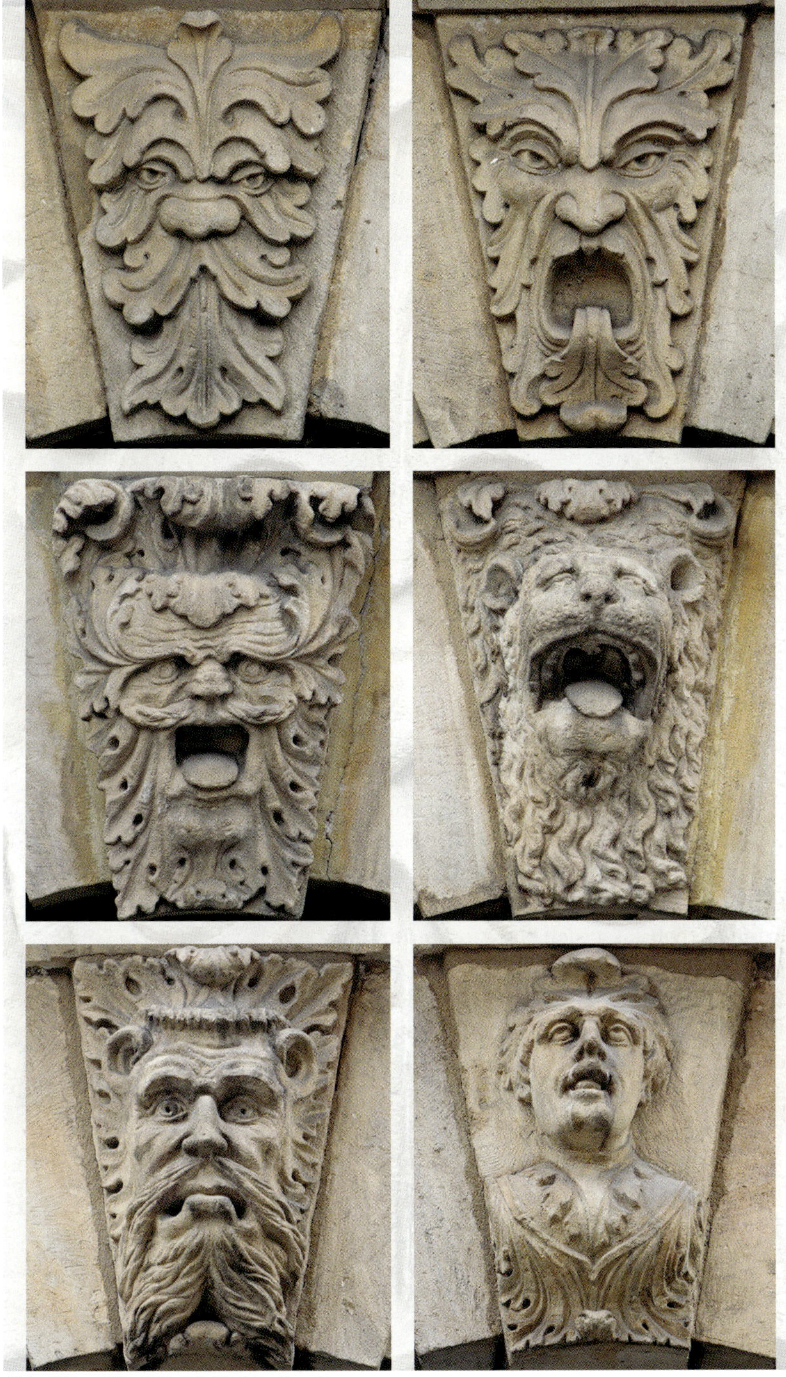

Abb. 186 –Abb. 191: Pfahlplätzchen 2

der letzten besprochenen Blattmaske, noch deutlicher ausgeprägt. Wir sehen ein hohes, zweifelsfrei menschliches Gesicht mit einigen fantastischen Merkmalen, so laufen etwa die Umrisse des gesamten Gesichts in kleine Akanthusblätter aus, und seine fleischigen Ohren sitzen oberhalb der Augenpartie an den hohen Schläfen, ganz ähnlich, wie es ebenfalls bei der benachbarten Löwenmaske ausgeführt wurde. Diese Maske hat tief liegende und weit geöffnete Augen, von massiven, sehr wulstigen Augenbrauenknochen umgeben, die Pupillen sind – wie bei den anderen Masken dieser Reihe übrigens auch, doch hier besonders gut zu sehen – tief ausgebohrt, und alles wird von deutlichen Tränensäcken eingerahmt, was die Augen der Maske explizit hervorhebt. Der Mund wird in einem üppigen Bart mit ebenso üppigen Lippen gestaltet, mit stark nach unten gezogenen Mundwinkeln, womit aber der Gesamteindruck kein ausdrücklich negatives oder melancholisches bzw. böses Ansehen erhält, sondern eher den gesamten Bereich des Mundes durch die hierbei entstehenden größeren Hohlräume akzentuiert, was in dieser Form nur diese Maske am Haus zum Sankt Laurentius aufweist. Der geschlossen dargestellte Mund besitzt trotz seiner insgesamt ruhigen Gestaltung eine hohe Expressivität. Grundsätzlich lässt sich die Maske durchaus als Blattmaske verstehen, changiert aber stark mit einem normalen Menschengesicht und bildet möglicherweise eine Art Zwittermaske. Schließlich haben wir damit noch eine Maske vor uns, die eher an eine Büste denn an eine (klassische) Maske erinnert, dennoch kann man auch dieses Element (ähnlich etwa wie Abb. 185) als Maske, zumindest als eine Hybridform derselben verstehen: Sie ist en face dargestellt, bleckt leicht die Zunge und rollt die großen Augen, diese werden nach oben unter die Augenlieder gedreht, was die gut erkennbaren Pupillen verdeutlichen, wobei solche Aspekte dem Gesicht in toto einen fast etwas leidenden Ausdruck verleihen, zumal der Kopf deutlich in den Nacken gelegt ist, was als komisches Moment gewertet werden kann. Auch wenn sich klassische Beispiele von Masken in der Antike finden, die relativ homogen sind, gibt es, in dieser wie jeder anderen Kunstgattung auch, keinen gesetzlich vorgeschriebenen Kanon, der normativ und verbindlich vorschreibt, wie diese und jene Kunstgattung aussehen bzw. gemacht werden muss. Jedenfalls haben sich die meisten guten Künstler niemals sklavisch an solche Vorgaben und Regularien gehalten, sondern ihre eigene künstlerische Freiheit ausagiert, was oftmals zu den bemerkenswertesten Kunstwerken in Geschichte und Gegenwart geführt hat und führt. In diesem Sinn künstlerischer Freiheit mag

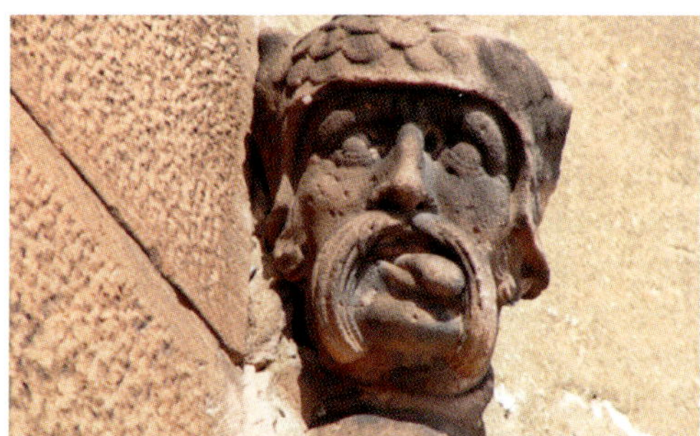

Abb. 192: Neidmaske an der Burg Breuberg.

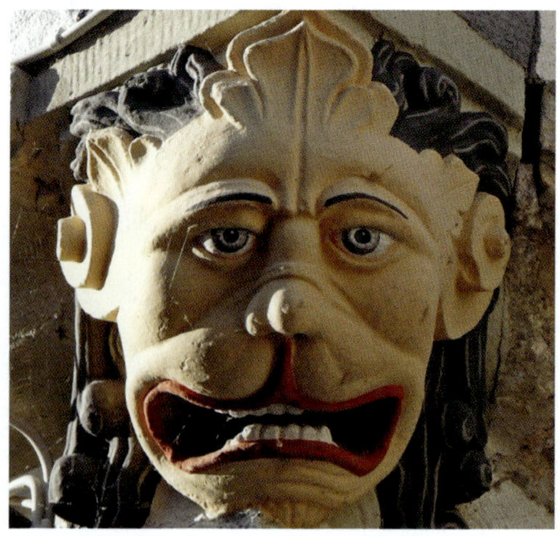

Abb. 193: Neidkopf an einem Haus in Waiblingen.

also die letzte Maske der Reihe am Bamberger Pfahlplätzchen 2 gesehen werden, zumal hier offenbar noch eine kleine künstlerisch-humoristische Volte hinzukommt. Wahrscheinlich handelt es sich nämlich bei dieser „Büstenmaske" oder „Maskenbüste" um eine Porträtdarstellung des Herrn Johann Kaspar Metzner, den mutmaßlichen Künstler dieser Masken, oder möglicherweise auch um den Bauherrn, vielleicht Johann Peter Kämmerer. Wie dem auch sei, die Tendenz, mit Masken eine gewisse Art der ästhetischen „Selbstdarstellung" zu realisieren, wird uns vor allem bei den Masken um 1900 noch sehr beschäftigen.

Die Reihe von sechs künstlerisch gekonnt und geistreich umgesetzten Masken am Haus zum Sankt Laurentius in Bamberg zeigt sehr schön die Virtuosität, die manche Bildhauer bei der Verfertigung der Masken zur Barockzeit an den Tag gelegt haben. Jede der Masken, in jeder Hinsicht ein Unikat, obwohl sie alle grundsätzlich ähnlich und vergleichbar sind – und es zeigt sich eine durchgängig homogene, hohe ästhetische Handschrift des Künstlers –, ist genauer betrachtet für sich so speziell und signifikant anders ausgeführt, dass man diese Sechserreihe als eine der gelungensten Maskenensembles in Bamberg überhaupt bezeichnen kann. Das ästhetische Spiel von Hinweisen auf magisches Denken in Form der ikonografischen Apotropaia, der sehr ausgeprägte Wille zu Schmuckformen, Dekor und Zierde sowie die barocke Leichtigkeit, geistreiche Nonchalance und humorige Witzigkeit, die sich bei diesen Masken offenbart, kann als sehr attraktiv und hochwertig charakterisiert werden. Nicht nur, dass die sechs Masken im Modus der ikonografischen Darstellung jenes Changieren und Oszillieren aufweisen. Man nennt einen solchen Maskentypus zutreffenderweise Neidmaske, darunter versteht man Masken, die den bösen, den neidischen Blick des unliebsamen Nachbarn oder sonstiger Missgünstlinge apotropäisch wirksam abwehren und bannen sollen, wie man dies sehr häufig damals und auch früher in Europa findet (Abb. 192–195). Allerdings sind die Bamberger Neidmasken nicht so simpel linear und direkt apotropäisch zu verstehen wie bei vielen anderen Beispielen, sondern offenbar findet hier eine Brechung statt, die möglicherweise eine gewisse psychologische Qualität aufweist (vgl. hierzu prinzipiell auch die spezifisch „apotropäische Wirksamkeit" der äußeren Chormasken an der Oberen Pfarre, S. 58-61). Die hohe künstlerische und ästhetische Qualität ebendieser Masken, die in ihrer Anschauung eine auffällige, gut gelaunte und ubiquitäre Souveränität zum Ausdruck bringt, könnte vielleicht die Funktion als Neidmaske dahingehend humoristisch und geistreich verfeinern, als sie gleichsam wie ein Spiegel wirkt und dem übelwollenden Betrachter bzw. Nachbar die „hässliche Fratze des eigenen Neids" vor Augen führt – jedenfalls könnte man bei diesen Masken über eine solche Tendenz nachdenken.

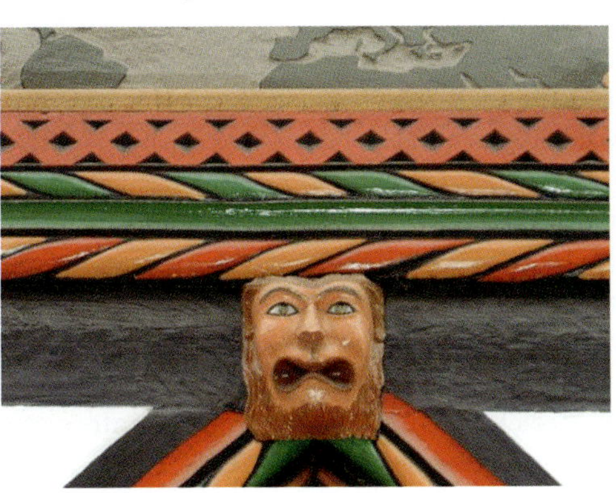

Abb. 194: Neidkopf an einem Haus in Einbeck.

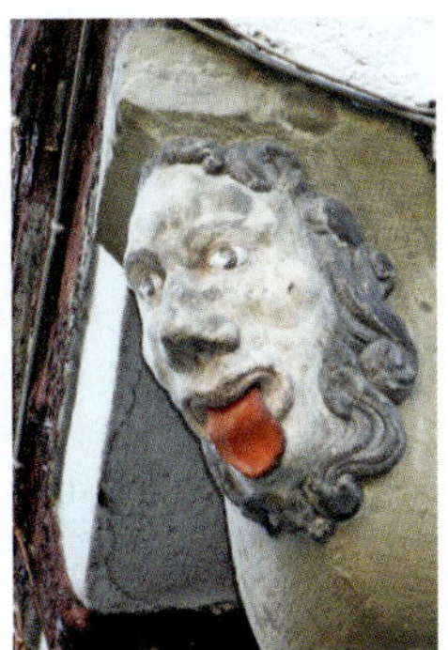

Abb. 195: Neidkopf an einem Haus in Waiblingen

8. Das „Warzenweibla“

Ähnlich humorig, geistreich und ästhetisch gekonnt wie die Maskenreihe am Pfahlplätzchen 2 zeigt sich uns eine herrliche Barockmaske in der Pfarrgasse 1, direkt gegenüber des Ostchors der Oberen Pfarre, an der wie gesehen die größte Fülle mittelalterlicher Masken in Bamberg nachweisbar ist, was, nebenbei gesagt, einen unmittelbaren Vergleich und damit kunsthistorisch sehr aufschlussreichen Kontrast mittelalterlicher und barocker Masken eröffnet (Abb. 196). Etwa 1710, als das Anwesen für den Hofbeamten Johann Melchior Hirschfelder und seine Frau – wie man dem Wappen über der Maske entnehmen kann – errichtet wurde, tritt uns hier ein zweigeschossiger Bau entgegen, über dessen Haupteingang die uns interessierende Maske angebracht wurde. Doch wie anders präsentieren sich diese beiden barocken Maskentypen – also Pfarrgasse 1 und Pfahlplätzchen 2 –, keine 200 Meter voneinander entfernt, und entfalten eine je sehr unterschiedliche ästhetische Wirkung auf den Betrachter. Wie auch am „Haus zum Sankt Laurentius“ handelt es sich dabei um eine Schlusssteinmaske, die uns auf der vertikalen Schauseite des architektonischen Bauelements freudig strahlend entgegenblickt, nun haben wir es jedoch – im Unterschied zu den soeben behandelten Masken – offenbar mit einer Frau zu tun, zumindest lassen sich weder Bart noch andere männliche Attribute nachweisen. Die handwerkliche Qualität ist vielleicht nicht ganz so hoch wie bei den Vergleichsobjekten am Pfahlplätzchen – aber welch charmante, köstlich unkonventionelle Maske zeigt sich hier: Eine offenbar ältere, durchaus als hässlich zu bezeichnende Frau mit Zahnlücken, plattem Nasenzinken und Backenwarze verschmilzt mit reichlichen Akanthusblättern, die aus den Augenwinkeln, der Stirn und dem Kinnbereich sprießen.

Ein mehr oder weniger kreisrundes Gesicht, im Unterschied zu den edler geformten, länglichen Gesichtern der Masken des Pfahlplätzchens, schaut dem Betrachter unverwandt und vielleicht auch ein wenig hemmungslos, ein bisschen ordinär und provokativ, jedenfalls mit ungebrochener Selbstsicherheit in all ihrer demonstrativen Unschönheit ins Auge. Sie lacht ihn an, ohne ihn damit aber dezidiert zu verspotten oder gar apotropäisch abwehren zu wollen, da auch die Augen keine speziellen Einschüchterungen vermitteln und keine gebleckte Zunge zum Abstand gemahnt. Diese kuriose Feier des eigentlich unmittelbar ästhetisch Abstoßenden, die unverkennbar bewusst vom Künstler so geschaffen wurde, zieht den Betrachter fast magisch an, man kann kaum wegsehen von einer völlig unprätentiösen, uneitlen und unkonventionellen Charakteristik des Hässlichen in Gestalt jener Maske, wie man sie in solcher speziellen Weise in Bamberg wohl kein zweites Mal findet. Auch in diesem Fall wird das Apotropäische in geistreicher und überraschender, nicht zuletzt non-linearer und gebrochener Form umgesetzt. Die Wirkung, die wie gesehen der wesentliche Aspekt bei der Idee des Apotropäischen sein soll, ist auch hier, wie schon öfter bei den Bamberger Masken erkennbar und ganz besonders und ungewöhnlich ins Werk gebracht. Nun handelt es sich offenbar um die faktische paradoxe Umkehrung der apotropäischen Merkmale in ihrer ursprünglich intendierten Ausrichtung: Denn die apotropäischen Merkmale, ohnehin schon im Vergleich mit den ursprünglichen Realisierungsmodi ins ästhetisch rein Hässliche transformiert – „apotropäisch qua Beleidigung des gängigen guten Geschmacks“, wenn man so will, schrecken nicht ab, sondern machen neugierig, weiter zu schauen, faszinieren in ihrer betont widerwärtigen Ansichtigkeit, man könnte geradezu sagen: Sie wirken im Sinne einer Attraktion qua Hässlichkeit. Man mag das als originell, witzig und auch psychologisch raffiniert verstehen, denn es ist offenbar das psychologische Moment, das hier das genuin magische Denken der antiken und mittelalterlichen Masken ersetzt. Und das alles in dieser konkreten Ausgestaltung letztlich dann doch als eine Art der barocken Zierform, des geschmackvollen Dekors handzuhaben, ist nicht nur humoristisch und geistreich, sondern zeugt unmissverständlich von einem gerüttelten Maß an sympathischer Selbstironie des Bildhauers oder des Bauherrn.

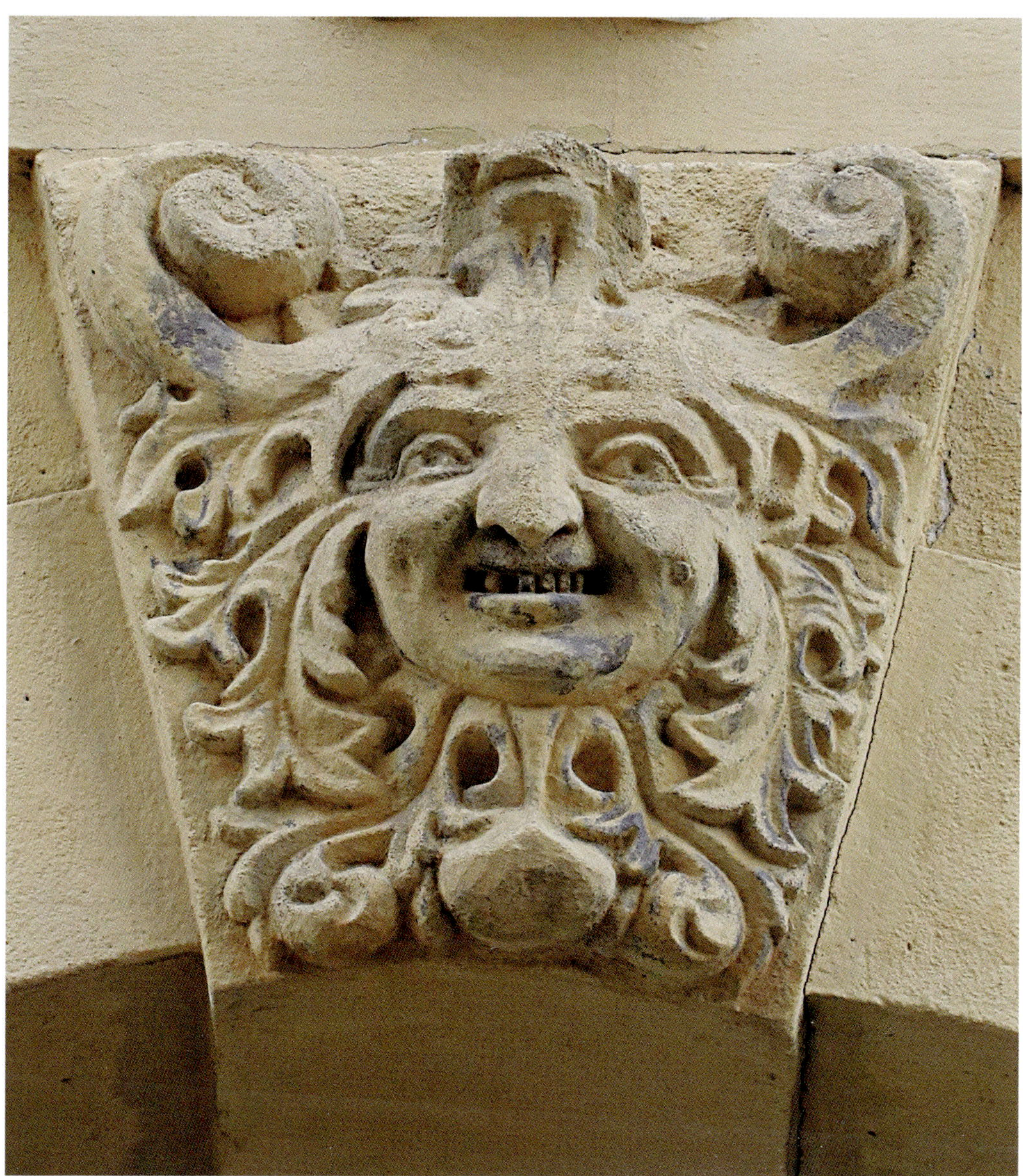

Abb. 196: Pfarrgasse 1

9. Das „Apfelweibla“

Nach der Blattmaske am Bamberger Reiter dürfte im Ranking der Bekanntheit der Masken in der oberfränkischen Domstadt auf Platz 2 wohl das sogenannte Apfelweibla („kleines Apfelweib“) rangieren, das als Türknauf in der Eisgrube 14 dient (Abb. 197). Das Original aus dem Rokoko liegt im Historischen Museum der Stadt Bamberg (Abb. 198), aber eine sehr gut gemachte Replik wurde am ursprünglichen Ort angebracht. Es zeigt ein eigentlich recht freundliches Gesicht, das gänzlich ohne apotropäische Elemente auskommt und wohl keine besondere Bekanntheit gewonnen hätte, wenn es nicht der Literat E.T.A. Hoffmann in seinem Werk „Der Goldene Topf“ verewigt hätte, woher auch der Name „Apfelweibla“ rührt. Was hat es also mit dem Apfelweibla auf sich?

In erwähntem „Märchen aus der neuen Zeit“ führt Hoffmann den Protagonisten, den Studenten Anselmus in seiner ganzen Schussligkeit ein, indem er ihn, verspätet und damit hektisch zur Vorlesung laufend, im Schwarzen Tor zu Dresden in einen Korb voller Äpfel stolpern lässt, die ein altes Apfelweib dort feilhält. Die Verwünschungen, die daraufhin von der Alten auf den armen Anselmus einprasseln sind vorderhand unverständlich und klingen wie „Bald dein Fall ins Kristall – Narre – Narre – Narre“, was ein merkwürdiges Gefühl, aber zunächst noch keinen bleibenden Schaden hinterlässt. Anselmus bekommt von seinen väterlichen Freunden den Hinweis, dass er sich seine schmale Geldbörse mit Kopierarbeiten bei einem etwas mysteriösen Archivarius aufbessern könnte, woraufhin Anselmus einwilligt und einen Termin zum ersten Treffen vereinbart. Ab hier heißt es bei Hoffmann: „Unerachtet des weiten Weges bis in die einsame Str., in der sich das uralte Haus des Archivarius Lindhorst befand, war der Student

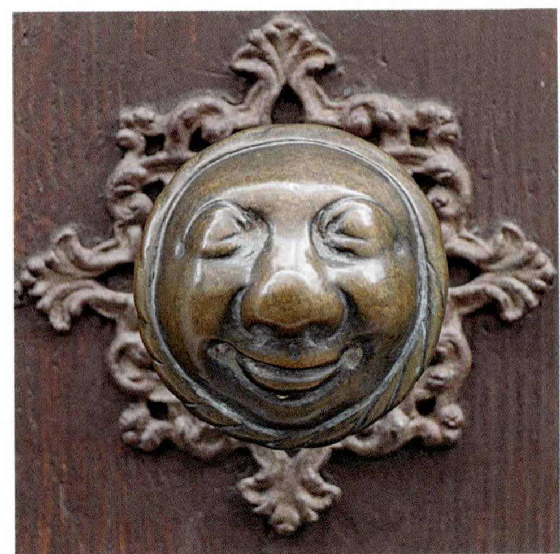

Abb. 197: Eisgrube 14

Anselmus doch vor zwölf Uhr an der Haustür. Da stand er nun und schaute den großen schönen bronzenen Türklopfer an; aber als er nun auf den letzten die Luft mit mächtigem Klange durchbebenden Schlag der Turmuhr an der Kreuzkirche den Türklopfer ergreifen wollte, da verzog sich das metallene Gesicht im ekelhaften Spiel blauglühender Lichtblicke zum grinsenden Lächeln.

Ach! es war ja das Äpfelweib vom Schwarzen Tor! Die spitzigen Zähne klapperten in dem schlaffen Maule zusammen, und in dem Klappern schnarrte es: ‚Du Narre – Narre – Narre – warte, warte! warum warst hinausgerannt! Narre!‘ – Entsetzt taumelte der Student Anselmus zurück, er wollte den Türpfosten ergreifen, aber seine Hand erfaßte die Klingelschnur und zog sie an, da läutete es stärker und stärker in gellenden Mißtönen, und durch das ganze öde Haus rief und spottete der Widerhall: ‚Bald dein Fall ins Kristall!‘ – Den Studenten Anselmus ergriff ein Grausen, das im krampfhaften Fieberfrost durch alle Glieder bebte. Die Klingelschnur senkte sich hinab und wurde zur weißen durchsichtigen Riesenschlange, die umwand und drückte ihn, fester und fester ihr Gewinde schnürend, zusammen, daß die mürben zermalmten Glieder knackend zerbröckelten und sein Blut aus den Adern spritzte, eindringend in den durchsichtigen Leib der Schlange und ihn rot färbend." (E.T.A. Hoffmann: Der Goldene Topf, Zweite Vigilie)

Glücklicherweise entpuppt sich bald nach der dramatischen Szene das ganze Ereignis als ein Traumzustand des angegriffenen Studenten. Er kann zunächst wieder an sein normales Leben anknüpfen – doch schlussendlich wird das Märchen immer fantastischer und stellt sich final, eine sehr gekonnte ästhetische Wendung Hoffmanns, als durch Punsch und möglicherweise weitere psychoaktive Substanzen stimulierte Form von Produktionsästhetik des Erzählers heraus, der eigentümliche Ähnlichkeit mit dem Autor Hoffmann selbst aufweist. Es soll hier nicht weiter um Hofmanns Goldenen

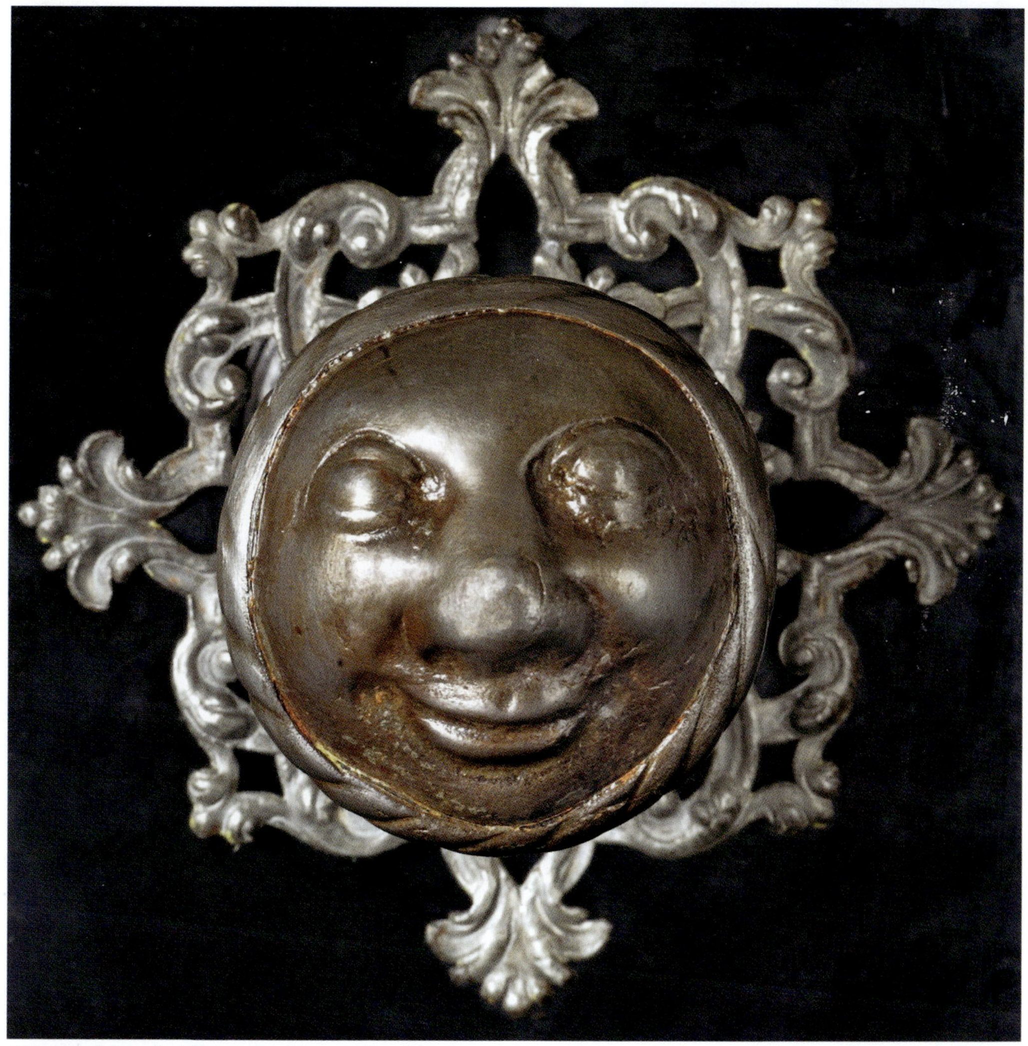

Abb. 198: Original – Historisches Museum Bamberg.

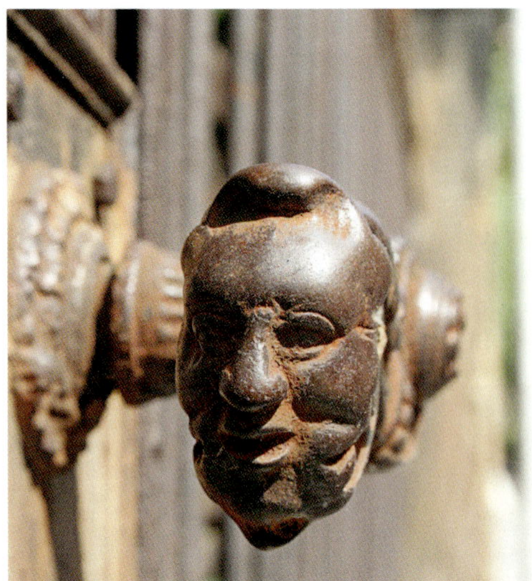

Abb. 199: Sternwartstr. 1

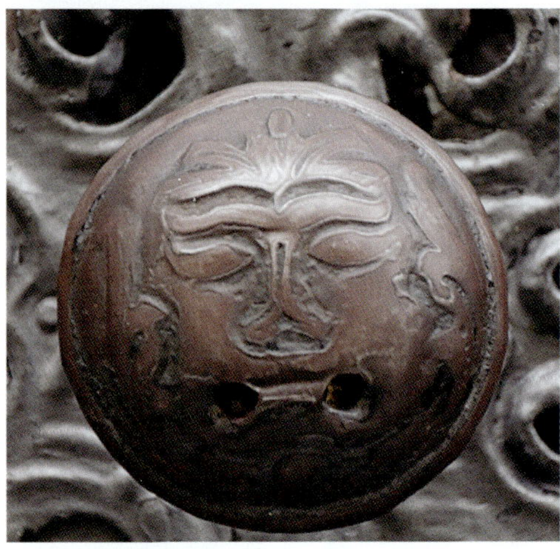

Abb. 200: Obere Sandstr. 8

Topf als solchem zu tun sein, sondern vielmehr um den „bronzenen Türklopfer", der seit dieser Episode in Bamberg nur noch als Apfelweibla, dem fränkischen Diminutiv von Hoffmanns „Äpfelweib", bekannt ist und sich in der Eisgrube 14 der Bamberger Altstadt befindet.

Der biografische Hintergrund für Hoffmanns Erzählung bezüglich des Apfelweiblas heißt Carl Friedrich Kunz: Hoffmanns Freund, Verleger und Weinhändler, der zu Hofmanns Bamberger Zeit (1808-1813) in diesem Haus Eisgrube 14 wohnte. Letzterer empfing damals regelmäßig Hoffmann als Gast, wobei die abendlich-nächtlichen Séancen meist mit gebührendem Alkoholgenuss verbunden waren, weswegen Hoffmann sehr oft ebendiesen Türknauf selbst betätigt hatte. Offenbar kam ihm einmal in weinseliger oder sonstig begeisterter Stimmung die Idee, den Türknauf einmal literarisch zu verarbeiten, was kurz nach Hoffmanns Weggang aus Bamberg in seiner

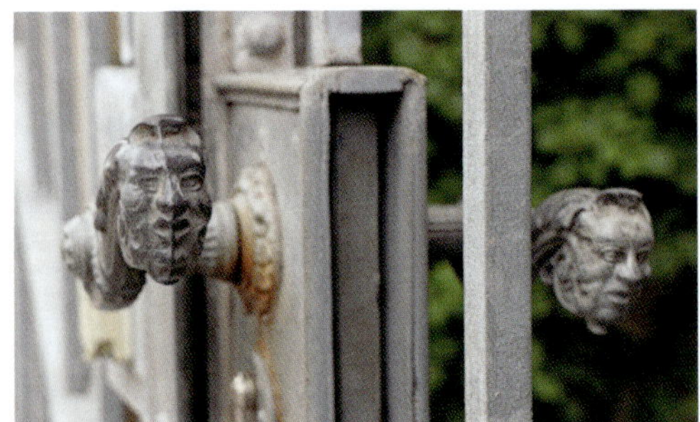

Abb. 201: Holzmarkt 10

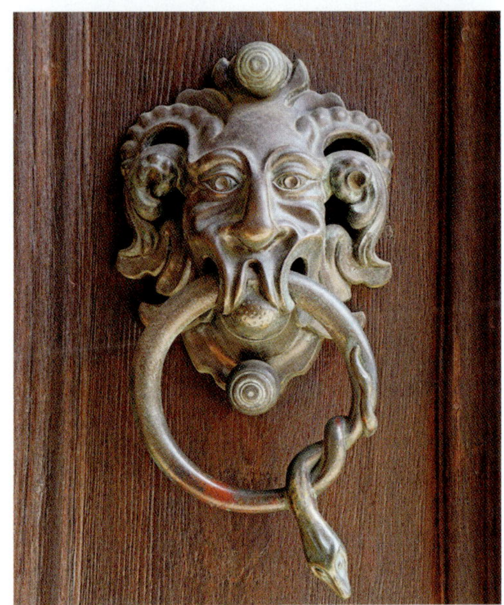

Abb. 202: Domplatz 8, Neue Residenz

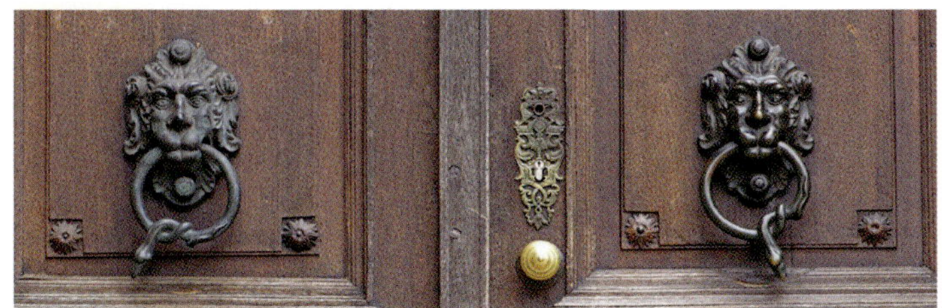

Abb. 203: Domplatz 5, Diözesanmuseum

Dresdner Zeit in oben dargestellter Weise im „Goldenen Topf" geschah, womit Hoffmann jenem nett blickenden Gesicht aus dem Rokoko ein bleibendes literarisches Denkmal gesetzt hat. Da es relativ unwahrscheinlich ist, dass Hoffmann in der Zeit um 1809 die alte apotropäische Bedeutung von Masken kannte, sondern das Apfelweibla vermutlich als rein neckische Allotria wahrgenommen hat, kann es als intuitiv bemerkenswert scharfsichtig gelten, wenn Hoffmann diese prima facie völlig harmlose, fast ein wenig liebenswürdige Gestaltung in einen schrecklichen Zusammenhang stellt, wo die apotropäischen, furchtbar-magischen Wurzeln der Maskenkultur in ihrer alten Geschichte wieder zum Tragen kommen.

Das „Apfelweibla" und ihre Bamberger Geschwister, die etwa in der Sternwartstraße (Abb. 199, der Sandstraße (Abb. 200) und dem Holzmarkt (Abb. 201) nachweisbar sind, können als die niedlichen Varianten der an sich durchaus apotropäischen Türklopfer gesehen werden, die als mit Ringen im Maul und teils grimmig dreinblickenden Löwenmasken an herrschaftlichen Gebäuden (vor allem im Barock) anzutreffen sind, wie an dem Hauptportal der Neuen Residenz (Abb. 202), dem Diözesanmuseums (Abb. 203), dem Böttingerhaus (Abb. 204) und der Brauerei Ambräusianum (Abb. 205), wobei letzterer (vielleicht durch ähnliche Umstände wie bei Hoffmanns Apfelweibla) sogar den Spitznamen „Otto" erhalten hat.

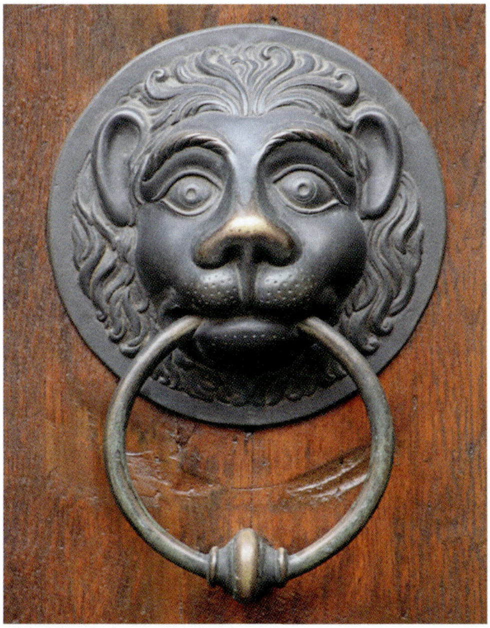

Abb. 204: Judenstr. 14, Böttingerhaus

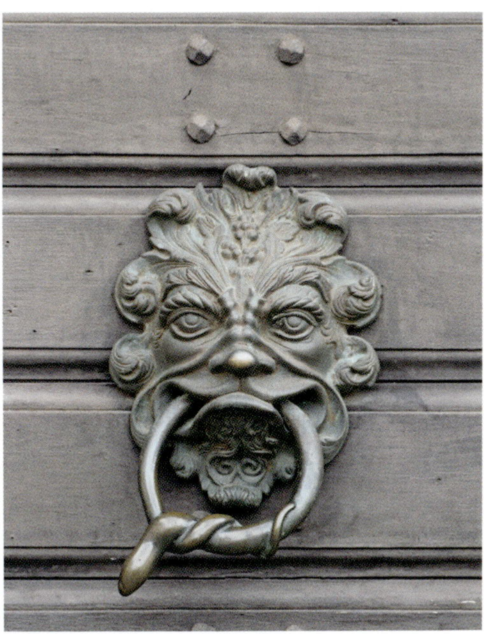

Abb. 205: Dominikanerstr. 10, Brauerei Ambräusianum

10. Die Prunkmaske des Diözesanmuseums

Das Bamberger Diözesanmuseum, das ein direkt südlich an den mittelalterlichen Bamberger Dom angebautes geschmackvolles, dezent-repräsentatives Barockgebäude des Architekten Balthasar Neumanns aus den Jahren 1730-1733 darstellt, weist vor allem im Innenbereich reichen und sehr hochwertigen Stuck auf, vorzugsweise im Treppenhaus und an den Decken des ersten Stockwerks zu finden. Dieser edle Barock- bzw. Rokokostuck, dem Bamberger Stuckateur Franz Jakob Vogel (1698-1752) zugeschrieben, beinhaltet eine Reihe von künstlerisch interessanten Masken, deren bemerkenswerteste sicherlich der große, mehr oder weniger vollplastisch ausgearbeitete und frontal platzierte Kopf am unteren Bereich des Treppenhauses darbietet, der sich dem von oben kommendem Betrachter als eine Art Schlussstein am Bogen des Treppenhauseingangs präsentiert (Abb. 206-208).

Um die Tragweite jener Maske in ihrer witzigen Tartüfferie und subversiven Komik fassen zu können, muss man wissen, dass das Diözesanmuseum ursprünglich das Haus des Bamberger Domkapitels war und dies grundsätzlich auch heute noch ist, wobei bestimmte Bereiche so abgetrennt wurden, dass sie als Museum genutzt werden können, während andere Bereiche dem Domkapitel und der Verwaltung zugeordnet sind. Zur Zeit der Entstehung des Gebäudes und der großen Stuckmaske war das Gebäude allerdings ausschließlich das Kapitelhaus des Bamberger Domkapitels. Das ist deswegen relevant, weil sich damit diese Barock- bzw. Rokokomaske primär an die damaligen Domkapitulare oder auch den Fürstbischof, sprich die hochrangigsten Kleriker des ehemaligen Fürstbistums Bamberg gerichtet hat, die in besagten Räumlichkeiten konferierten. Letzteres scheint erwähnenswert, denn die imposante Maske stellt unverkennbar eine Teufelsmaske mit gerollten Teufelshörnchen, einer Art Ziegenbart und Teufelsantlitz dar, das den Betrachter mit einem speziellen Gesichtsausdruck anblickt (Abb. 207). Man kann es ohne Frage als pikant bezeichnen, wenn in dem Gebäude, in dem sich regelmäßig die höchstrangigen Bamberger Kleriker zu Besprechungen trafen, ihnen ein ästhetisch sehr schönes, wohlgebildetes, aber nichtsdestoweniger eindeutiges Teufelsantlitz entgegengrinste, als sie aus ihren Sitzungen kommend die Treppe hinabstiegen und das Erdgeschoß erreichten.

Der darin wirksame mehrdimensionale Humor bedarf vermutlich keiner eigenen Erwähnung, da es unmittelbar klar geworden sein dürfte, dass hier vielleicht eines der gelungensten Beispiele Bamberger Barock- bzw. Rokokomasken in Erscheinung tritt, an denen das Spielerische dieser Zeit hervorragend ablesbar wird. Es wird mit dem Genre der Masken gespielt, vom Apotropäischen ins rein Ästhetische wandelnd, es findet jedoch immerzu ein spielerischer Umgang mit dem Apotropäischen statt, das sich in mehrdeutiger Weise an die Kleriker wendet, zudem wird mit einer Art vielfach gebrochener Spiegelmetapher gearbeitet, wenn die Kleriker die Maske betrachten – was zugleich humoristisch, kritisch, spielerisch, unter Umständen auch ernst gemeint ist, psychologisch oder möglicherweise auch theologisch aufgefasst werden kann, je nachdem, wer was darin erblickt oder erblicken will. Die schillernde Mehrdeutigkeit von Kunst scheint in dieser Maske besonders gut realisiert worden zu sein, maßgeblich infolge der vorliegenden Konstellation, dass eine eindeutige, aber nennenswert kunstvoll gearbeitete Teufelsmaske im Bamberger Kapitelhaus an einer Stelle angebracht wurde, an der die intendierten und unausweichlich damit konfrontierten Adressaten Bischöfe und Domkapitulare sind, womit letztlich ein ganzes Kaleidoskop an semantischen Facetten der Maske entfacht wird. Übrigens lässt sich die Mehrdeutigkeit der Maske allein auch handwerklich greifen: Schaut man nämlich vom oberen Treppengeschoss, das einen guten Blick und eine aufschlussreiche Perspektive erlaubt, von seitlich-oben auf die Maske, so zeigt sich, dass die Teufelshörner en face betrachtet zwar rein optisch als solche erscheinen und nur so interpretiert werden können, sachlich gesehen aber eine vollplastische, über die ganze Breite des Kopfes der Maske gerollte Volute darstellen (Abb. 208). Womit dieses Element je nach Blickwinkel in seiner Semantik stark changiert und sehr gut das Spielerische und Mehrdeutige der Maske veranschaulicht. Zweifellos eines der gelungensten Beispiele einer mit sehr gekonntem, geistreichem Witz und zugleich spielerischer Leichtigkeit umgesetzten Bamberger Maske, die allein schon einen Besuch im Bamberger Diözesanmuseum lohnt.

Abb. 206 bis Abb 208: Domplatz 5, Diözesanmuseum

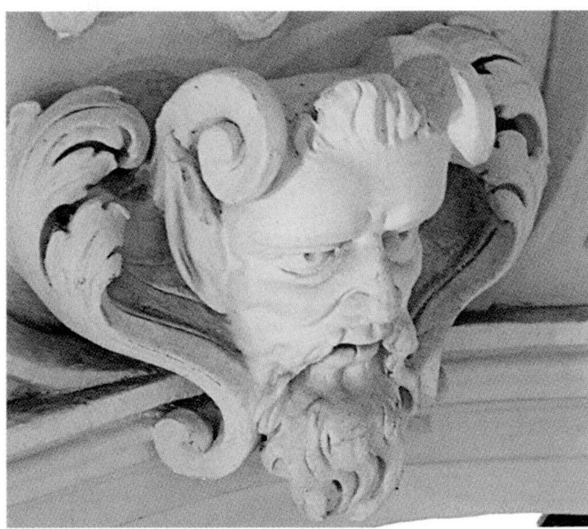

Abb. 207

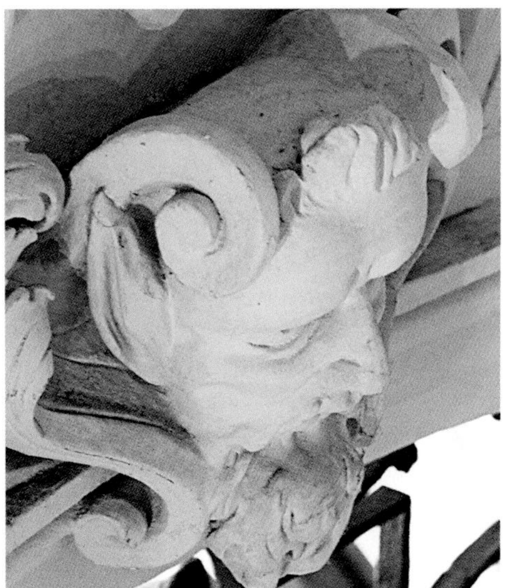

Abb. 208

11. Unorthodoxe Masken und Hermen im Stadtgebiet

Der Entstehungswurzel der Masken liegt die Idee zugrunde, über solche gruselig erscheinenden Wesenheiten mit ihren gebleckten Zungen, gefletschten Zähnen und rollenden Augen einen Anblick des Abschreckens von allem Übel und Bösen zu erreichen, dementsprechend als apotropäisch bezeichnet. Im Zusammenhang mit der Schönen Pforte, dem bedeutendsten Portal der Bamberger Renaissance in der Alten Hofhaltung, wurde bereits auf die Hermen aufmerksam gemacht, die als Torwächterfiguren, ähnlich wie Sphingen oder Lamassus (vgl. S. 21) ebenfalls in einer grundsätzlich apotropäischen Funktion erdacht und errichtet wurden, womit eine erste Variante der apotropäischen Funktion von Masken in Bamberg in den Blick kommt. Es finden sich noch einige andere Hermen in Bamberg, wesentlich später als an der Schönen Pforte und auch nicht auf deren künstlerischem Niveau gefertigt, sondern als bloße Jugendstilornamentik realisiert (Abb. 209), welche aber unbeschadet dessen zusammen mit weiteren Spielformen von apotropäischem Ideen- und Formengut in Bamberg nachweisbar sind.

So zum Beispiel die annähernd dreidimensionalen Masken an der heutigen Bierothek, Untere Königstraße 1 (Abb. 210). Das Gebäude stammt aus dem Beginn des 18. Jahrhunderts, hieß ursprünglich „Haus zum Hufeisen“ und weist, ein bisschen vergleichbar mit dem Exemplar ganz rechts am Pfahlplätzchen 2 (vgl. S. 76-79), Masken auf, die die Anmutung einer porträthaften Darstellung haben, was aber vermutlich keinen solchen Hintergrund

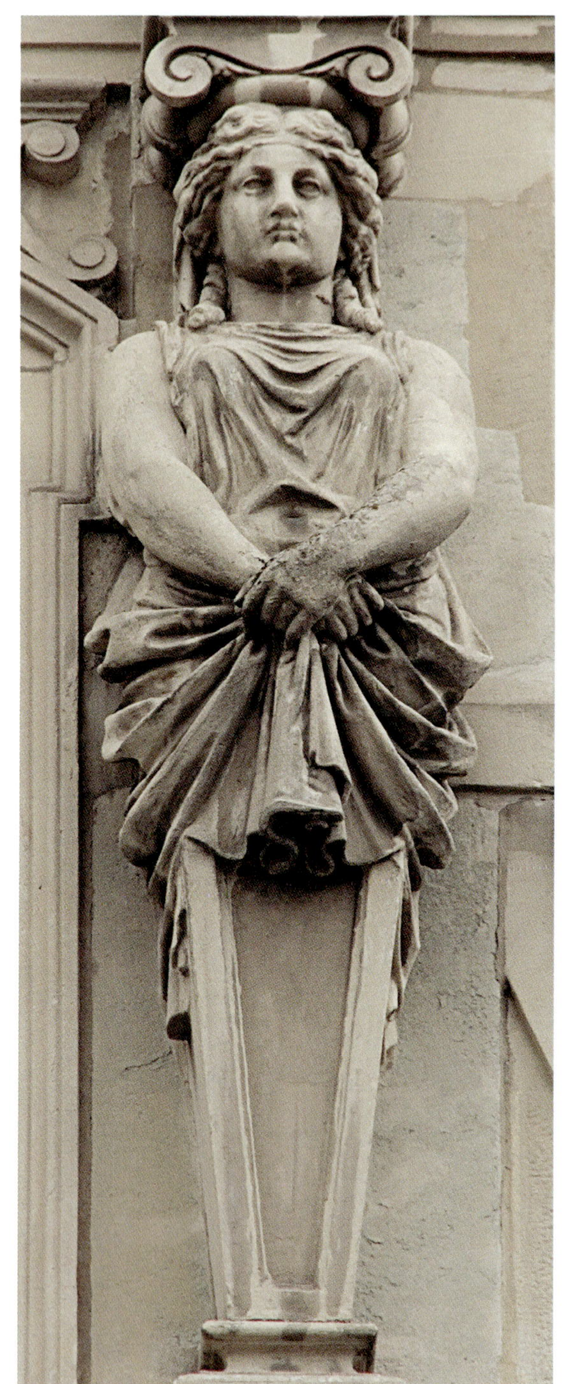

Abb. 209: Hainstr. 4a, Villa Dessauer

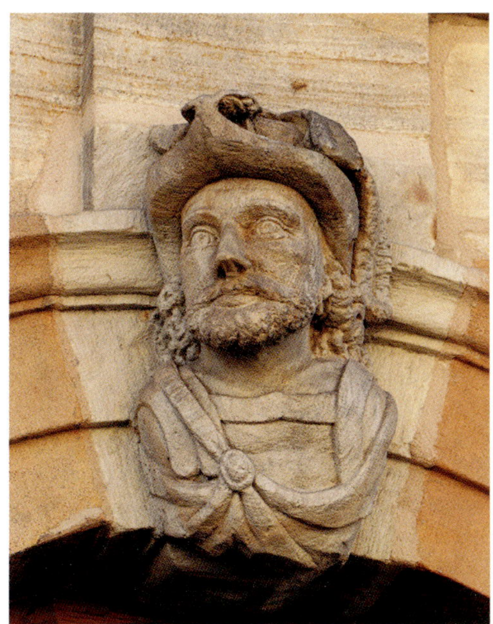

Abb. 210: Untere Königstr. 1

hat. Die Gesichter, deren recht individuelle Gestaltung und das betonte Heraustreten aus dem Mauerwerk optisch auf sich aufmerksam machen, sind genauer betrachtet Zierformen. Eine Ornamentik, die offenbar mit der Anmutung des Porträthaften spielt und sich als gesteigerte und unkonventionelle Schmuckform versteht. Durch ihre Dreidimensionalität haben diese Masken, obwohl sie keine forcierten apotropäischen Gestaltungen aufweisen, eine dezidierte (psychologische) Wirkung auf den Betrachter, da sie aus dem Gestein zu treten scheinen und damit den Eindruck erwecken, eine lebendige Wesenheit darzustellen. Letzteres unterstreicht die porträthafte Umsetzung nochmals.

Direkt gegenüber an der ehemaligen Hauptwache, heutige Hauptwachstraße 16 (Abb. 211), die den Eingang zur Stadt von Norden her am rechten Arm der Regnitz kontrolliert hatte und aus der Barockzeit (etwa 1774) stammt, trägt das erste Geschoss geharnischte Darstellungen, die z. T. große Ähnlichkeiten zu Hermen aufweisen. Genau betrachtet sind dies aber keine Abbildungen von Hermen, sondern zum Teil leere Rüstungen mit Fahnen, Wappen, Waffen, Schilden und sonstigem demonstrativen Säbelgerassel oder Geharnischte, die ab ihrer Hüfte auf Konsolen sitzen, was man vielleicht noch als Varianten von Hermen verstehen kann. Sehr detailreich, kunstvoll und ansprechend ausgearbeitet, stellen die Figuren gleichermaßen anspruchsvolle Zierformen an einem wichtigen früheren Eingang zur Stadt dar. Es handelt sich eben um die ehemalige Hauptwache der Stadt Bamberg, zugleich sind es unzweifelhaft Waffen und sonstiges Kriegsgerät, das hier am Zugang zur Stadt den verschiedenen Eintretenden gezeigt wird. Damit ist eine klare An- und Aussage verbunden, die sicherlich mehrfach (ästhetisch, spielerisch, metaphorisch usw.) wirkt, aber natürlich grundsätzlich mit dem Motiv des Apotropäischen spielt.

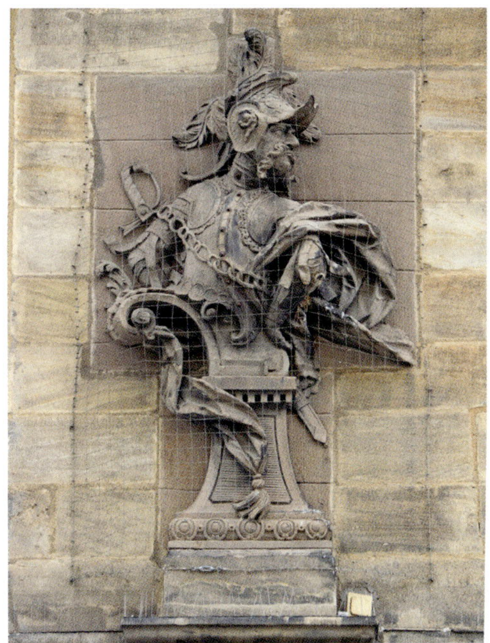

Abb. 211: Hauptwachstr. 16

12. Die Jugendstil-Masken

Direkt um die Ecke von Hauptwache und Bierothek befinden sich im Bereich der Hauptwachstraße besonders eindrückliche Exemplare von Jugendstil-Masken. Es wurde bereits erwähnt, dass schon manche Barockmasken Tendenzen zu individuellen, porträthaften und ein wenig überzeichneten Gestaltungen aufwiesen – was spätestens seit der Zeit um 1900 eine regelrechte Apotheose erreichte (Abb. 213). So etwa Hauptwachstraße 13, ein Gebäude aus der Zeit um 1899 von Eugen Drollinger errichtet (Abb. 212), welches an mehreren Seiten in jeder Hinsicht über sehr geglückte Masken verfügt. Unter dem Eckerker blickt uns eine männliche Maske mit geflochtenem Bart, weit geöffnetem Mund, der überaus sichtbar die Zähe entblößt, und stieren, großen Augen an. Der ganze prima facie unfreundliche, fast wilde Eindruck, der eine ästhetisch gebrochene Zitation der alten apotropäischen Momente der Masken darstellt, wird durch die zur Nase hin zusammengezogenen Augenbrauen verstärkt – aber wie gesagt ästhetisch gebrochen. An den Seiten des Kopfes gehen breite und ornamentierte Bänder ab, die regelrecht aus dem Kopf zu wachsen scheinen und sich an den Enden in breite Voluten einrollen, ganz ähnlich, wie es auch am erkennbaren Hinterkopfbereich der Maske der Fall ist. Bei dieser Jugendstil-Maske erkennt man gut, wie die physiognomischen Teile der Maske mit den reinen Zierformen verschmelzen, was man in gewisser Hinsicht als eine eigenständige Variante der Blattmasken verstehen kann, bei denen vermutlich erstmalig so etwas stattfand: Gesicht und Blattwerk gehen ineinander über und bilden eine untrennbare Einheit – gut ersichtlich an der Blattmaske des Bamberger Reiters. Schon die Blattmasken sind ihrer inneren Logik nach eigentlich ästhetisch-stilistische Weiterentwicklungen der ursprünglichen Masken, denn das Gorgoneion selbst ist ja bereits ein Arrangement von menschlichen und tierischen Elementen (was es mit antiken Hippogryphen, Sphingen, Lamassu – vgl. S. 21 – und anderen Arten von Mischwesen gemein hat). Bei den Blattmasken bzw. dieser Jugendstil-Maske wird dies in ornamentaler Hinsicht variiert und ausgebaut.

Ähnlich und noch ein bisschen fantastischer als die eben besprochene Maske erscheinen zwei Masken desselben Gebäudes über den Eingängen (Abb. 214 / 215). Ein ebenfalls männliches Gesicht tritt uns nun jeweils mit großen fixierenden Augen entgegen, und zudem mit einem so weit geöffneten Mund, dass man den Unterkiefer gar nicht mehr sehen kann, auch keine Zähne – dafür aber, man sieht es vielleicht erst auf den zweiten Blick, erkennt man eine überdimensionierte Zunge, die sich breit und lang senkrecht nach unten erstreckt, um sich dann etwas nach vorne zu rollen, was ein klassisches und zugleich stilistisch qua Übertreibung humorisiertes apotropäisches Merkmal darstellt. Nicht so stark wie bei der vori-

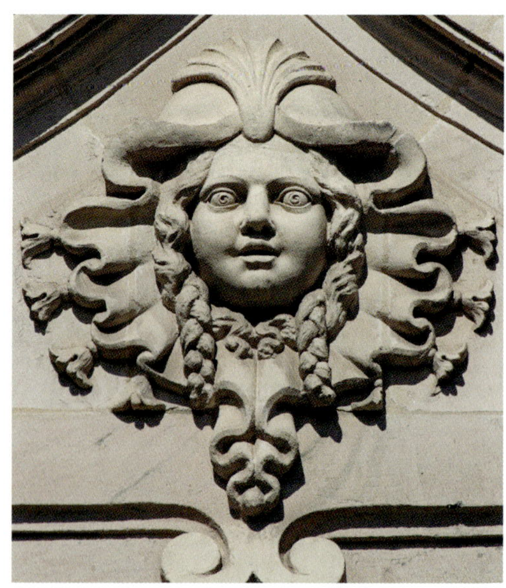

Abb. 212: Hauptwachstr. 13

gen Maske, aber auch hier deutlich ausgeprägt sind die zusammengezogenen Augenbrauen, wodurch diesem Exemplar wie dem vorher beschriebenem ein ebenfalls grimmiges, wildes Ansehen verliehen wird. Und auch hier findet eine starke ästhetische Brechung statt, indem etwa der wulstige Schnurrbart in florale Ornamentik übergeht, ebenso entdeckt man wieder eine Verschmelzung von körperlichen und ornamentalen Elementen, was gut an der Kopfbedeckung der Maske sichtbar wird, denn einerseits verschmilzt sie mit den Haaren der Maske, andererseits mit den Architekturvoluten des Bogens oberhalb der Maske. Ein weiteres Humoristikon kommt ins Spiel, wenn die Ohren bzw. Ohrhänger – nicht genau erkennbar – als schöne runde Birnen ausgeführt werden, was ein wenig an Guiseppe Arcimboldo erinnern mag (Abb. 216). Wie im obigen Kapitel erwähnt, haben die Jugendstil-Masken keine genuin (magische) apotropäische, aber sehr wohl die (moderne) Funktion, Geschmack, Vermögen, Witzigkeit des Hausherrn/Künstlers/Auftraggebers pp. zu verdeutlichen, womit man an dieser Stelle von einer spezifischen Art der Selbstdarstellung sprechen kann.

Vergleichbar, aber im Detail doch wieder sehr anders sind die Masken in der Luisenstr. 20/22 (Abb. 217 / 218), beides Gebäude des Architekten Conrad Bohrer aus dem Jahr 1907. Nach den cineastischen Umsetzungen des Herrn der Ringe zu Beginn der 2000er-Jahre erinnern zwei dieser Masken an die Tolkien'schen Baumwesen. Zwei sich interessiert beäugende Blattweibchen und -männchen nebenan runden das kleine Maskenquartett handwerklich und humoristisch gekonnt ab. Eines von vielen Beispielen, das zeigt, mit wie viel Liebe zum Detail bei vielen Bamberger Masken (zumal in der Zeit um 1900) die jeweiligen Künstler arbeite-

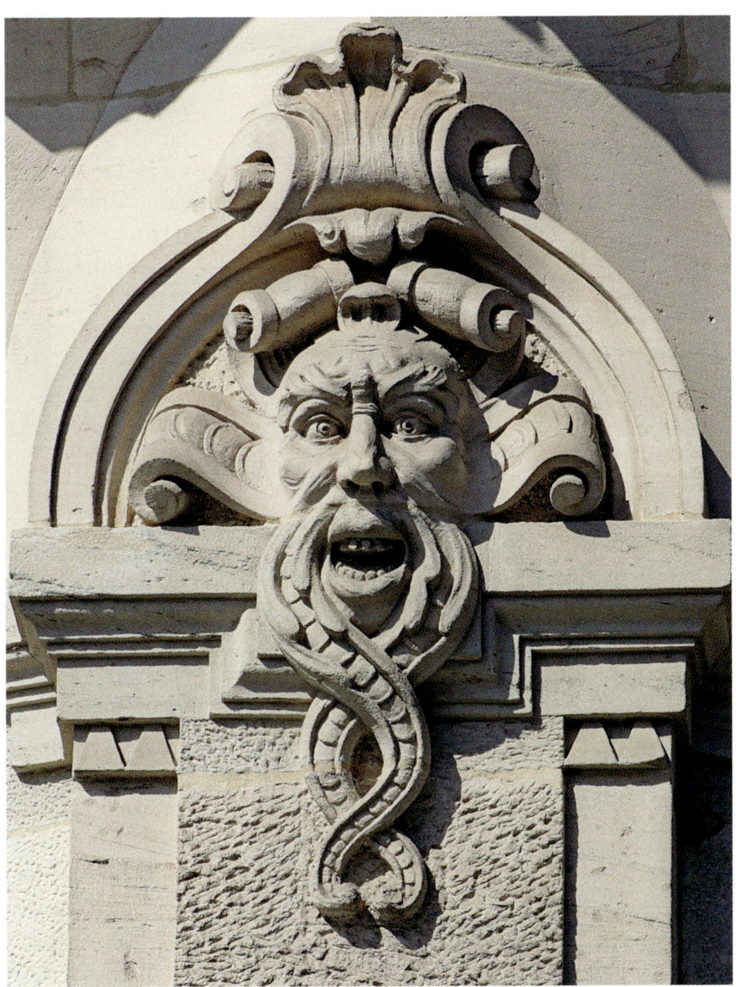

Abb. 213: Hauptwachstr. 13

Abb. 214: Hauptwachstr. 13

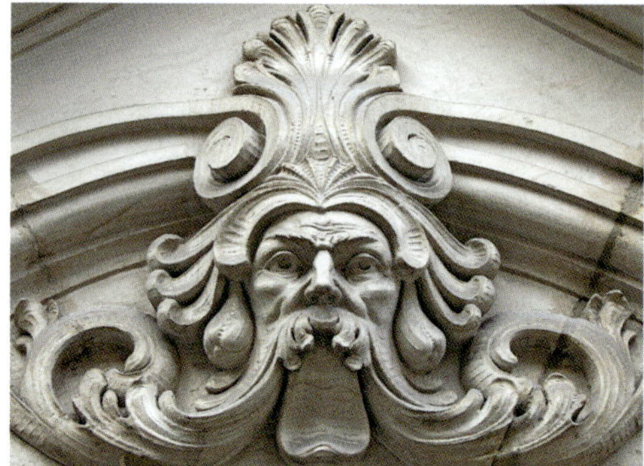
Abb. 215: Hauptwachstr. 13

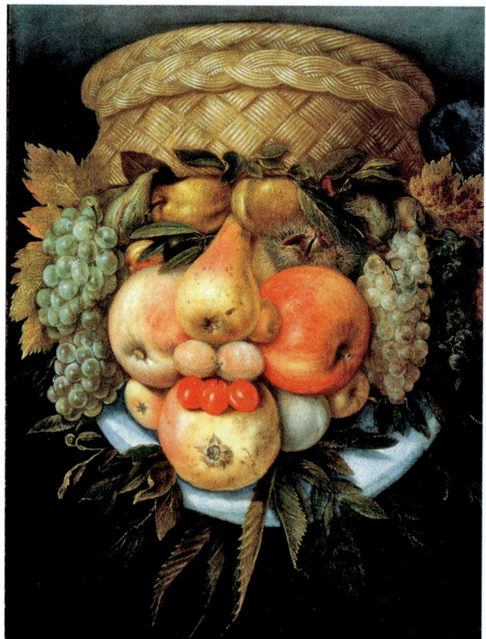
Abb. 216: Giuseppe Arcimboldo: Fruchtkorb, 16. Jhd.

ten, um ein statisches, faktisch-funktionales, zum Bestand und Erhalt des Gebäudes gänzlich irrelevantes Bauelement, also schieren schönen Luxus, zu realisieren. Damit verbunden war aber offenbar, vielleicht tatsächlich vordergründig die finanzielle, bildungsrelevante, soziale, geistreiche Klasse und das entsprechende Niveau des Bauherrn zu dokumentieren.

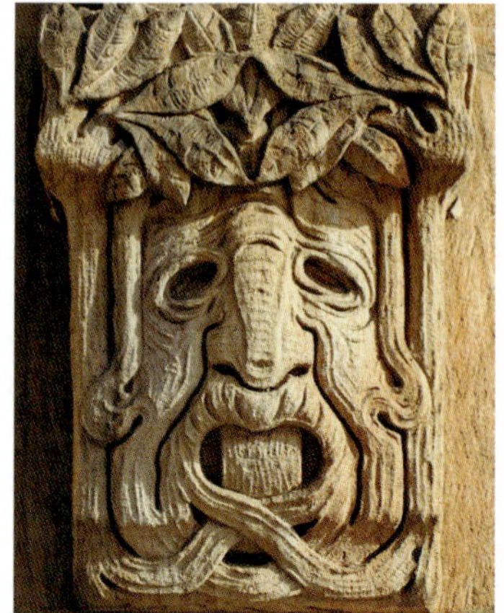
Abb. 217: Luisenstr. 20

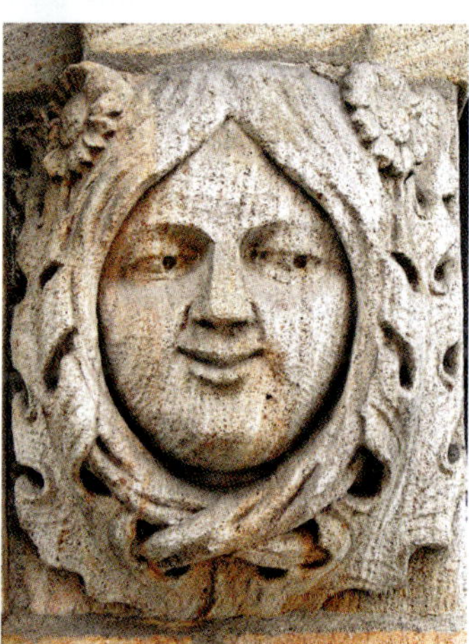
Abb. 218: Luisenstr. 22

Zugleich aber wird auch ein kleines Epochengemälde der Bamberger Oberschicht um 1900 und der damaligen soziokulturellen Verhältnisse sichtbar, denn die Häufigkeit der Masken jener Zeit sprich für sich – manchmal hat man den Eindruck, die Masken bzw. deren Auftraggeber oder Künstler wollten sich gegenseitig in puncto Witzigkeit, Ästhetik und Unkonventionalität dieser plastischen Schmuckformen überbieten.

13. Die Masken am Wilhelmsplatz

Die größte Dichte, das höchste Aufkommen Bamberger Masken findet sich im Bereich des Wilhelmsplatzes, wo etwa, je nach genauem Standpunkt und anatomischer Nackenwirbelflexibilität des Betrachters, mindestens 50 einzelne Masken von den verschiedenen Gebäuden den Zuschauer, unmittelbar vom Rondell aus gesehen, anblicken. Mit Glück, gutem Wetter und einer Drehung im Rundumblick kann, wer gut ist, von da aus auch über 70 Masken erspähen. Der Bamberger Magistrat wollte um 1900 eine Stadterweiterung Richtung Osten realisieren, eine Fortsetzung der „Langgaß" (über Schönleinsplatz und Friedrichstraße hinaus) zur Erschließung des bürgerlichen Inselgebiets, womit der Wilhelmsplatz geboren und ausgesprochen gut umgesetzt wurde.

Man hat, wie zu dieser Zeit immer wieder und nicht zum ästhetischen bzw. städtebaulichen Nachteil der Stadt Bamberg, damals den Architekten, Stadtplaner und Künstler Hans Erlwein (vgl. hierzu erneut S. 112-114) mit dem Projekt beauftragt, dem er in Form einer entsprechenden Planung des Platzes in geglückter Weise nachgekommen ist. Das Justizgebäude (Abb. 220) und die ehemalige Posthauptdirektion (Abb. 221) – die jetzt nicht weiter thematisiert werden sollen, da sie aufgrund ihrer Bedeutung für die Bamberger Masken in Kürze jeweils eine eigene Besprechung bekommen –, das von der Brauerei Kaiserdom verpachtete Restaurant (Abb. 222) sowie alle weiteren Gebäude um dieses Rondell gehören von der Planung und architektonischen Ausführung her dazu. Zunächst fallen vielleicht die fast an Wild-West-Filme erinnernden und vermutlich seriell gefertigten „Rindertotenschädel-

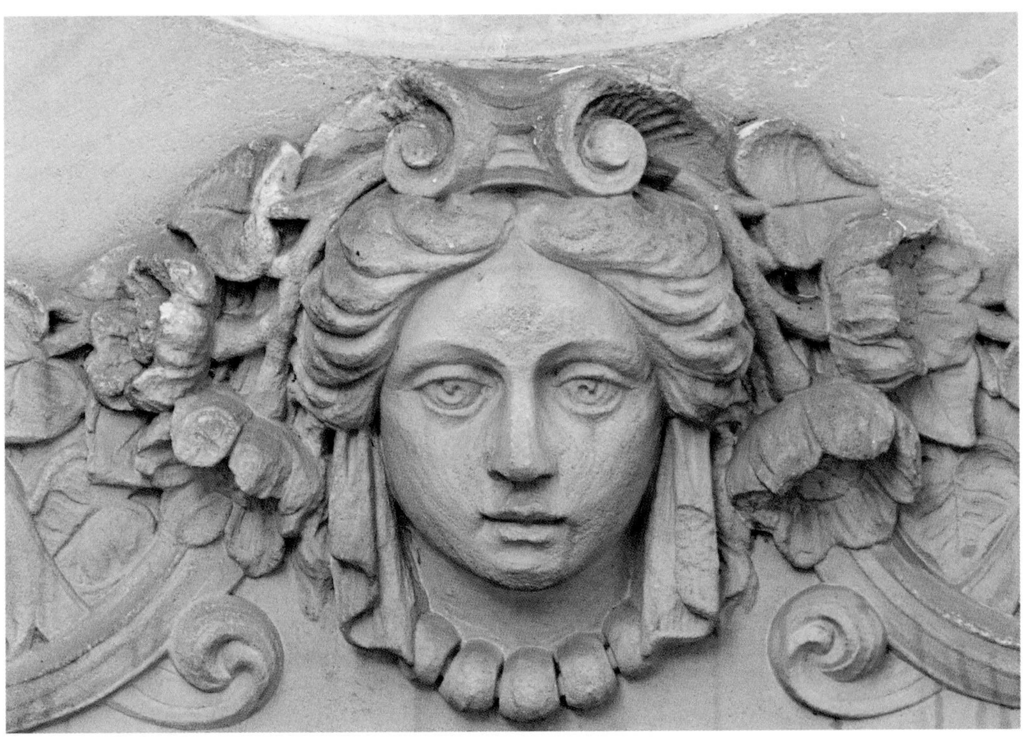

Abb. 219: Wilhelmsplatz 4

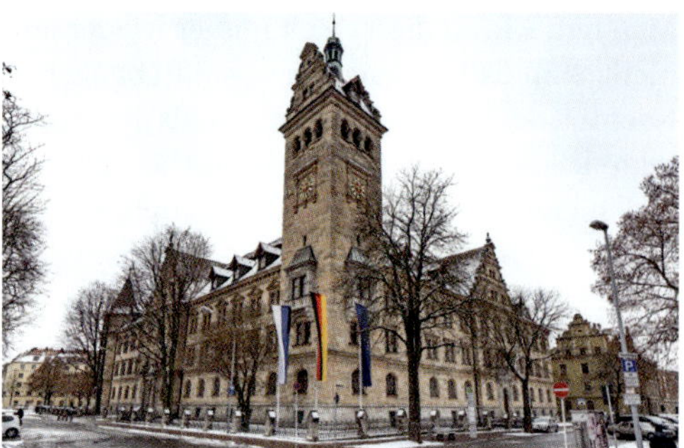

Abb. 220: Das Oberlandesgericht / Bamberg, Wilhelmsplatz 1, 1900-1903 von Hugo von Höfl realisiert.

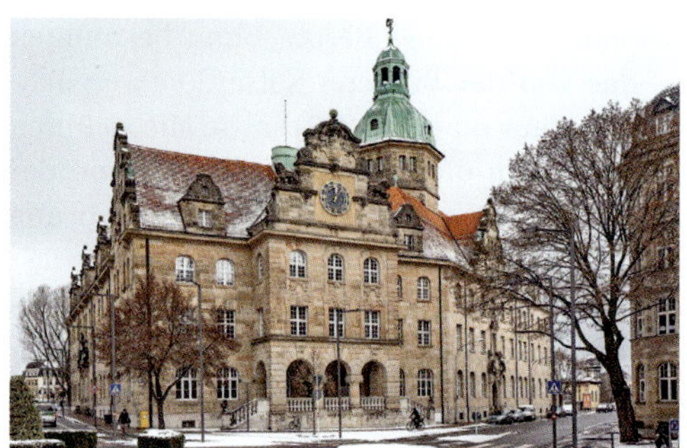

Abb. 221: Die Bamberger Wilhelmspost, Wilhelmsplatz 3, 1904-1906 von Fritz Fuchsenberger erbaut.

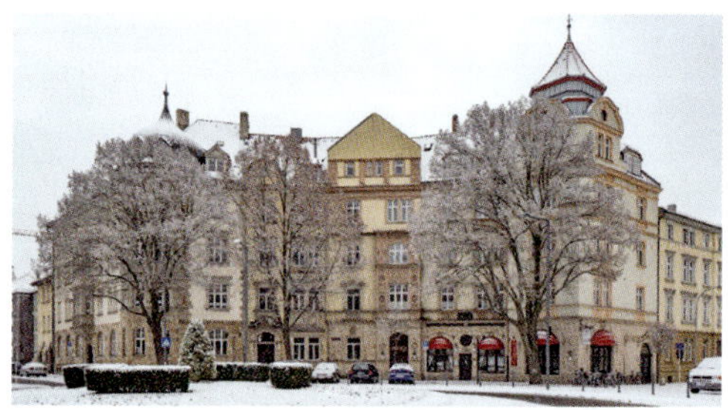

Abb. 222: Wilhelmsplatz 4, Mietshaus mit Gaststube, 1904 von Johannes Kronfuß errichtet.

masken“ (tatsächlich gleicht ein Exemplar, man möchte fast sagen „bis aufs Haar“ dem anderen) auf der Höhe unterhalb des Traufgesimses hierbei gar nicht unmittelbar ins Auge. Sie ziehen sich fast komplett um die Hälfte der südöstlichen und südwestlichen Bebauung des Areals und fallen deswegen möglicherweise nicht direkt auf, da sie sehr weit oben angebracht sind und das Auge nicht automatisch in

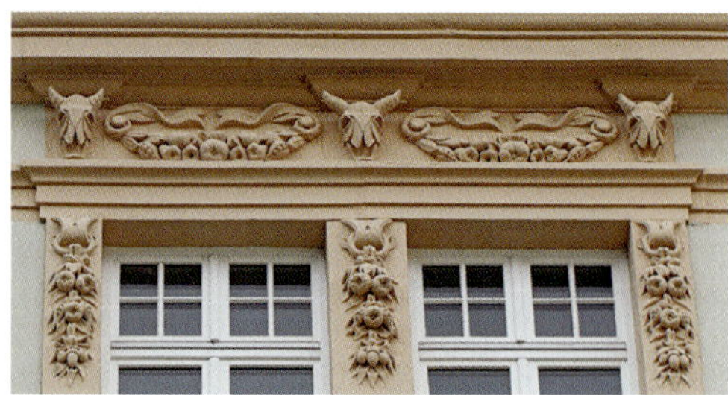

Abb. 223: Urbanstr. 18

diese Regionen blickt (Abb. 223). Die Masken sind von ihrer Aufmachung her ausgesprochen unkonventionell, da dieselben in Bamberg und darüber hinaus meist ein menschliches Antlitz besitzen, wobei natürlich auch Tiergesichter in Frage kommen können, etwa Löwenköpfe oder dergleichen, also Gesichtstypen, die annähernd runde oder ovale Kopf- bzw. Gesichtsformen haben, zudem sind die Masken sonst immer mit Haut überzogen, mit Augen, Nasen und Ohren versehen. Hier jedoch sind die nackten Gebeine von Rinderschädeln abgebildet, also eine gänzlich andere als die normale Gesichtsform von Masken, sehr lang gezogene und gehörnte Schädel – noch dazu Totenschädel, der blanke Knochen wird somit sichtbar, leere Augen- und Nasenhöhlen; keine Ohren, kein Fell, nichts dergleichen erscheint. Aus einer solchen Warte heraus lässt sich vielleicht tatsächlich sagen, dass die Rindertotenschädelmasken die ungewöhnlichsten Masken in ganz Bamberg sind, es finden sich sonst keine auch nur ansatzweise vergleichbaren Ausführungen. Hier erkennt man in besonders schöner Form den ganzen Humor, der in diese Masken investiert wurde, man könnte beinahe von einer Art ästhetischer Persiflage auf normale Masken sprechen.

Die vielen, teils auch sehr schönen Masken am Wilhelmsplatz 4 (Abb. 219) gehören ebenso hierher wie die Masken der Urbanstraße (Abb. 224), Friedrichstraße (Abb. 225 / 226), Augustenstraße (Abb. 227) sowie (etwas um die Ecke,

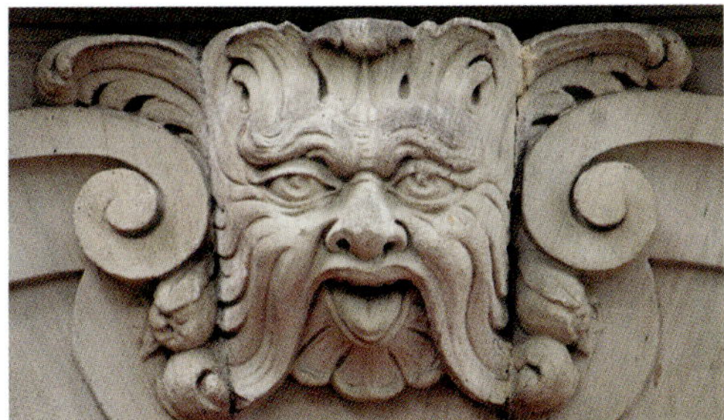

Abb. 224: Urbanstr. 18

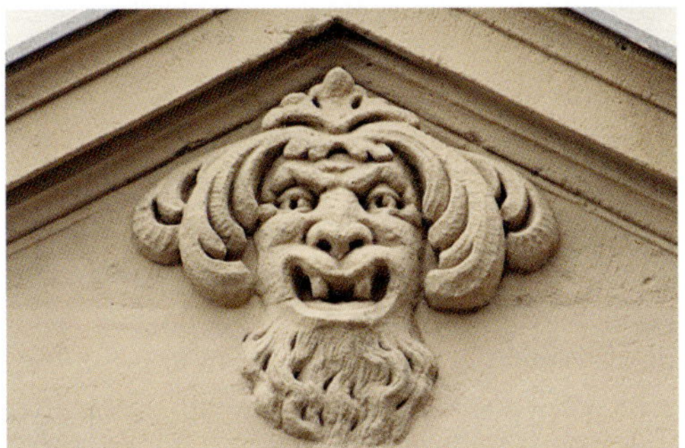

Abb. 225: Friedrichstr. 21

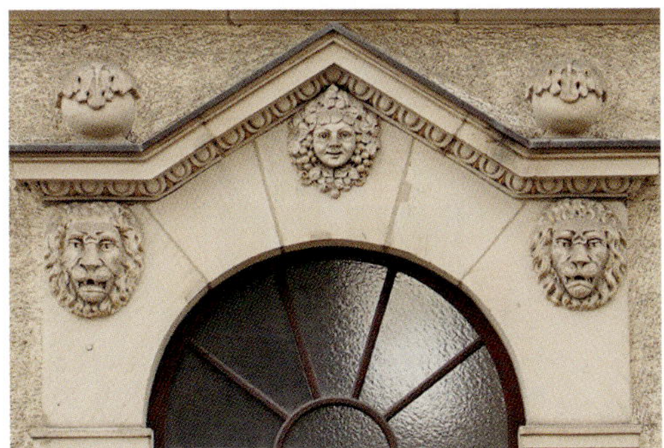

Abb. 226: Friedrichstr. 14

aber ins architektonische Konzept des Platzes gehörend) die der Herzog-Max-Str. (Abb. 228). Die Gesamtanlage des Wilhelmplatzes, die Mit-Konzeption durch den damals in Bamberg tätigen Architekten und Stadtplaner Hans Erlwein weisen eine so distinkte Qualität hinsichtlich seiner Masken, Textwidmungen und Gesamtkonzeptionen auf, dass die Erlwein-Bauten samt Masken weiter unten nochmals ein Thema sein werden.

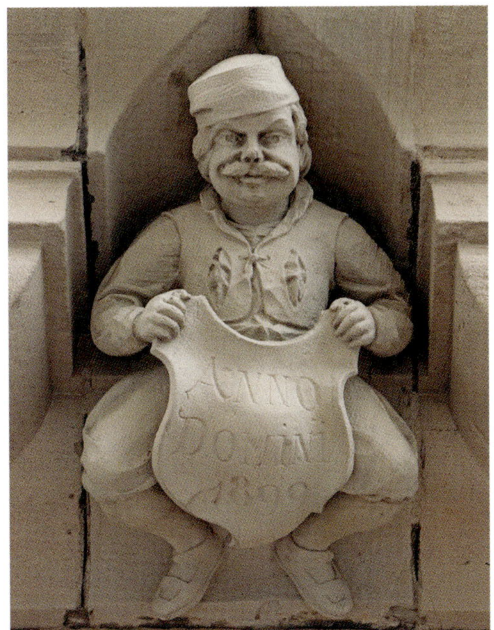

Abb. 227: Augustenstr. 2

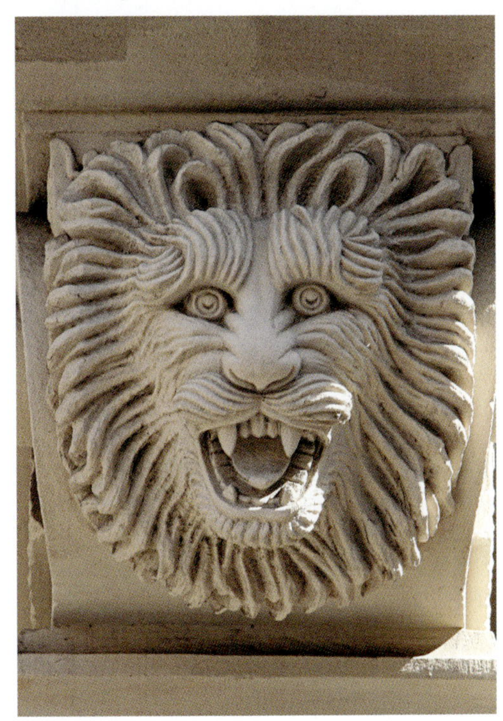

Abb. 228: Herzog-Max-Str. 1

14. Die Masken der „Alten Post"

Die konkurrenzlos meisten Einzelmasken an einem Bamberger Gebäude (von denen ein Großteil der Exemplare sogar eine sehr individuelle Ausprägung hat, sprich: auch Wert auf die qualitative Ausarbeitung derselben gelegt wurde) befinden sich in und an der ehemaligen Hauptpostdirektion aus dem Jahr 1904-1906, erbaut als dreigeschossige Dreiflügelanlage von Fritz Fuchsenberger und heute als Wilhelmsplatz 3 bekannt. Nicht zuletzt aufgrund ihrer ästhetisch-künstlerischen Umsetzung verdienen sie einen eigenen Blick: Etwa 80 Masken lassen sich in und an diesem Gebäude nachweisen – beispiellos singulär hinsichtlich des quantitativen Auftretens von Masken an einem einzigen Gebäude im Bamberger Stadtgebiet.

Über einem der Haupteingänge finden wir eine sehr große Maske (Abb. 229 / 230) auf deren Helm kleine Hermesflügelchen zu erkennen sind. Dies korrespondiert sachlich natürlich mit der Aufgabe einer Post, wenn schon nicht als himmlischer Götterbote, so doch zumindest als irdisches Amt , das die Zustellung von Botschaften, sprich Post, an die Bevölkerung zu gewährleisten hat, oder vielleicht spielt dabei auch die künstlerische Aussage in augenzwinkernder Weise mit dem Changieren zwischen himmlischem und irdischem Botendienst eine Rolle, weswegen die Maske fast als die programmatischste, sinnanzeigende an diesem Bauwerk gelten kann. So lässt sich jene Hermesmaske als eine Form von Emblem, eine Art der künstlerischen Selbstdarstellung verstehen. Sie hat auch eine Zwillingsschwester über einem anderen Eingang des Gebäudes (Abb. 231), in Form eines echten Postboten, flankiert von zwei großen Löwenmasken mit Klopfring im Maul. Sie trägt eine Posthornmütze auf dem Kopf und hält ein geflügeltes Rad in Händen – ein deutlicher Hinweis auf den bereits evozierten Hermescharakter der Bamberger Post und auf die Velozität, mit der das Amt die Botschaften an die Empfänger zustellt. Besagtes Exemplar wurde ikonografisch halb als Maske und halb als eine Art halber Herme umgesetzt, da ein guter Teil des Oberkörpers erkennbar ist, also mehr als bei einer normalen Maske, aber auch weniger als bei einer normalen Herme, denn der Torso ist schlicht auf einem Wappenschild aufgesetzt.

Einen weiteren Haupteingang des Traktes zieren Kapitelle mit einer großen Anzahl an Widdermasken (Abb. 232), auch an diesem Ort ist die Höhe des Traufgesimses reich mit Masken bestückt – anders allerdings als bei den eben genannten „Rindertotenschädelmasken" sind die Masken hier nicht seriell gestaltet, sondern sehr individuell, fast jede Maske unterscheidet sich erkennbar von den anderen. In der Regel handelt es sich um tiergestaltige Masken, die mit menschengesichtigen Masken wechseln, so erkennt man etwa Widder, Füchse oder Wölfe, Schafe, Raubkatzen, Steinböcke, affenartige Wesen und sogar Vögel (Abb. 233–238).

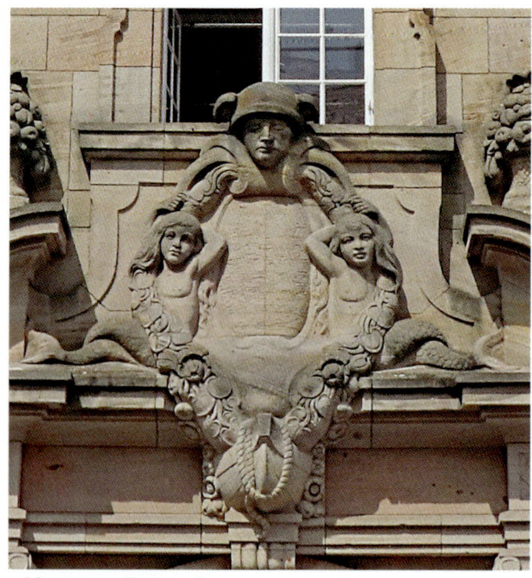

Abb. 229: Wilhelmsplatz 3

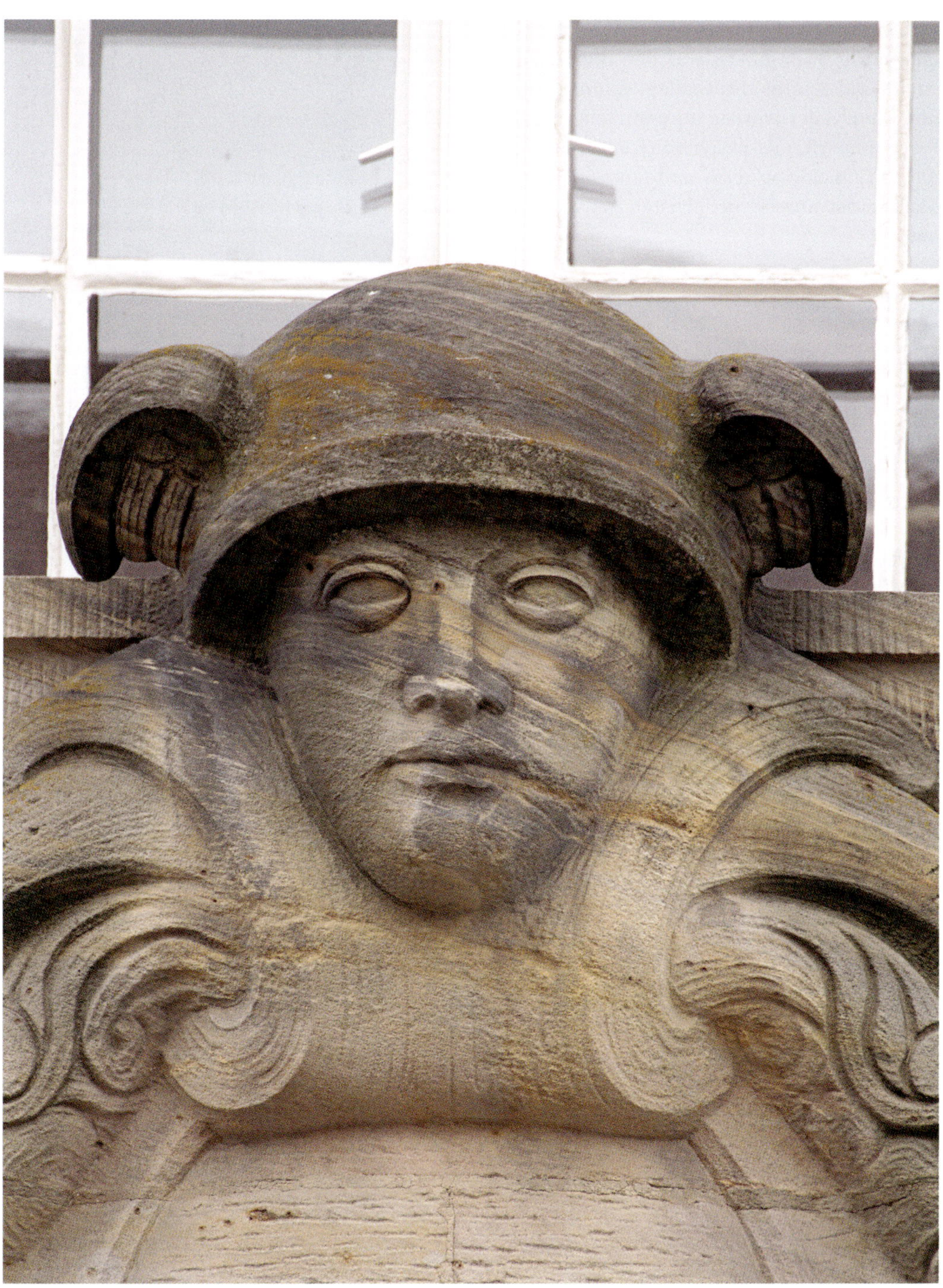

Abb. 230: Wilhelmsplatz 3

Eine ganze Menagerie also, in dieser Art völlig einzigartig in Bamberg, was den diesbezüglichen Sonderstatus des Gebäudes hinsichtlich des Themas der Masken unterstreicht und die Frage aufwirft, aus welchem Grund man just dieses Gebäude so reich und fantasievoll mit Masken der unterschiedlichsten Art versehen hat?

Einigermaßen besondere Ausgestaltungen von Masken befinden sich zudem an den Dachgiebeln des Gebäudes, aus grüngrauem Stein direkt aus dem Giebeltrakt gearbeitet, also technisch gesehen relativ flache Reliefs darstellend, weswegen man sie oftmals auch erst auf den zweiten Blick wahrnimmt, da sie optisch stark mit dem Werkstein verschmelzen. Solche Masken sind mit ausgesprochen expressiven Gesichtern dargestellt (Abb. 239–241) und zeugen von einer jeweils gänz-

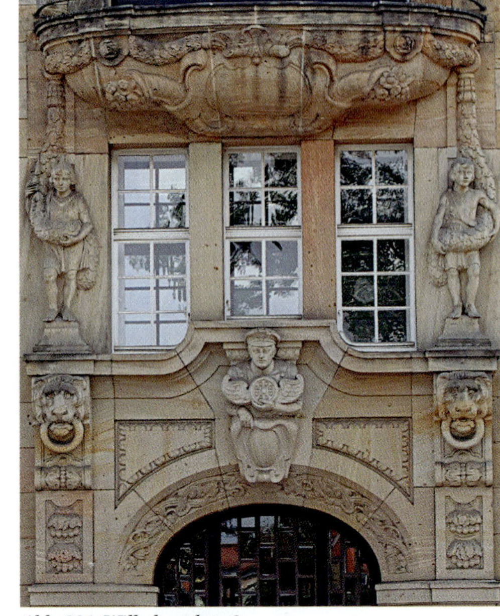

Abb. 231: Wilhelmsplatz 3

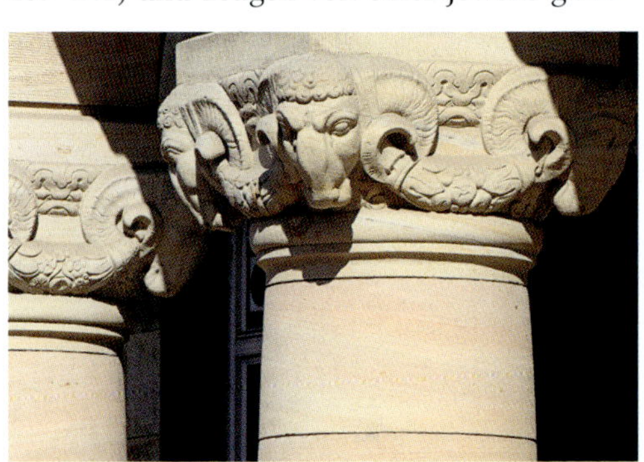

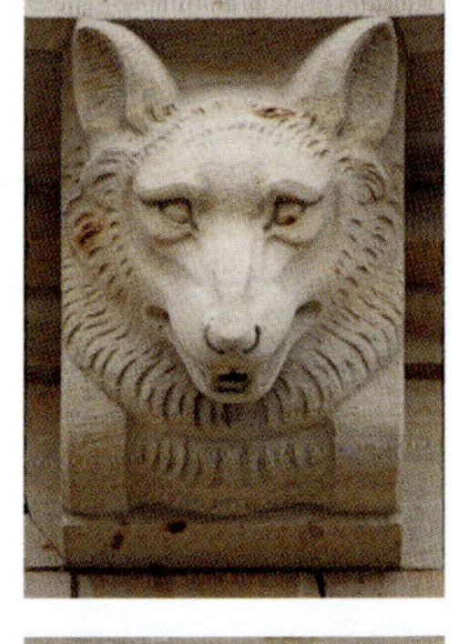

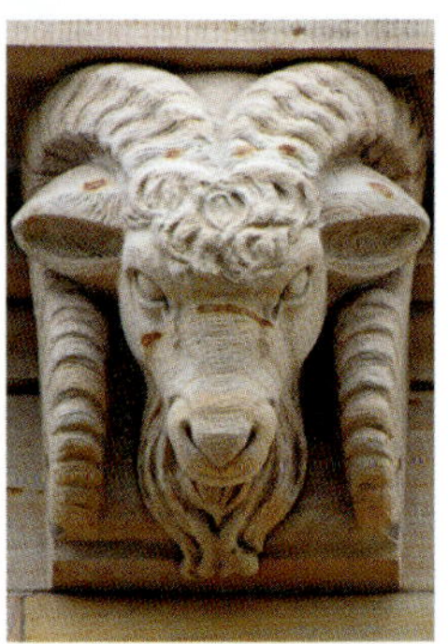

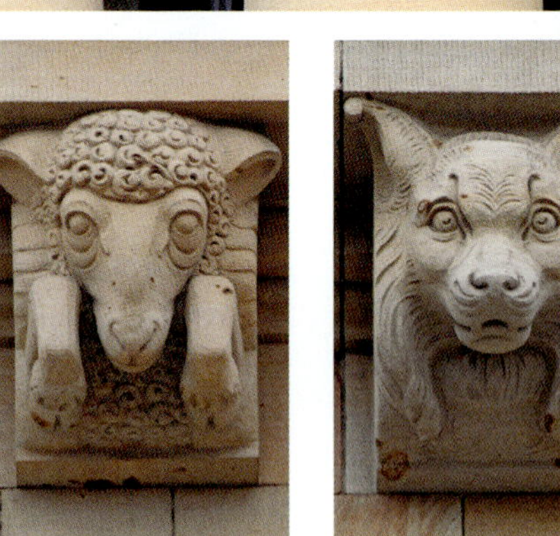

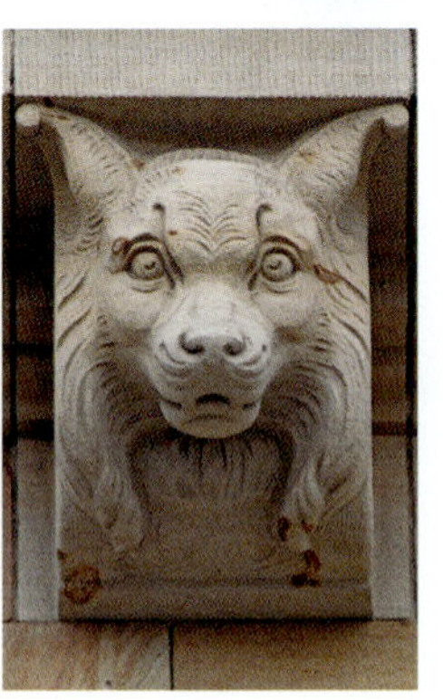

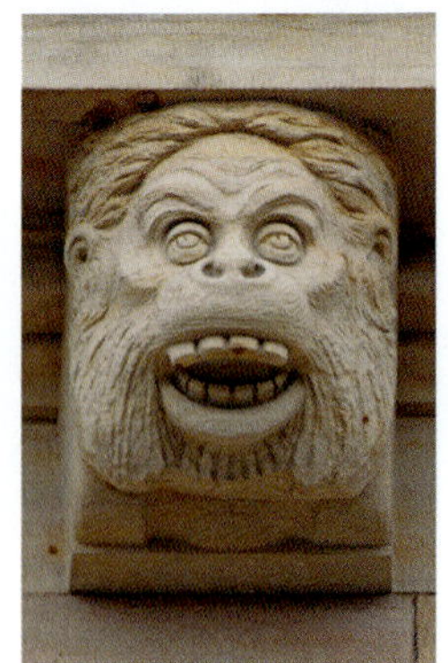

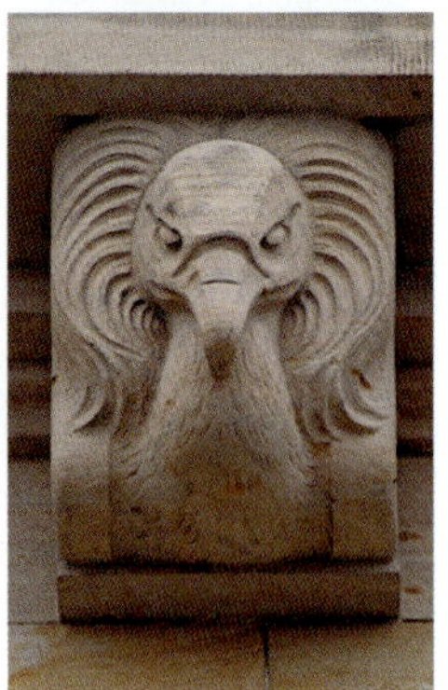

Abb. 232 – Abb. 238: Wilhelmsplatz 3

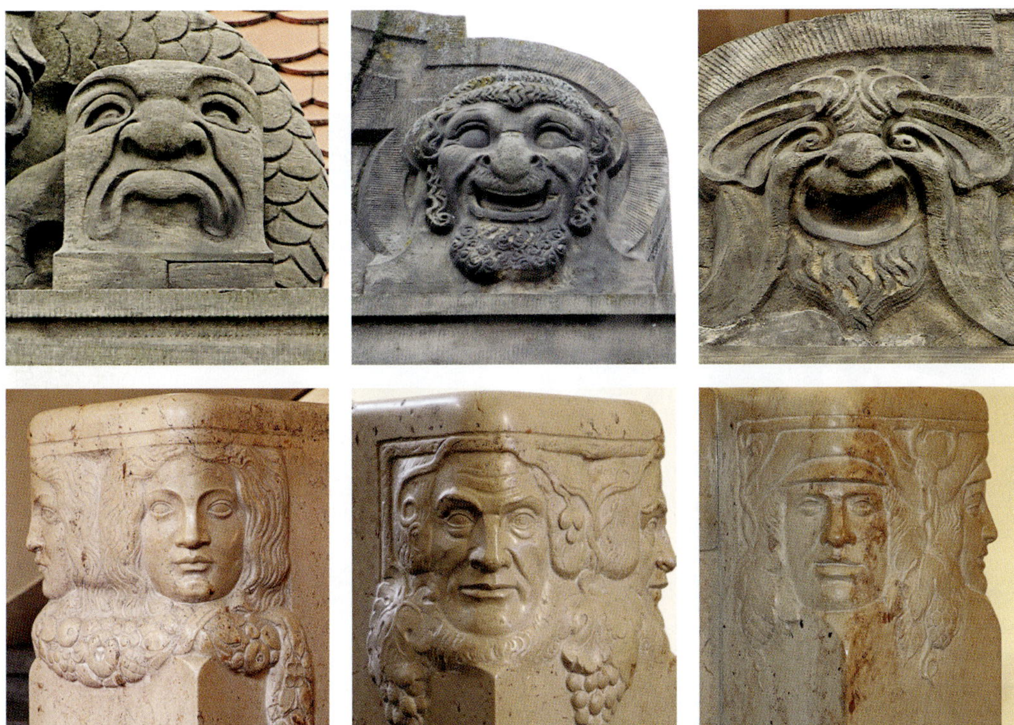

Abb. 239 – Abb. 244: Wilhelmsplatz 3

lich sehr eigenen Gemütsverfassung: Die eine Maske schaut sehr grimmig drein, die andere strahlt uns ausgesprochen liebenswürdig an, wieder eine andere scheint sich in einem glücklichen und zufriedenen Gemütszustand zu befinden usw. Alle besitzen eine ansatzweise karikaturhafte Anmutung – was durch ihre teils leicht an kubistische, surreale Gestaltungen erinnernde Gestaltungsweisen betont wird. Sie zeigen damit sehr schöne Beispiele von psychologisch-humoristischen Ausbildungen Bamberger Masken auf.

Da das Gebäude Wilhelmsplatz 3 aktuell ein öffentliches Bauwerk ist – es gehört mittlerweile zur Universität Bamberg –, hat man die Möglichkeit, dessen Innenräume frei zu begehen, was die erfreuliche Begleiterscheinung mit sich bringt, die Masken im dortigen Treppenhaus bewundern zu können: An den Anfangs- und Endpunkten bzw. Umbrüchen des marmornen Handlaufs gibt es ziemlich aufwändige und kunstvolle Masken, jeweils in Vierergruppen aus dem Stein gehauen (Abb. 242–244) – offenbar stilistisch in Anlehnung an die oben erwähnten Widdermasken an den Kapitellen eines der Haupteingänge des Gebäudes gearbeitet, die ebenfalls in solchen Vierergruppen gestaltet wurden.

Hier wird erkennbar, dass man sich bei Konzeption und Anlage der Masken offenbar einige Gedanken hinsichtlich der inneren Kohärenz gemacht und dies gut in die Tat umgesetzt hat, weswegen man nun zweifellos nicht nur vom umfangreichsten, sondern vermutlich auch ästhetisch geglücktesten Maskenensemble in Bamberg sprechen kann.

15. Die Masken des Oberlandesgerichts

Aus verschiedenen Gründen von besonderem Interesse sind zudem einige Masken am Gebäude des Oberlandesgerichts, Wilhelmsplatz 1. Der Gesamtbereich Wilhelmsplatz wurde

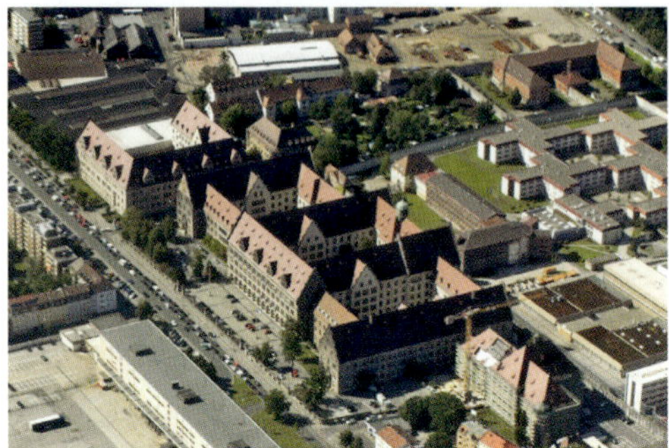

Abb. 245: Luftaufnahme des Nürnberger Justizpalastes von 2009.

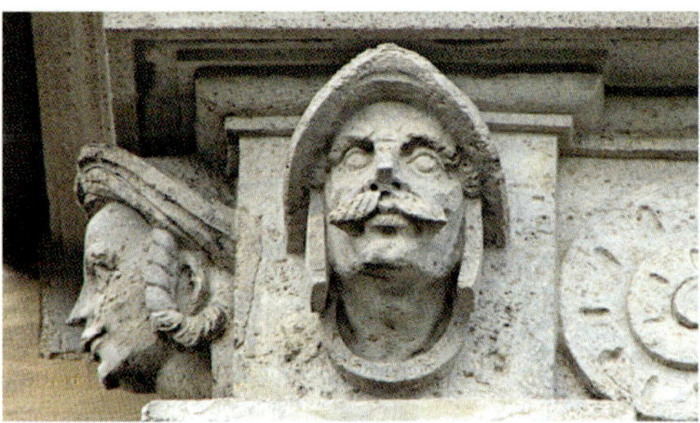

Abb. 246: Wilhelmsplatz 1

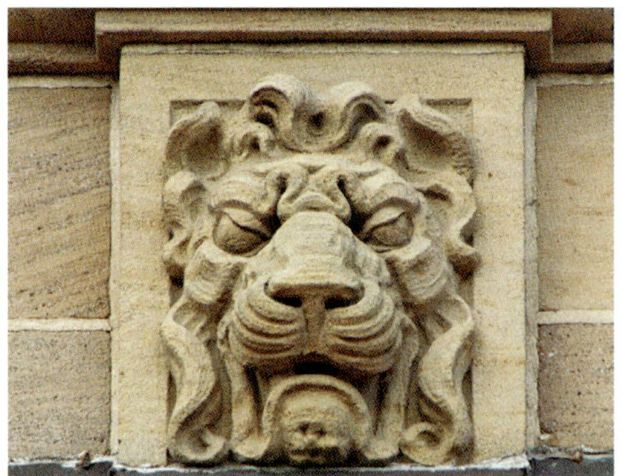

Abb. 247: Wilhelmsplatz 1

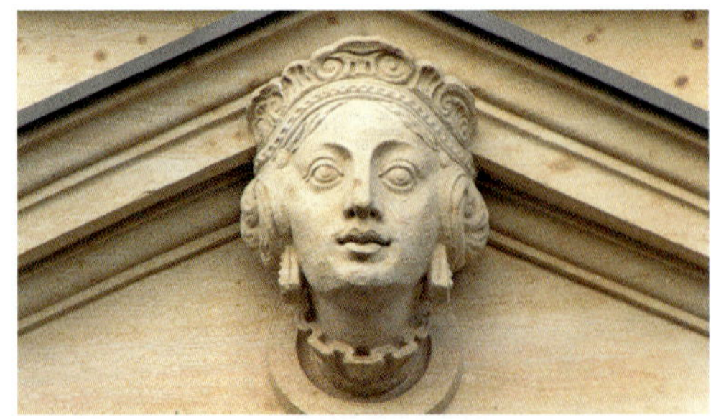

Abb. 248: Wilhelmsplatz 1

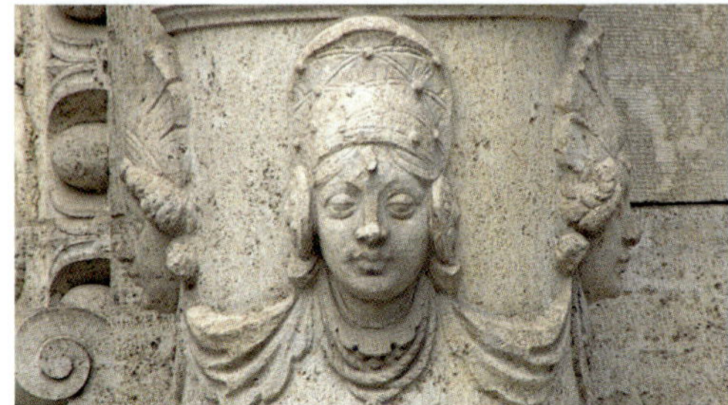

Abb. 249: Wilhelmsplatz 1

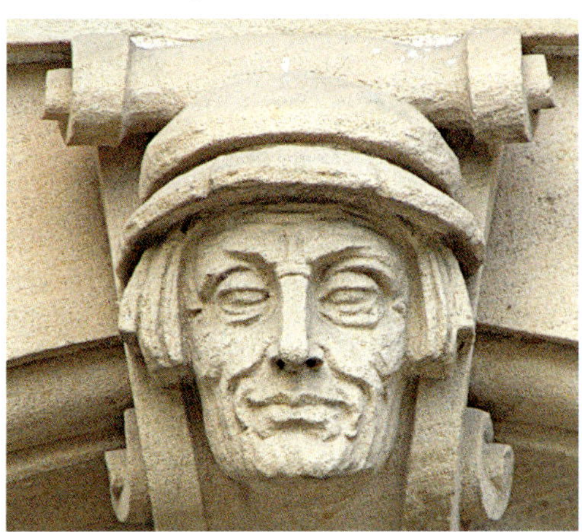

Abb. 250: Wilhelmsplatz 1

wie bereits ausgeführt vom damaligen Stadtbaumeister Hans Jakob Erlwein entworfen. Das hier im Mittelpunkt stehende Justizgebäude entstand zwischen den Jahren 1900-1903 auf der Grundlage der Pläne des Oberbaurats Hugo von Höfl, der auch für den Nürnberger Justizpalast (Abb. 245) verantwortlich war. Rund um den Gebäudekomplex zeigt sich ein recht buntes Potpourri verschiedener Masken, die im Eingangsbereich, an den Erkern, an den oberen Etagen des Turmes usw. angebracht wurden (Abb. 246–249). So prangen zwei große, gräuliche Masken flankierend über dem Haupteingang zwischen erstem und zweitem Stock, die im Rahmen der sonstigen Bamberger Masken gänzlich aus dem Rahmen fallen: Es handelt sich nämlich um die einzigen bekannten echten Medusenhäupter in der gesamten fränkischen Domstadt (Abb. 251–252). Dieser Eingangstrakt ist als selbstständiger, mit eigenem Giebel gestalteter Risalit etwas nach vorne gesetzt und horizontal durch eine dreifache Fensterzone gegliedert, wobei unterhalb der Fenster des zweiten Stockwerks drei auf Fensterbreite gearbeitete Reliefs eingefügt wurden. Das mittlere Relief zeigt zwei geflügelte Knäblein, die links und rechts einer Doppelaxt, einer Labrys stehen und dieselbe präsentieren, was unzweideutig auf die richterliche bzw. juristische Gewalt hinweist, die in diesem Gebäude ausgeübt wird (Abb. 253). Die beiden Reliefs links und rechts davon bilden ebenfalls wieder jeweils zwei jener geflügelten Knäblein ab, in deren Mitte nun allerdings die beiden erwähnten Gorgonenhäupter erscheinen.

Geradezu klassisch rollen sie die weit aufgerissenen Augen, aus dem Haar wuchern gewundene Schlangen, die letztlich den ganzen Kopf umgeben, wodurch diese beiden Masken zweifelsfrei als Medusenhäupter angesprochen werden können, der Mund ist weit und schreiend, vielleicht sogar ein wenig wehklagend aufgerissen. Man erkennt hier die genretypischen, seit der Antike verarbeiteten Aprotropaia der Maskendarstellungen in nachgerade mustergültiger Form. Es wundert den Betrachter vielleicht etwas, weshalb man nicht auf die zeitgenössischen, jugendstilmäßig verspielten, fantasiereich und mitunter drolligen Mas-

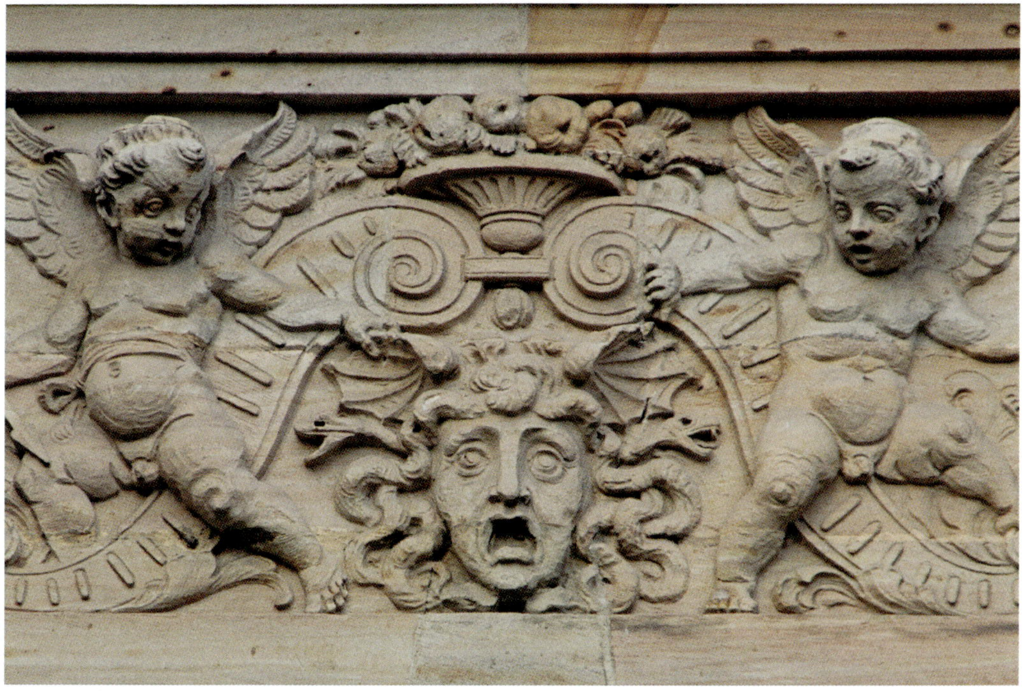

Abb. 251: Wilhelmsplatz 1

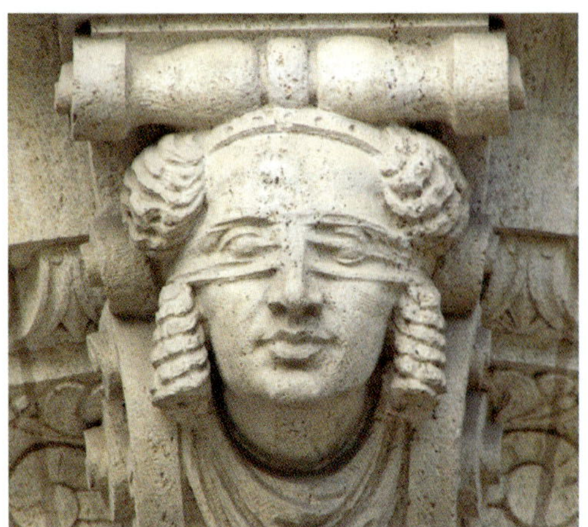

Abb. 252: Wilhelmsplatz 1

ken zurückgriff, wie man sie direkt gegenüber des Justizgebäudes an der ehemaligen Post so überaus üppig bestaunen kann, denn für die Zeit um 1900 fallen die beiden Medusen-Masken durchaus aus dem gängigen Rahmen. Ob bewusst oder unabsichtlich, lässt sich kaum mehr entscheiden – aber faktisch realisieren sie damit in direkter und ungebrochener Weise die genuine Funktion der Masken, nämlich Unheil abzuwehren und das drohende Übel abzuschrecken. Denn so wie die Doppelaxt in der Mitte der Reliefgruppe die richterliche, staatliche Gewalt offenbart, so wirken die Medusen natürlich auch auf die Delinquenten, die durch dieses Portal in das Justizgebäude eintreten.

In der Zeit um 1900 allerdings, natürlich nicht mehr im Sinne des alten magischen Denkens, welches in der breiten Öffentlichkeit, Mentalität und Kultur als solches nicht mehr virulent war, konnte Letzteres aber vielleicht als Modeerscheinung gewisse Urstände feiern, wie etwa in den okkultistischen Séancen, die damals in den höheren Gesellschaftsschichten immer wieder als eine Art ästhetischer Gruseleinlagen gepflegt wurden. Die beiden Justiz-Medusen wirken in psychologischer Weise auf den Betrachter bzw. Angeklagten, der selbstredend der Adressat dieser Masken sein soll und sich damit schon einmal mental darauf einstellen darf, was ihm möglicherweise in diesem Haus und vor dem Gericht bevorsteht. Denn ein bisschen Furcht einflößend sind die beiden Köpfe schon, und sie machen auf symbolisch-psychologische Manier recht unmissverständlich klar, dass hier die Justiz nicht zum Spaß verhandelt, sondern dass in diesem Gebäude das Unrecht gesühnt wird und eine Bestrafung erfolgt. Damit unterstreichen die beiden Medusen zwar auf künstlerische, aber nichtsdestotrotz sehr ernst gemeinte Weise die Strenge und Würde der weltlichen Gerichtsbarkeit – eine bemerkenswerte Parallele übrigens zur Schönen Pforte der Alten Hofhaltung, wo wir durch die Hermen und die Widdermaske in ästhetischer Weise die Strenge der Justiz und des weltlichen Rechts vor Augen geführt bekommen haben (vgl. S. 65f.).

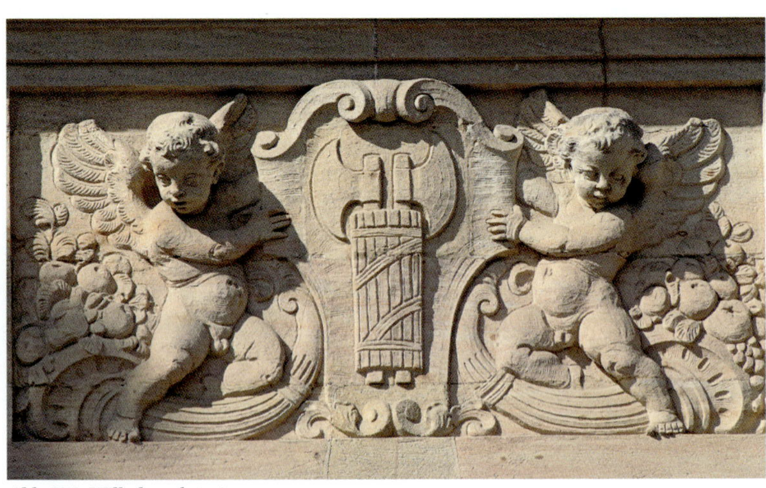

Abb. 253: Wilhelmsplatz 1

16. Der „Arschlecker" und sein Gegenüber

Ein sehr spezielles Stück architektonisch-plastischer Hauskunst findet sich in der Bamberger Amalienstraße, genauer gesagt Amalienstraße 7. Das Gebäude stammt aus dem Jahr 1905, ist viergeschossig angelegt, besitzt einen großen Erker und wurde in der Weise des historisierenden Heimatstils errichtet. Nähert man sich dem Haus von der Urbanstraße aus, bemerkt man nach kurzer Zeit linker Hand ein Gebäude, an dessen Untergeschoß in Nähe der Toreinfahrt, direkt unter dem beginnenden polygonalen Erker über Eck, zwei ockerfarbene, relativ große figürliche Darstellungen angebracht sind, die unmittelbar die Aufmerksamkeit auf sich ziehen (Abb. 254 / 255).

An der Front zur Straßenseite erkennt man auf einer Konsole eine lang gestreckte menschliche Figur, welche die Füße senkrecht nach oben und bäuchlings an der Hauswand anliegend, Kopf und Arme wie eine Art Schlangenmensch handhabend, den Betrachter frontal mit einem ganz freundlichen Gesicht anblickt. Besagte anspruchsvolle gymnastische Übung wurde erst nachträglich an dieser Stelle angebracht – denn ursprünglich war hier diejenige Figur zu sehen, die jetzt Richtung Innenhof bzw. Wohnungszugang installiert wurde: Eine durchaus obszön-witzige Darstellung, bei der eine menschliche Figur, die Rückseite dem Betrachter zugewendet, in einer ebenfalls gymnastisch anspruchsvollen Übung sich so stark nach vorne beugt, dass sie ihren Kopf von vorne durch die geöffneten Beine durchsteckt und kopfüber durch ihre Beine hindurch den Betrachter anschaut. Was sich dabei ganz natürlich ergibt, ist der Umstand, dass der Hintern der

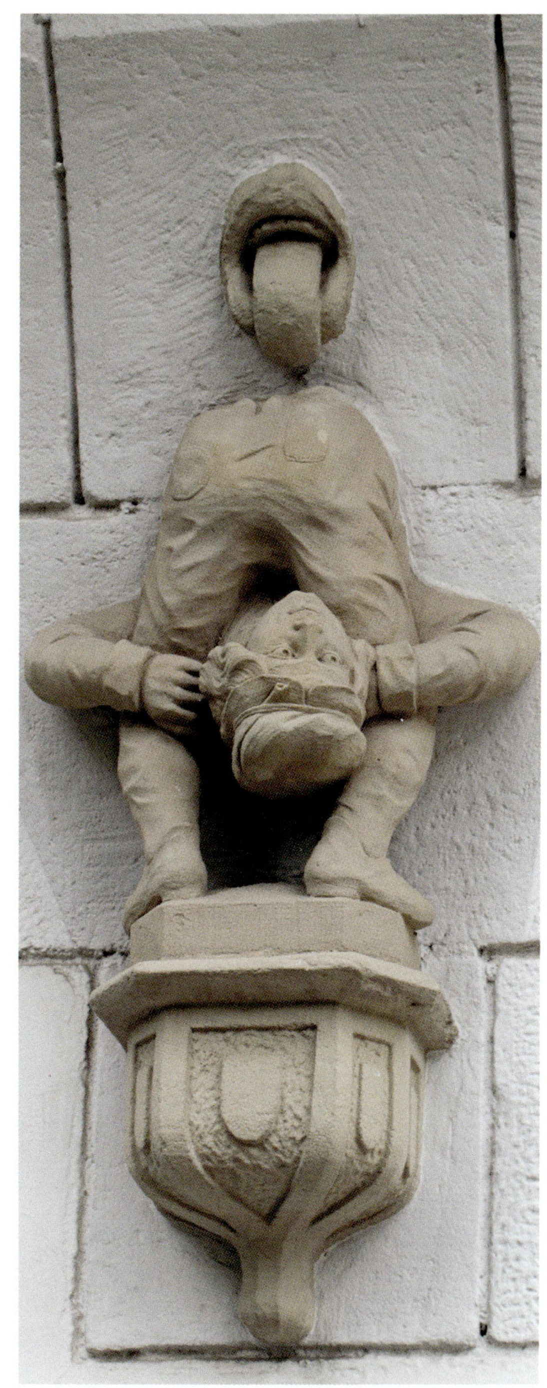

Abb. 254: Amalienstr. 7

Figur die exponiert oberste Stelle derselben einnimmt, vermutlich sogar ein genau so gewollter Effekt dieser Darstellung, denn von oben, direkt über dem exponierten Hintern der Figur, streckt sich durch einen Ring in der Mauer eine große Zunge hindurch, die sich sehr verdächtig in Richtung des Hintern der Figur bewegt.

Was es mit dem kuriosen und ein wenig unflätigen Hausschmuck auf sich hat, erläutert ein Artikel aus dem Fränkischen Tag vom 16. März des Jahres 1963: „‚Wer hier vorübergeht und am Hausbau etwas auszusetzen und zu meckern hat, kann herein und mich ...' Diese Worte schrieb Anno 1907 mit spitzer Feder der selige Anton Bosch in die Chronik des Hauses Amalienstraße 7. Und die gleiche Aufforderung ließ er für alle Zeiten in Stein hauen und in Gestalt zweier Maurersgesellen an die Hauswand heften. Wie die Bilder zeigen, gelang es ihm (resp. dem Künstler, der den Auftrag sintemal ausführte) ausgezeichnet: Der obere Bursche steht kopf, der untere weist keck seine Hinterfront. Die große steinerne Zunge darüber sagt alles. Wie die Überlieferung berichtet, soll der wackere Bürgersmann um die Jahrhundertwende mit seinen Bauplänen auf allerhand Schwierigkeiten gestoßen sein und sich solchermaßen gerächt haben. Allerdings musste er die Figuren, die sich damals an der Vorderfront des Hauses befanden, wegen Erregung öffentlichen Ärgernisses wieder entfernen. Seitdem schmücken sie die Hofseite." Glücklicherweise haben sich die beiden Figuren nur transloziert und gingen nicht verloren, anders als der erwähnte Schriftzug, der nicht mehr zu sehen ist. Auch wenn es sich hierbei selbstredend nicht um Masken im klassischen Sinne handelt, so ist das verbindende Element an dieser Stelle das Moment des Apotropäischen. Denn auch hier, im Jahr 1907 in der Bamberger Amalienstraße, sollte mithilfe von eigens dafür angefertigten Darstellungen Unheil abgewendet werden, auch wenn das Unheil in diesem Fall weniger in Dämonen und bösen Geistern, sondern im damaligen Bamberger Magistrat bestand, was eine nicht von der Hand zu weisende bemerkenswerte Idiosynkrasie aufweist. Letztere zeugt von Witz, Mut, Bürgerstolz, Widerständigkeit und einem freiheitlichen wie benevolenten Klima, das, wenn auch mittlerweile freilich etwas abgeschwächt, immer noch eine bis heute spürbare und liebenswürdige Qualität Bambergs visualisiert.

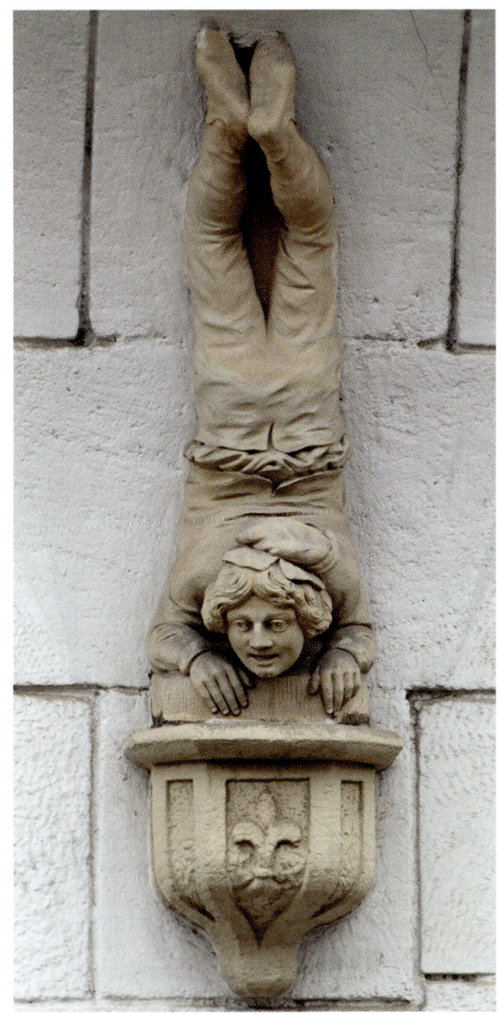

Abb. 255: Amalienstr. 7

17. Masken als Selbstdarstellung

Oben wurde versucht, die unterschiedlichen Funktionsweisen der Masken im Laufe der Zeit zu eruieren, denn eine Funktionsweise haben sie ausgehend vom magischen Denken und der apotropäischen Inanspruchnahme der Masken seit der Antike immer gehabt. Für die Zeit um 1900 wurde vorgeschlagen, die Funktionsweise der Masken in der spezifischen Modifikation der Selbstdarstellung zu greifen

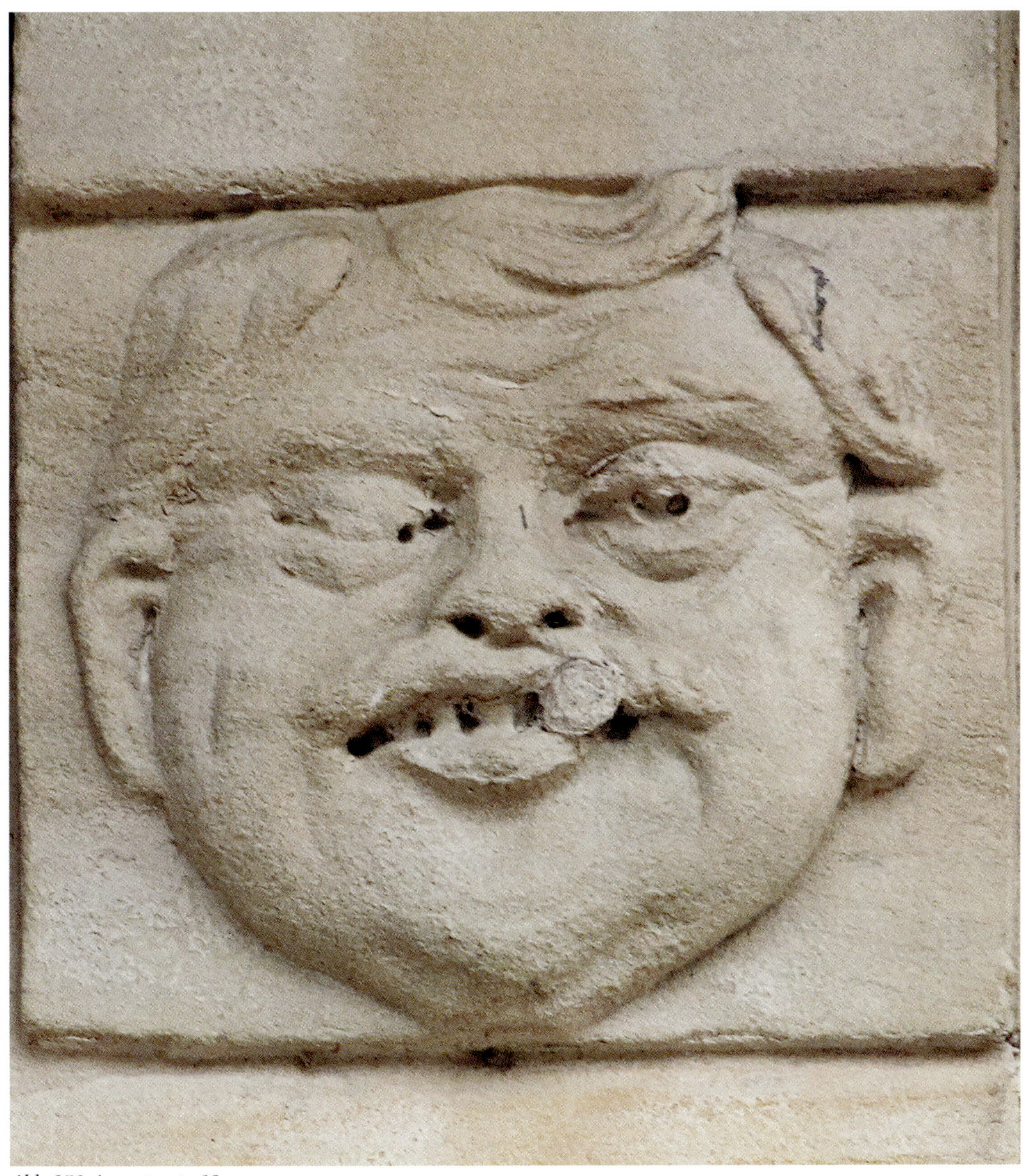

Abb. 256: Augustenstr. 18

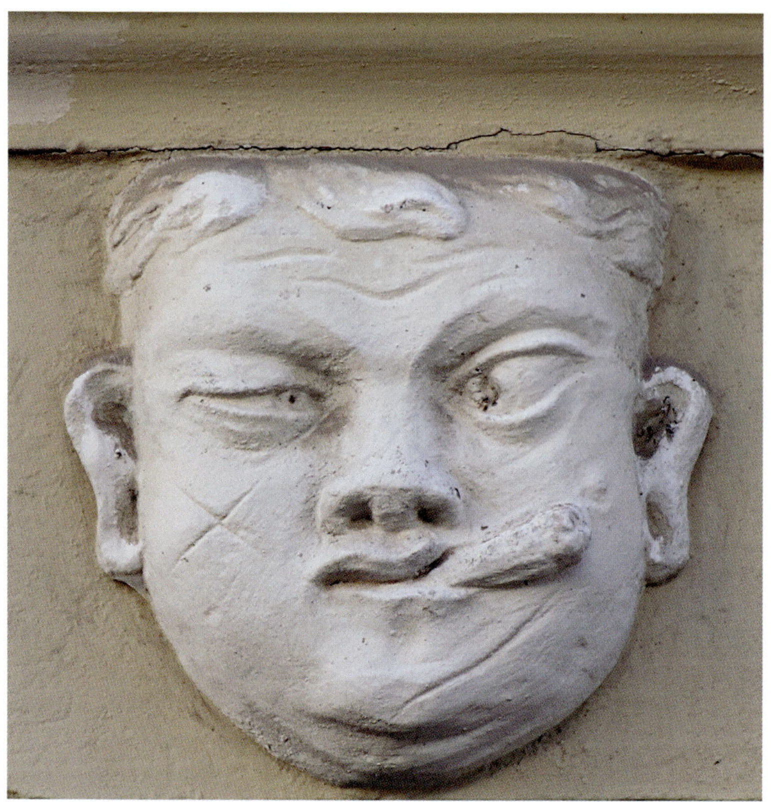

Abb. 257: Heiliggrabstr. 53

18 (Abb. 256) denkt. Das Haus Augustenstr.18, 1908 errichtet, ist ein repräsentatives Gebäude mit vier Geschossen und mehreren Bauteilen. Durch das Zurückbauen bestimmter solcher Gebäudeteile entstand im dritten Geschoss eine Art Erker, der zur Str. nseite wie zum Eingangsbereich hin gerichtet, rundum wie ein kleiner Wintergarten verglast ist, der zwar im Erdgeschoss baulich schon ein wenig angedeutet wird, sich aber erst in den oberen Bereichen wirklich erkennbar entfaltet. Am vorspringenden Sockel jenes kleinen Wintergartenerkers sind drei Konsolsteine angebracht, die optisch die gläserne Bekrönung halten, wobei jeder auf andere Weise ornamental gestaltet wurde. Die äußeren Konsolsteine sind mit floralem Dekor versehen, der mittlere trägt die uns interessierende Maske. Sie zeigt ein verwegenes Gesicht, annähernd kugelrund mit etwas prononciertem Doppelkinn, einen grobschlächtigen halb geöffneten Mund, in dem derbe, auseinanderstehende Unterkieferzähne erkennbar werden, und im rechten Mundwinkel hängt ein gedrungener Zigarrenstumpen, der leider im Lauf der Zeit etwas beschädigt wurde. Ein Schnurrbart auf der Oberlippe und zwei schielende, wässrige Triefaugen samt einem Paar Segelohren komplettieren den vierschrötigen Ausdruck.

– die ästhetische Selbstdarstellung von Bauherr, Hausherr oder Künstler hinsichtlich Geschmack, finanzieller Potenz, Gebildet- bzw. Gelehrtheit, Witz, Fantasie und dergleichen mehr, wovon die Masken in ihrer Erscheinungsweise Zeugnis abgeben sollen. Dies mag durchaus ein Punkt sein, über den man nachdenken kann und der vermutlich für viele der Bamberger Beispiele aus dieser Epoche auch zutrifft, man denke nur an Hauptwachstr. 13.

Es finden sich aber auch Masken aus dieser Zeit, bei denen der Begriff der „Selbstdarstellung“ im wörtlicheren Sinne verstanden werden kann, so etwa, wenn man beispielsweise an die beiden Masken in der Heiliggrabstraße 53 (Abb. 257) und der Augustenstraße

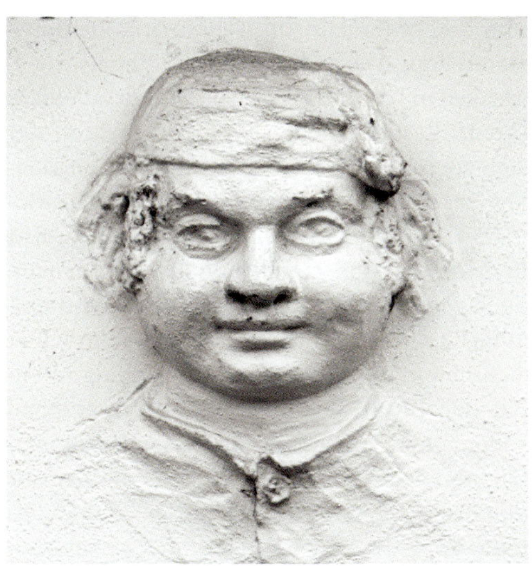

Abb. 258: Memmelsdorfer Str. 2d

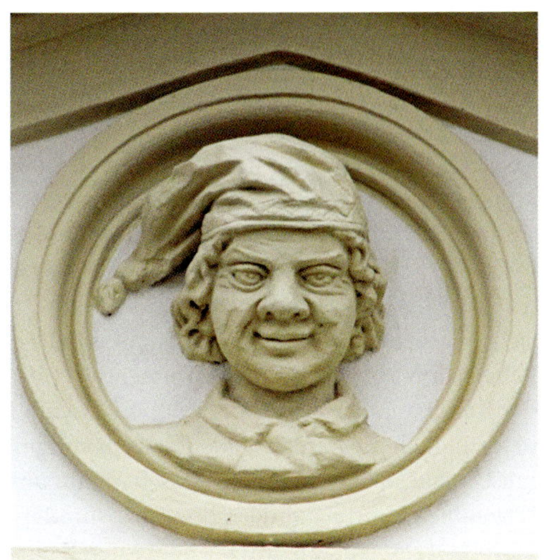

Abb. 259: Hainstr. 7

Fast scheint die Maske in der Heiliggrabstraße 53 das Spiegelbild der Augustenstraßen-Maske zu sein, denn auch hier schielt uns ein derber Kerl an, ebenso triefäugig wie der andere, wobei in beiden Fällen das vom Betrachter aus gesehen linke Auge wesentlich kleiner und verkniffener ist als das rechte, das bei dieser Maske wirkt, als wolle es überquellen und aus seiner Höhle heraustreten. Der Mund der Maske scheint weniger weit geöffnet, so dass man die Zähne sehen kann, und der Zigarrenstumpen weist nicht direkt nach vorne, sondern wächst schräg nach rechts oben aus dem Mundwinkel, weswegen er auch keine Beschädigungen aufweist. Diese Maske trägt zwar keinen Schnurrbart – dafür aber offenbar stattliche Narben an Wange und Kinn: Soll es sich möglicherweise dabei um Schmisse handeln, die bei den Kämpfen mit scharfen Klingen der schlagenden Studentenverbindungen vorkommen? Oder sind es vielleicht Arbeitsverletzungen – die Heiliggrabstraße liegt im Bamberger Gärtnerviertel, wo mitunter schwere Handarbeit zum täglichen Brot gehörte –, die sich der Hausherr bei seinem Tagwerk zugezogen hat? Die Segelohren erinnern wieder stark an die Augustenstraße-Maske, und insgesamt ist die Anmutung der beiden Gesichter so ähnlich, dass sie hier auch in einer gemeinsamen Besprechung genannt werden sollten.

Denkbar wäre, dass beide Masken voneinander abhängig sind – evtl. die Maske in der Heiliggrabstraße von der in der Augustenstraße? – und in bewusster Annäherung zueinander gestaltet wurden; allerdings bedarf die obige Überlegung, es könne sich um Selbstdarstellungen im wörtlichen Sinne handeln, einer Korrektur. Zwar ist es ohne Weiteres denkbar, dass jemand in etwa so aussieht, wie es die Masken wiedergeben, triefäugig, vernarbt und mit Zigarrenstumpen im Mundwinkel, doch scheinen die beiden Masken eher, ähnlich wie das barocke „Warzenweibla“ (Abb. 196), einer gewissen Hommage an die Hässlichkeit geschuldet zu sein. Denn zweifellos sind trotz des relativ großen Realismus jener beiden Masken die Stilisierungen an ihnen unverkennbar: Vielleicht ist in beiden Fällen die Selbstdarstellung als eine nicht ganz unsympathische Manier der Selbstironie zu verstehen?

18. Die Bamberger Brunnenmasken

Am Gabelmann, einem Renaissance-Brunnen an prominenter Stelle in der Bamberger Inselstadt, existieren am Sockel, der seiner Grundform nach ein variiertes Quadrat darstellt, an den jeweiligen Langseiten acht Masken, die sich angesichts ihres Alters relativ gut erhalten haben (Abb. 261). Den Brunnen errichtete 1566 der Kulmbacher Meister Jorg Walbergk, wobei ursprünglich die namensgebende Neptunfigur mit Dreizack (= „Gabelmann") noch nicht zum Ensemble gehörte, sondern erst über hundert Jahre später dazukam und bis heute den Brunnen dominiert. Die erwähnten Masken ähneln sich ihrer Grundform nach stark, weisen aber genauer betrachtet im Detail dann doch jeweils Unterschiede auf. Als Typus handelt es sich hierbei um Blattmasken, wobei das gut erkennbare Gesicht rundum stark von Blattwerk umgeben ist und eine deutliche vertikale Betonung aufweist, was diesen Masken ein längliches Aussehen verleiht. Auffällig sind die mitunter überlangen Zungen, die die vertikale Anmutung und Akzentuierung nochmals unterstreichen.

Wie oben bereits herausgestellt, changieren die Renaissance-Masken, der Zeit entsprechend, zwischen teils noch tatsächlich magischem Denken und teils beginnender rationaler Durchdringung der Wirklichkeit – das schlägt sich anschaulich im Umgang mit den Apotropaia bei der Umsetzung der Masken nieder. Die Schöne Pforte bot hierfür bereits Anlass, dieses Moment zu erläutern. Auch hier am Gabelmann oszillieren die Masken zwischen offenbar ernst gemeinten magischen Aspekten, denn ihr Ausdruck kann durchaus als grimmig bezeichnet werden, was allemal durch die Augen- und Mundpartie jener acht Einzelmasken deutlich wird, sowie einer gut erkennbaren und gekonnten künstlerischen, ornamentalen Darstellungsweise. Der Reiz der Renaissance-Masken in Bamberg liegt somit nicht zuletzt in ihrem diesbezüglichen Zwittercharakter, der sich sowohl noch dem alten magischen Denken als auch dem anbrechenden neuen rationalen Weltbild verpflichtet fühlt. Somit ist es denn gewiss kein Zufall, dass der Brunnen am Sockel fast komplett umstellt, annähernd umzingelt ist von den acht Masken, die durch ihre signifikante apotropäische Umsetzung offenbar den Brunnen beschützen und bewachen sollen, denn Wasser war damals äußerst kostbar, und wenn Verunreinigungen oder gar Gift den Brunnen kontaminiert hatten, konnte dies katastrophale Auswirkungen für die Bevölkerung haben. Es war derzeit nicht bekannt, dass

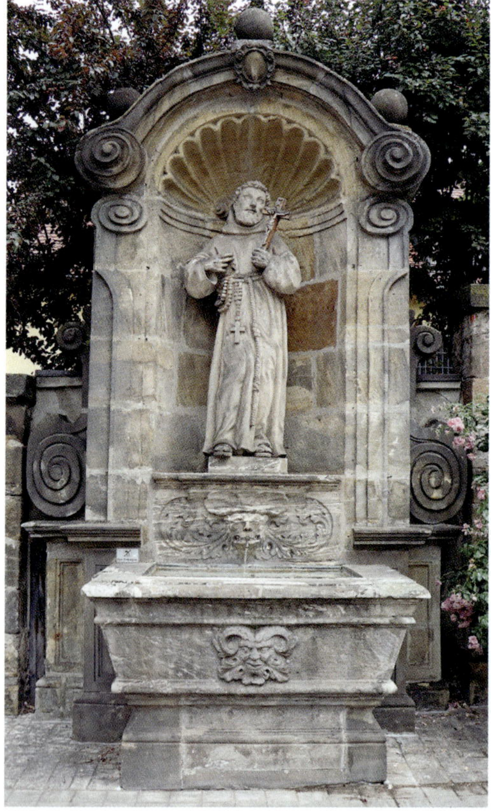

Abb. 260: Obere Sandstraße

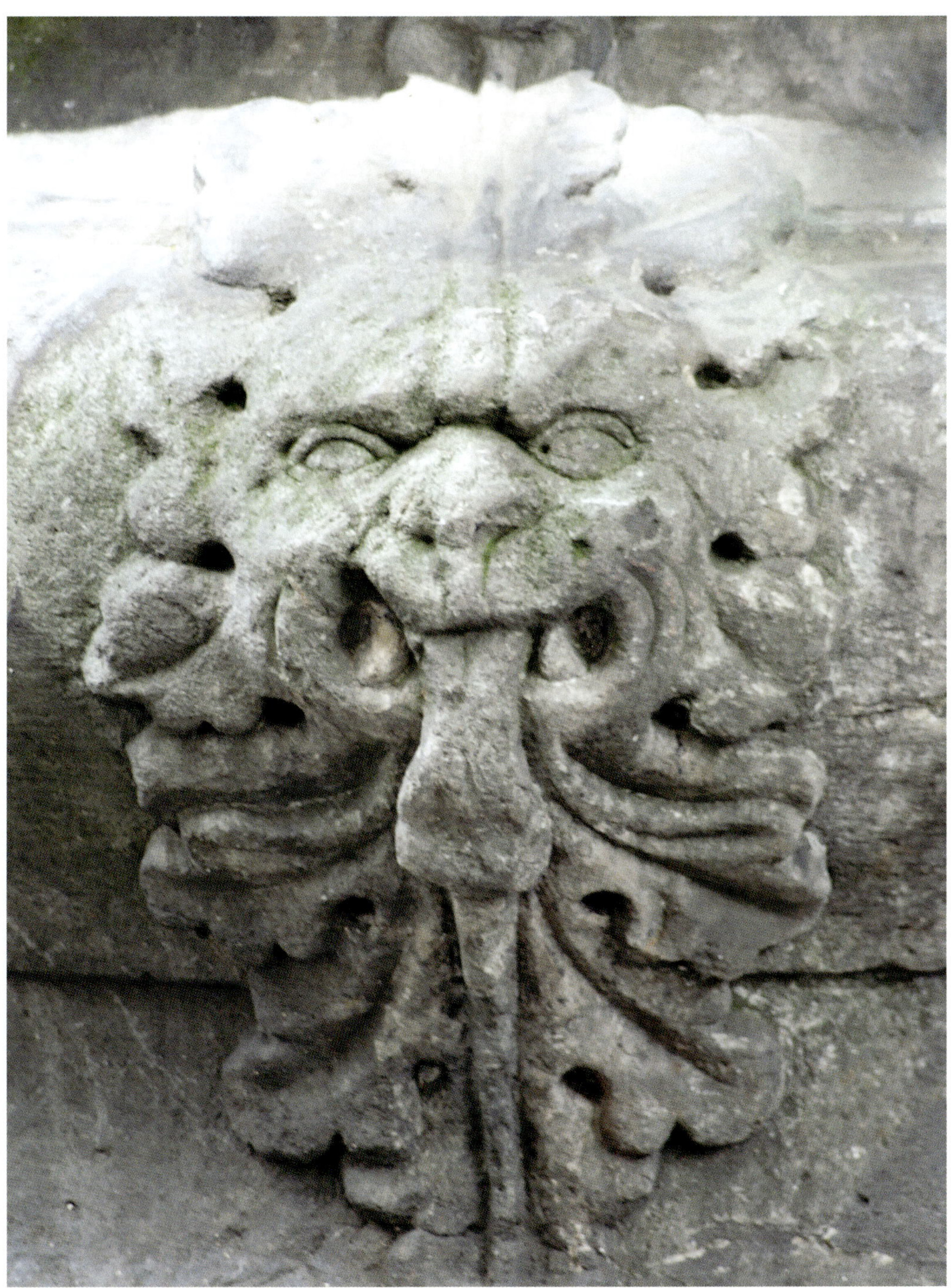

Abb. 261: Grüner Markt, Neptunbrunnen

man Wasser nur abzukochen braucht, um es auch mit gesundheitsgefährlichen Verschmutzungen problemlos genießbar zu machen, weswegen man peinlich darauf achten musste, dass mit dem Brunnen, sofern er Trinkwasser führte, nichts passierte, was möglicherweise tödliche Folgen für die Bevölkerung hätte haben können. Aus diesem Grund hat man den Brunnen mit den Masken und ihren apotropäischen Merkmalen zu beschützen versucht. Letzteres ist angesichts erwähnter Situation als durchaus ernst gemeint zu verstehen, weswegen auch hier zumindest partiell noch aufrichtiges magisches Denken in Form der magisch wirksamen Apotropaia zur Anwendung kam. Zugleich aber war das magische Denken ästhetisch auch spürbar gebrochen, so ganz und gar dachte man sicherlich dann doch nicht mehr magisch, weswegen das Ornamentale dieser Blattmasken (die ohnehin immer eine dezidiert ästhetische Ausrichtung haben, wie ihre Entwicklung in der hellenistischen Antike bereits deutlich macht) unverkennbar ausgeprägt ist. Aber wie es scheint, traute man der aufkommenden Rationalität nicht in jeder Hinsicht, weswegen es auch nicht schaden konnte, das alte magische Denken und die entsprechenden Apotropaia zu bemühen.

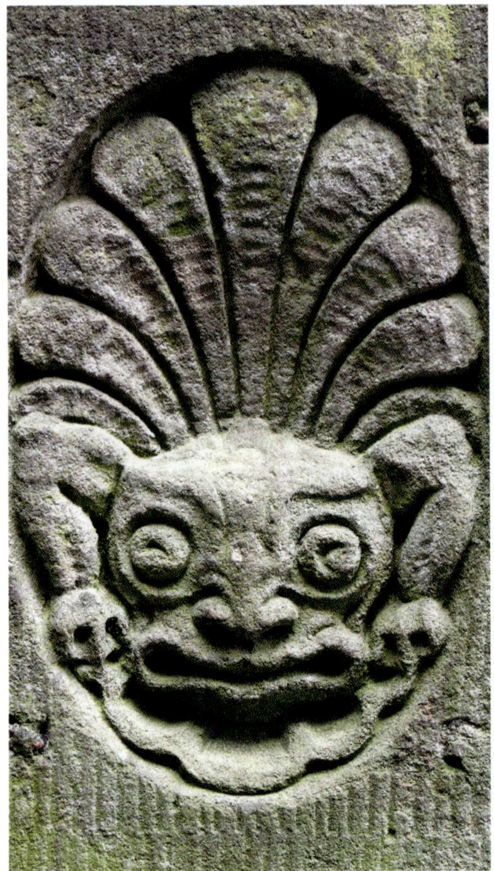

Abb. 262: Karmelitenplatz

Deutlich in Richtung Ästhetisierung, Zurückdrängung des magischen Denkens und den damit zusammenhängenden Kontext zeigt sich ein anderer Bamberger Brunnen mit gut erkennbaren Masken, der heute in der Oberen Sandstraße neben der Elisabethkirche steht (Abb. 260). Ursprünglich am Kapuzinerkloster angebracht, war er als Franziskusbrunnen bezeichnet worden. 1698 schuf der Bildhauer Johann Kaspar Metzner dieses Objekt, das mit zwei schönen Barockmasken – beides Varianten von Blattmasken – verziert wurde. Zum einen spuckt eine Maske direkt unter den Füßen der Franziskusplastik aus einem Metallrohr das Brunnenwasser in das steinerne Brunnenbecken, welches seinerseits nach vorne hin eine Maske trägt. Obwohl die obere Maske mit durchgehend dreieckigen Reißzähnen den Betrachter anfletscht, mildern die großen und flügelartigen, virtuos geschwungenen Akanthusblätter an den Seiten der Maske stark den Eindruck, und auch die muschelartige Kopfbedeckung unterstreicht diese Anmutung. Trotz gezeigter Aprotropaia und gewollt Furcht einflößender Bebilderungen überwiegt bei dieser Maske fraglos der ästhetische, schmückende Charakter, wodurch die ausgearbeiteten Apotropaia (vorrangig hier das Zähnefletschen) fast ein wenig humoristisch wirken. Die etwas kleinere Maske am Brunnenbecken weist so

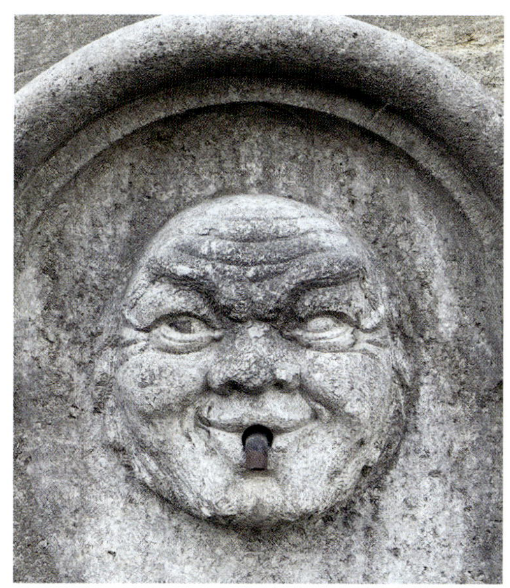

Abb. 263: Michelsberg 10

Bestandteil der Stadtbebauung angebracht, als reine Zier- und Schmuckformen verstanden werden, die zwar als eine Art der Zitation älterer Zeiten und deren magischem Denken erscheinen, aber eben nur noch als Zitat, das die ursprünglich apotropäische Funktion der Masken in launige und ästhetische Ornamente transformiert hat.

Erwähnt sei an dieser Stelle noch, dass sich auch am Brunnen des Karmelitenplatzes (Abb. 262), am Brunnen auf dem Michelsberg (Abb. 263) sowie am Luitpoldbrunnen am Maxplatz (Abb. 264) und in der Concordiastraße Masken nachweisen lassen, womit mindestens sechs Brunnen in Bamberg mit Masken ausgestattet sind.

gut wie gar keine echten apotropäischen Momente auf, die Augen sind normal geöffnet, der Mund ist geschlossen und ein wenig asymmetrisch, während die umrankenden Blätter an bestimmten Stellen wie üppig gewelltes Haar und ein wohlgetrimmter Bart erscheinen. Die beiden Barock-Masken am Franziskusbrunnen führen einen anschaulichen Kontrast zu den Renaissance-Masken am Gabelmann vor Augen, wo die schon in der Renaissance erkennbare Tendenz zur Zurückdrängung des magischen Denkens und der entsprechend ausgearbeiteten Apotropaia nun weiter gesteigert wird und so gut wie vollständig das magische Denken hinter sich gelassen hat, was an der konkreten Ausarbeitung der Masken gut sichtbar wird. So können sie, obwohl an einem Brunnen und damit einem sensiblen und lebensnotwendigen

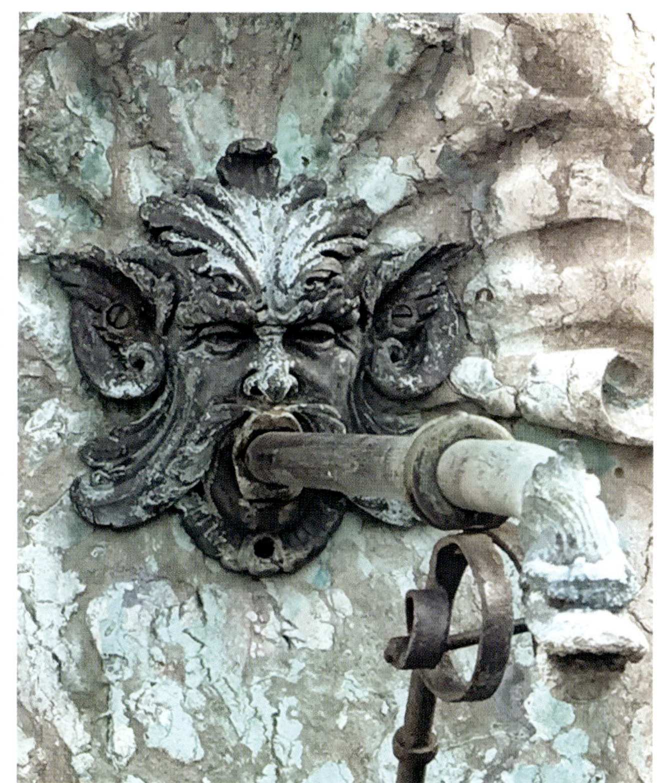

Abb. 264: Maximiliansbrunnen am Maxplatz.

19. Die Maske von Johann Jakob Erlwein

Der bayerische Architekt und Baubeamte Johann Jakob, genannt Hans Erlwein – wir sind ihm in obigen Ausführungen bereits als Stadtplaner begegnet (vgl. S. 93) – hat in Bamberg nicht nur einige große und bekannte Gebäude – wie etwa den Schlachthof (Abb. 265), die heutige Luitpoldschule (Abb. 266) oder auch das ehemalige Elektrizitätswerk, mittlerweile von der VHS Bamberg Stadt genutzt (Abb. 267) –, sondern auch einige sehr launige Masken hinterlassen, die hier gemeinschaftlich besprochen werden sollen. Am bekanntesten in diesem Zusammenhang ist vermutlich die Maske auf dem Klohäuschen an der Promenade 3. Gestaltet im typischen Bamberger Erlwein-Stil, ist das Klohäusl aus dem Jahr 1904 vornehmlich in Gelb und Weiß gehalten, mit relativ viel Ornamentik versehen, insgesamt verspielt, und mit harmonisch sich fügenden Asymmetrien weist es an der Seite des „Frauen-Eingangs" über dem oktogonalen Fenster, bekrönt mit einer eigenen Blechbedachung, eine Art Lünette auf, die eine sehr expressive Blattmaske trägt (Abb. 268). In klassisch apotropäischer Manier reißt sie Maul und Augen weit auf, die Zunge zwar nicht förmlich gebleckt, aber durch den enorm aufgesperrten Mund so gut sichtbar, dass es auf den Betrachter wirkt, als sei dies bereits geschehen. Die Augenbrauen verdichten sich zur Nasenwurzel hin, was einen spezifischen Ausdruck erzeugt, und insgesamt lässt sich das Exemplar nicht unmittelbar als witzig oder freundlich ansprechen, sondern vielmehr als abweisend und vielleicht sogar nicht nur nach außen hin abschreckend, sondern auch selbst ein wenig innerlich erschrocken, apotropäisch im transitiven wie intransitiven Sinn. Möglicherweise – sollte Letzteres zutreffen – wäre die Maske als ein ganz besonders witziges Beispiel der Bamberger Jugendstil-Masken in sehr mittelbar-indirekter, aber damit ausgesprochen geistreich-humoristischer Manier zu qualifizieren. Rührt der erschrockene, empörte Gesichtsausdruck der Klohäuslmaske vielleicht daher, weil sie gerade etwas unter den olfaktorischen und akustischen Belästigungen zu leiden hat, die sich naturgemäß in so einem Klohäusl abspielen, was ihren speziellen Gesichtsausdruck verständlich machen würde, der in der Tat etwas von Entrüstung und

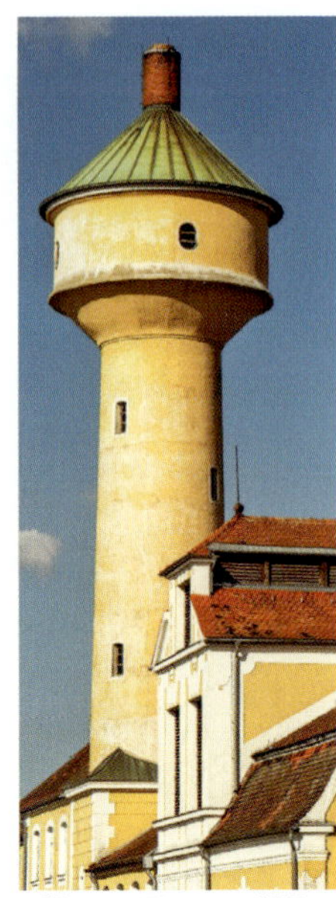

Abb. 265: Heiz- und Wasserturm des Bamberger Schlachthofes.

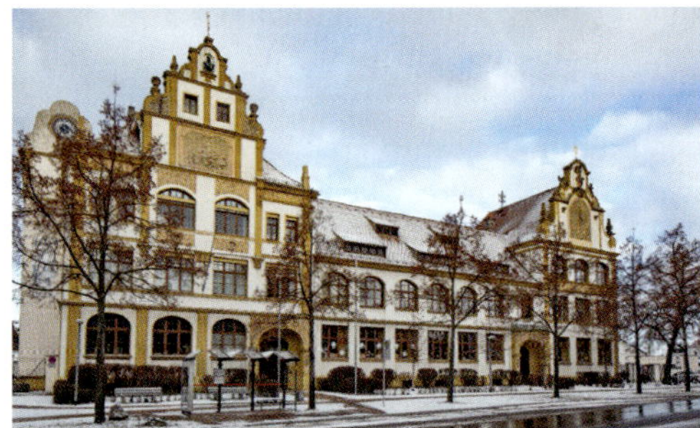

Abb. 266: Die Bamberger Luitpoldschule.

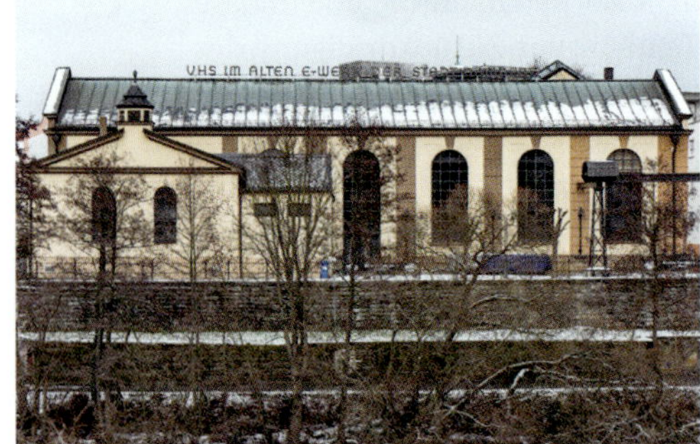

Abb. 267: Die Bamberger Volkshochschule im Alten E-Werk.

Beschwerde an sich hat? Die beiden Erlwein-Masken an der heutigen VHS, Trankgasse 4, das Gebäude wurde 1901/02 errichtet (Abb. 269 / 268), sind demgegenüber relativ konventionell gearbeitet, eine Löwenmaske mit Türklopferring im Maul, klar und ungebrochen apotropäisch mit gefletschten Zähnen, rollenden und grimmig blickenden Augen. Dazu eine halbe Blattmaske, deren unterer Bereich in eine Texttafel übergeht und die untrennbar mit Voluten verschmilzt, womit ihr Charakter als typische Zierform betont wird, zumal auch sie einen klaren emotionalen Ausdruck ausstrahlt, was so gut wie immer ein wenig zur Erheiterung des Betrachters beiträgt. Die Luitpoldschule in der Memmelsdorfer Str. 7a aus den Jahren 1899/1901 trägt je eine mächtige Maske als Schlussstein über den beiden Haupteingängen, die sich sehr ähneln (Abb. 270 / 271). Das ganze Gebäude wurde im Stil des Neubarock errichtet, auch erkennbar an den beiden Masken, die als Imitationen oder Zitationen barocker Masken verstanden werden können. Die Schlusssteinmaske über dem linken Portal trägt den Schriftzug „Sich regen – bringt Segen" und hat ein durchaus furchterregendes Aussehen: Grundsätzlich eine Blattmaske mit einigen ornamentalen Anteilen im Wangenbereich und weit aufgerissenem, aber nicht übermäßig angespanntem Mund (die Amorbögen wölben sich deutlich nach oben), in dem die Eck- wie Vampirzähne gestaltet sind, was unbestritten etwas unheimlich wirkt. Die Zunge ist zum Blecken bereit und leicht an den Seiten gerollt, besonderer Wert wurde auf den Augenbereich gelegt: Die buschigen Brauen, Nasenwurzel, große Teile der Nase selbst und die Außenbereiche der Augen sind stark

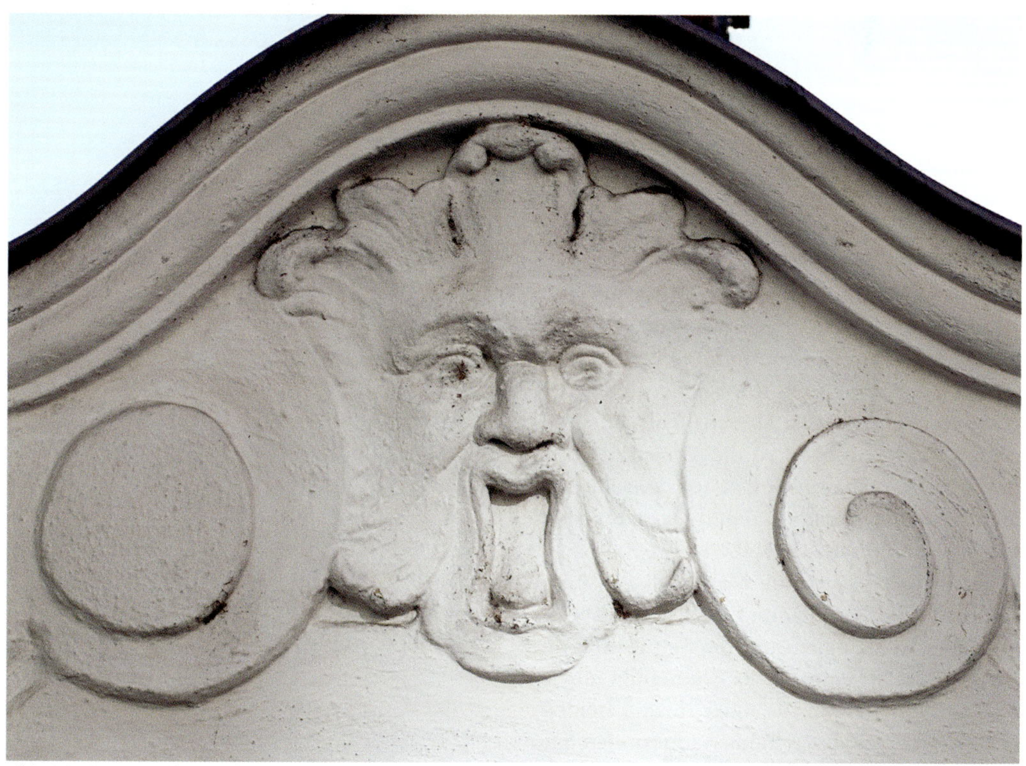

Abb. 268: Promenadenstraße

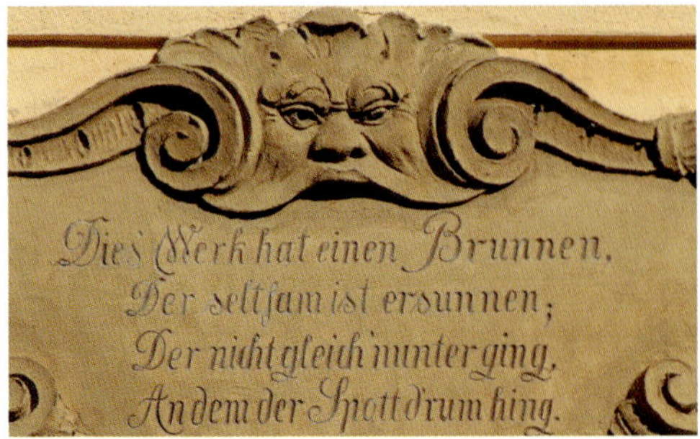

Abb. 269: Tränkgasse 4

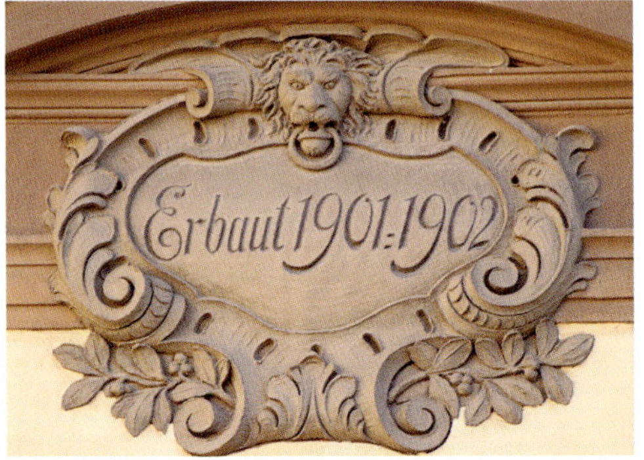

Abb. 270: Tränkgasse 4

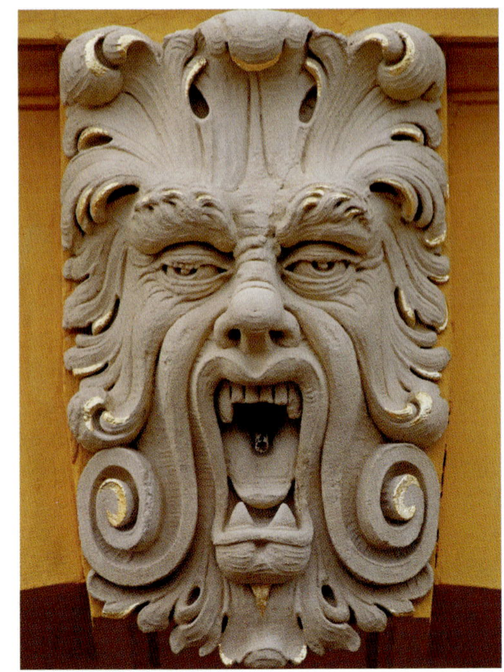

Abb. 271: Memmelsdorfer Str. 7a, Luitpoldschule

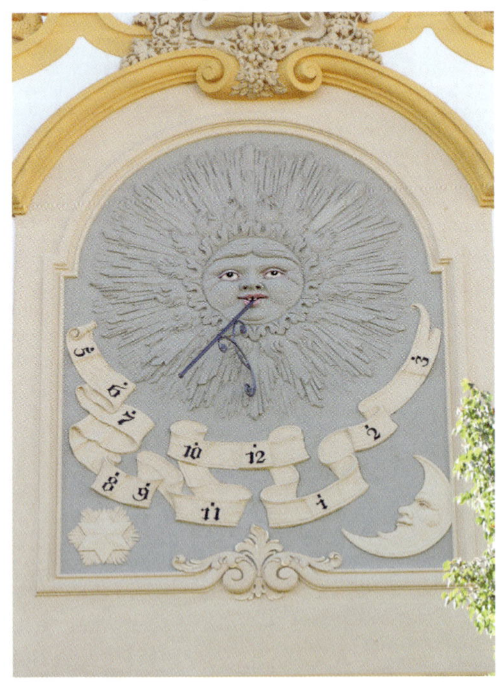

Abb. 272: Memmelsdorfer Str. 7a, Luitpoldschule

gekräuselt und in Falten gelegt, die Lider und Tränensäcke sind ebenfalls sehr runzelig, und die Pupillen scheinen einen zu fixieren. Der Gesamtausdruck ist damit schon spürbar abschreckend und in solcher Intensität für eine Grundschule vielleicht ein wenig ungewöhnlich, vermutlich soll aber damit auf eine überspitzte und somit auch ironische Weise – die einigermaßen trivialen Sinnsprüche scheinen dies zu verdeutlichen – die Ernsthaftigkeit des Schulwesens angedeutet werden. Für die Schlusssteinmaske über dem rechten Eingang gilt cum grano salis dasselbe wie soeben ausgeführt. Nur die um die Maske angebrachte Inschrift differiert: „Ohne Fleiss – kein Preis“ und weist damit auch auf die Schulsituation hin. Weitere Masken auf der Sonnenuhr sowie dieselbe flankierend als auch in den beiden Giebelbereichen der Schaufassade runden das Ensemble der Masken an diesem Gebäude ab.

20. Die Masken der Ottokirche

Die Kirche St. Otto in der Siechenstraße 61, erbaut zwischen 1912-1914 von Otho Orlando Kurz, trägt an der Fassade, dem Turm und größeren Bereichen der Fassadenflanken viele relativ große plastische Ornamente (Abb. 273). Man entdeckt stolze Engel, grimmige teuflisch-dämonische Figuren und auch etliche Masken (Abb. 275–277). Am großen Turm sind unter dem Uhren-Geschoss einige große stehende Engel angebracht, die sich rund um den Turm ziehen, unter ihnen, gleichsam als

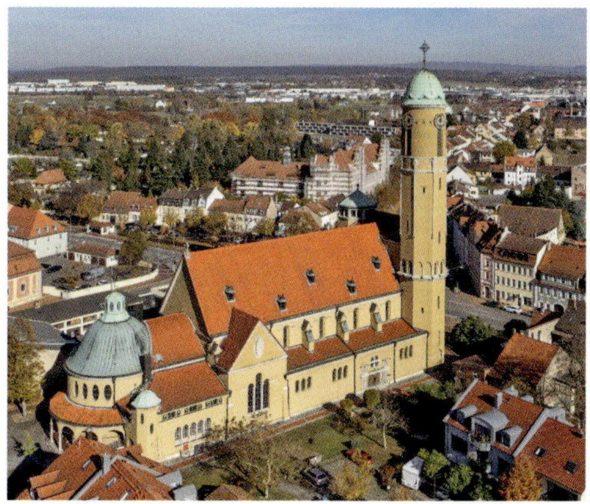

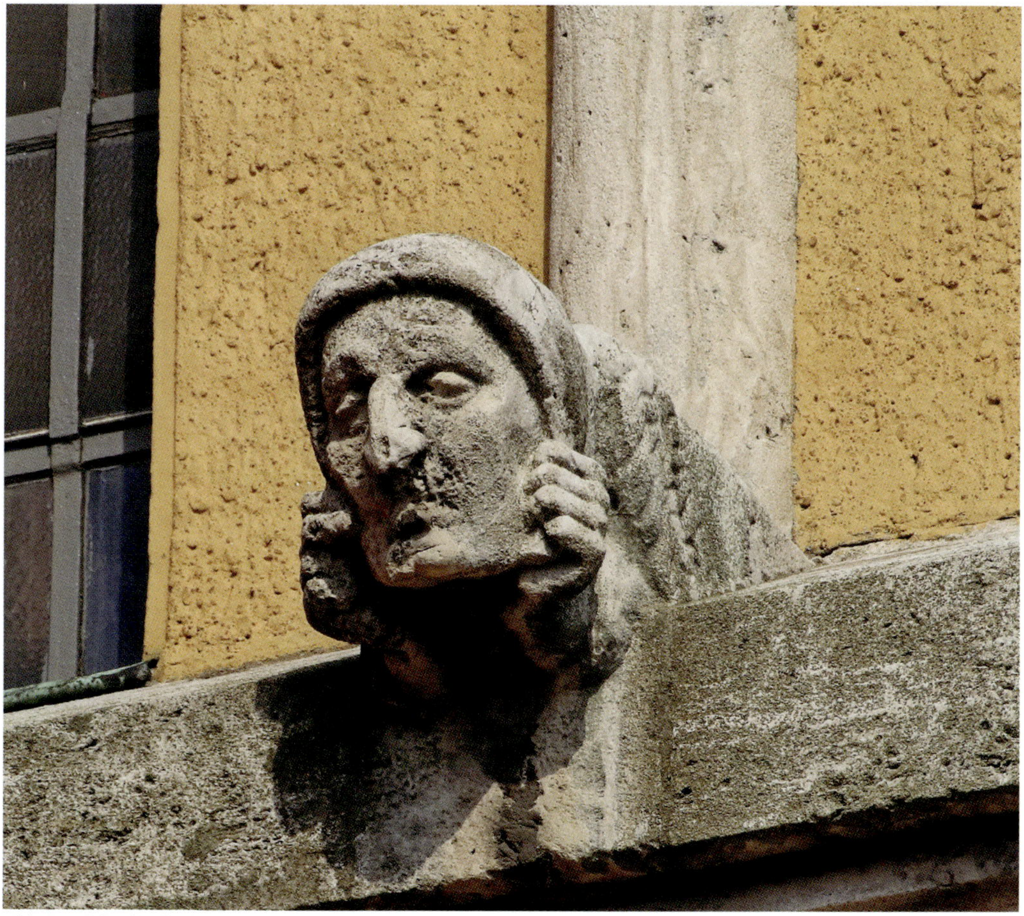

Abb. 273: Pfarrkirche St. Otto in Bamberg, Luftaufnahme.

Abb. 274: Pfarrkirche St. Otto.

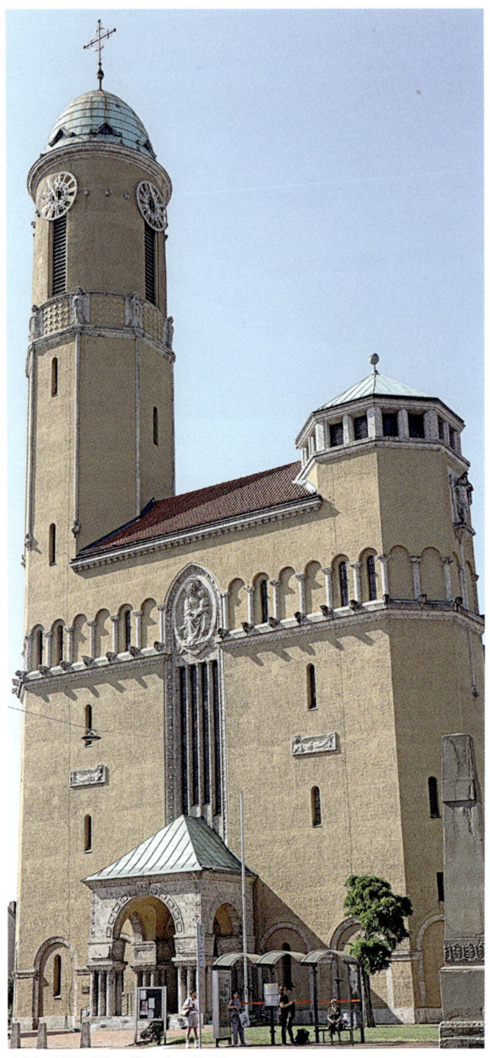

Abb. 275: Pfarrkirche St. Otto.

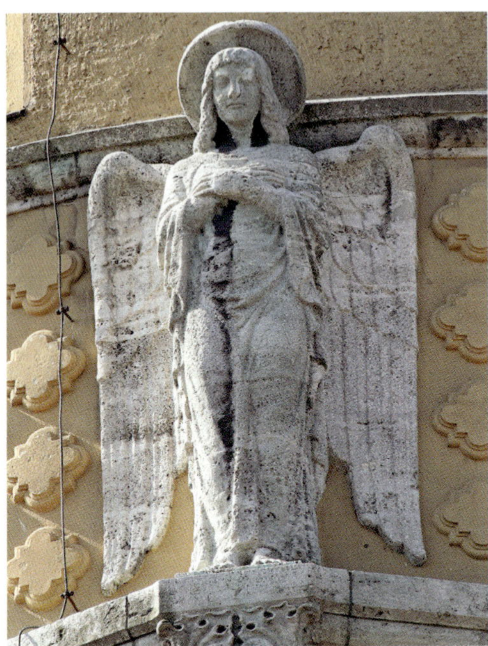

Abb. 276: Pfarrkirche St. Otto.

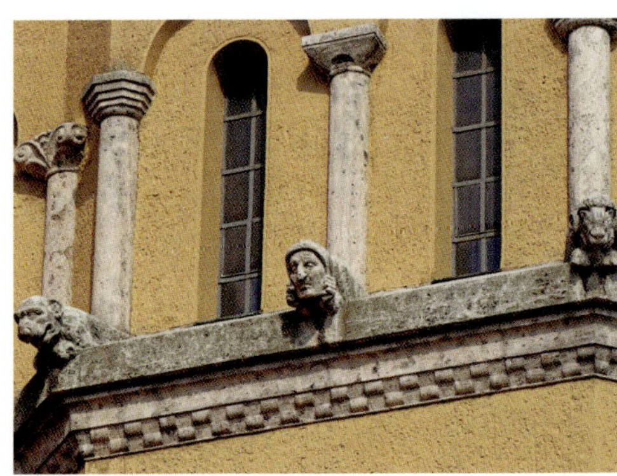

Abb. 277: Pfarrkirche St. Otto.

weit nach unten gezogene Konsolen, kauern hockend dämonische Figuren mit Teufelshörnchen, Bocksbein und stark heruntergezogenen Mundwinkeln, die (man fühlt sich an entsprechende mittelalterliche Vorbilder erinnert) von den Streitern Gottes überwunden wurden, was vermutlich ihre griesgrämige Erscheinungsweise erklärt (Abb. 274). Quer über die massive Fassade, etwa auf der Höhe, bei der man im Kontext von gotischen Kathedralen von einer Königsgalerie sprechen würde, ziehen sich verschiedene Masken, die eine große Marienmandorla flankieren und ebenfalls in der Manier von Konsolen gefertigt wurden, da sie den unteren Abschluss der runden Arkadenbögen darstellen.

Es handelt sich hierbei um waagrecht nach vorne gerichtete Liegefiguren, die kurz nach dem Gesims in explizite Masken auswachsen,

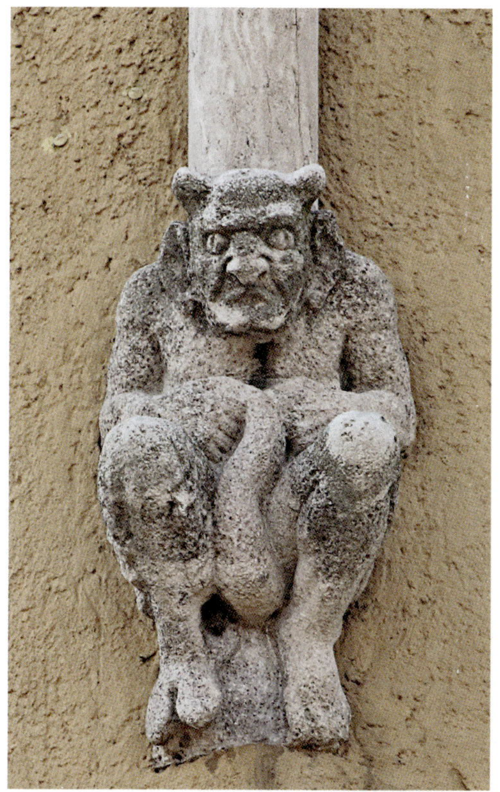

Abb. 278: Pfarrkirche St. Otto.

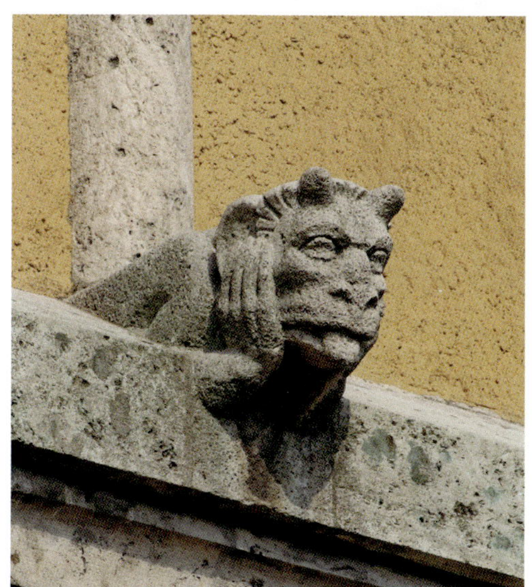

Abb. 279: Pfarrkirche St. Otto.

deren Köpfe vollplastisch ausgearbeitet wurden und die meist auch noch entsprechend gearbeitete Teile von Hals und Schulterpartie bzw. Oberkörper aufweisen, wobei die sorgfältig gestalteten Gesichtspartien en face erscheinen (Abb. 278). Selbstredend sind diese Masken als Zitate von vor allem mittelalterlichen Kirchenmasken zu verstehen – wie die Ottokirche insgesamt eine durchaus geglückte architektonische Synthetisierung verschiedener mittelalterlicher wie zeitgenössischer Baustile darstellt –, in dem Fall allein dadurch ersichtlich, dass die Masken am Außenbau der Kirche befestigt und dadurch eher als von der Kirche ausgestoßene Wesen zu deuten sind. Und in der Tat, betrachtet man sie genauer, weisen sie, mit einem durchaus auch humoristischen Aspekt manchmal Gesten der Verzweiflung auf, etwa ein in die Hände gestützter bzw. von denselben umfasster Kopf mit traurigem Gesicht – hängenden Mundwinkeln und Augenpartien – und umhüllender Kapuze, aber auch Tier- wie Hündchen- und Widdermasken sind dort erkennbar.

Eine ziemlich eindeutige, ebenfalls als dämonische Maskenfigur erkennbare Plastik mit Teufelshörnchen, platter Nase und etwas lustlos gebleckter Zunge hat ihren Kopf ebenfalls resigniert in die Hände gelegt, was insofern einen wirklich humoristischen Touch bekommt, als trotz der offensichtlichen Niedergeschlagenheit und Lustlosigkeit jenes Dämons er immer noch, wenn auch, wie es den Anschein hat, bloß pro forma, aber eben faktisch sein apotropäisches bzw. dämonisches Werk des Zungenbleckens vollzieht (Abb. 279).

Mit dieser Galerie von Masken an der Ottokirche dürfte es sich vermutlich um die zahlreichste Umsetzung von Masken an einer modernen Bamberger Kirche handeln (vgl. hierzu auch die Portale der Heinrichskirche).

21. Die Masken des Wallensteinhauses

In der Langen Str. steht mit der Hausnummer 3 ein imposantes Gebäude, das mit drei Stockwerken sowie einem großen Satteldach mit auffällig gestaltetem Treppengiebel realisiert wurde. Die ältesten Teile des Hauses gehen vermutlich noch auf das 15. Jahrhundert zurück und haben dann offenbar später eine Umgestaltung als repräsentatives Bürgerhaus erfahren, wohingegen sein heutiges Erscheinungsbild, vor allem die traufseitige breite Schauseite, auf die Jahre 1715/1717 zu datieren ist (Abb. 280). Das Gebäude wurde derzeit vom damaligen Domdekan Carl Sigismund von Aufseß erworben – einwandfrei an dem Wappen ersichtlich, das man über dem großen Portal, von Löwen getragen und mit einem kunstvollen Schwungbogen bekrönt (Abb. 282), erkennen kann –, der das Haus, wahrscheinlich nach eigenen Plänen umgestalten ließ. Über erwähntem Schwungbogen ist eine etwa lebensgroße Hausfigur angebracht, eine Immaculata (unbefleckte Empfängnis Mariens), die dem Bildhauer Johann Leonhard Gollwitzer zugeschrieben wird, der auch die Kreuzigungsgruppe auf der Oberen Brücke geschaffen hatte. Laut einer Inschrift hat in ebendiesem Haus anno 1612 der Feldherr Albrecht Wallenstein für vier Tage (vom 4.-7. Oktober) gewohnt, weswegen es von der Bamberger Bevölkerung auch als „Wallensteinhaus" bezeichnet wird, obwohl es eigentlich „Haus zum Saal" heißt.

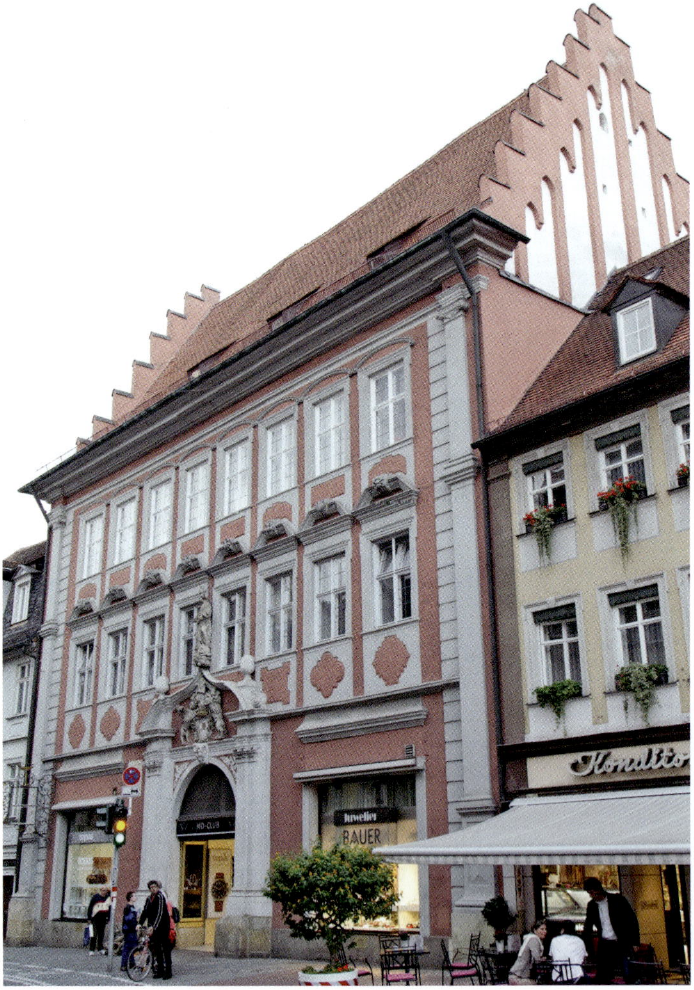

Abb. 280: „Haus zum Saal", Lange Str. 3 in Bamberg.

Unterhalb der Fenster des zweiten Stocks sind ornamentale Eckbögen angeschlossen, die einige Zierelemente aufweisen: U. a. vier relativ freundlich dreinblickende Blattmasken, die symmetrisch die acht Fenster gliedern (Abb. 282–286) und alternierend mit kunst-

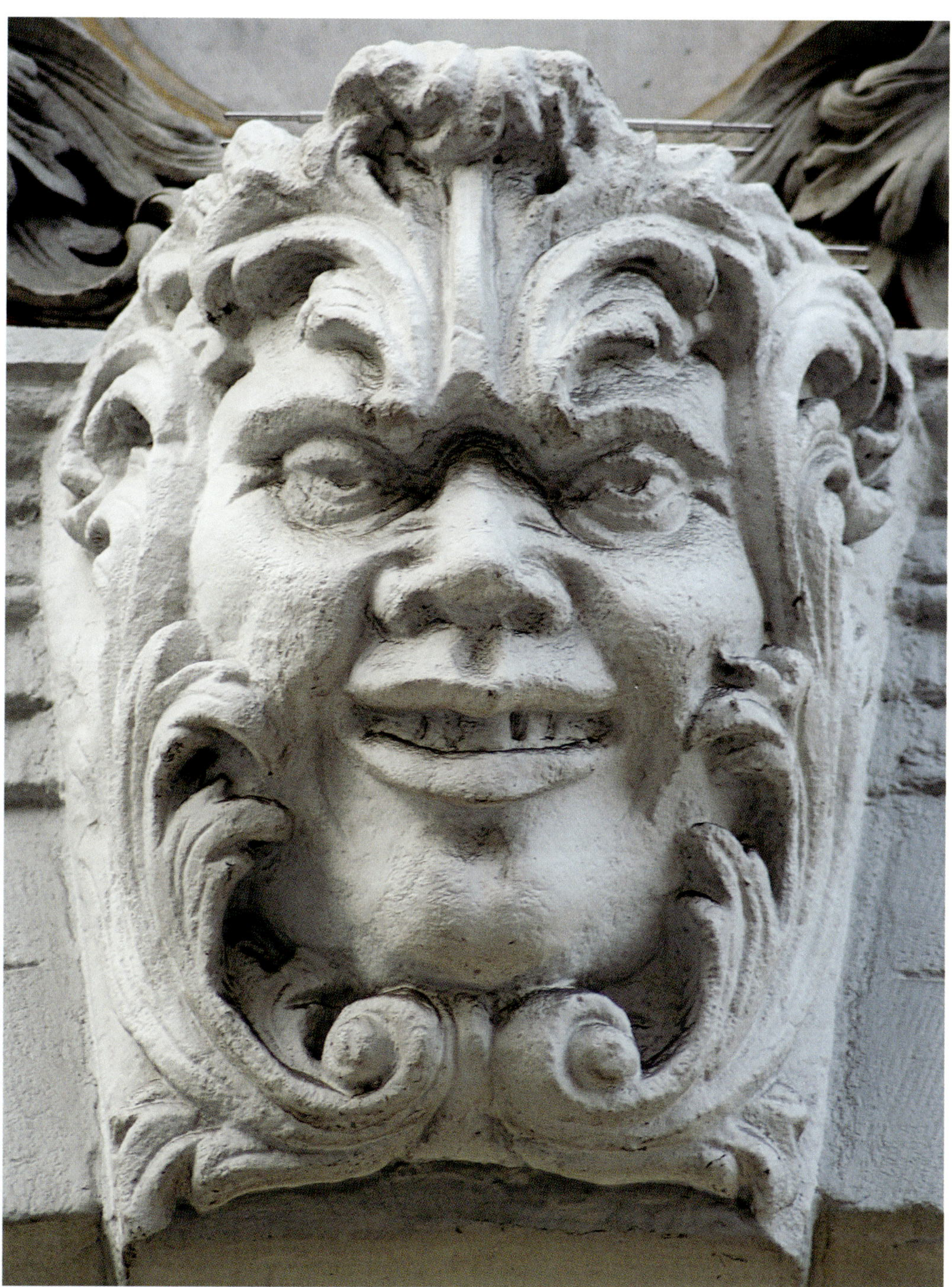

Abb. 281: Lange Straße 3

vollem Blattwerk wechseln, das z. T. selbst fast wie Masken wirkt (vgl. hierzu das Phänomen der Pareidolie, S. 75). Die vier Blattmasken sind vom Grundtypus her sehr ähnlich gearbeitet, zeigen aber im Detail Variationen auf, sie blecken nicht ihre Zunge, fletschen keine Zähne und rollen auch nicht ostentativ mit den Augen, weswegen man hier so gut wie keine apotropäischen Merkmale feststellen kann und daher erwähnten freundlichen Ausdruck gewahrt. Allerdings gibt es noch als Eckstein des großen Torbogens eine einzelne stattliche Maske, die an diesem Ort das vorrangige Masken-Highlight darstellt (Abb. 281). Sie ist grundsätzlich auch eine Blattmaske, was vor allem. an der Stirnpartie und den Gesichtsflanken deutlich wird, aber primär als gut erkennbares, physiognomisch interessant gestaltetes Gesicht gearbeitet. Obgleich keine expliziten Teufelsattribute erkennbar sind, wie Teufelshörner oder Ziegenbart usw., wirkt die Maske auf eine eigentümliche, psychologisch-humoristische Weise irgendwie diabolisch, was wohl auf ihr sehr spezielles Grinsen zurückzuführen sein dürfte. Betrachtet man dasselbe genauer, so findet man, dass es sich dabei um ein nachgerade klassisches sardonisches Grinsen handelt; wobei die Mundwinkel leicht, aber unzweideutig nach oben gezogen sind und die obere Zahnreihe auf breiter Front entblößen, was zwar nicht die Anmutung eines echten Fletschens hat, aber dennoch die Zähne sichtbar macht. Besonders aber wird der Eindruck des Sardonischen durch die sehr stark nach innen zusammengezogenen Augenbrauen erweckt, die hauptsächlich zur Nasenwurzel hin als dickes Blattwerk umgesetzt sind, wodurch etwas Sinisteres und Aggressives auftaucht, durch den fast als schön zu bezeichnenden Mund mit vollen und geschwungenen Lippen jedoch in ein anderes Licht gerückt wird.

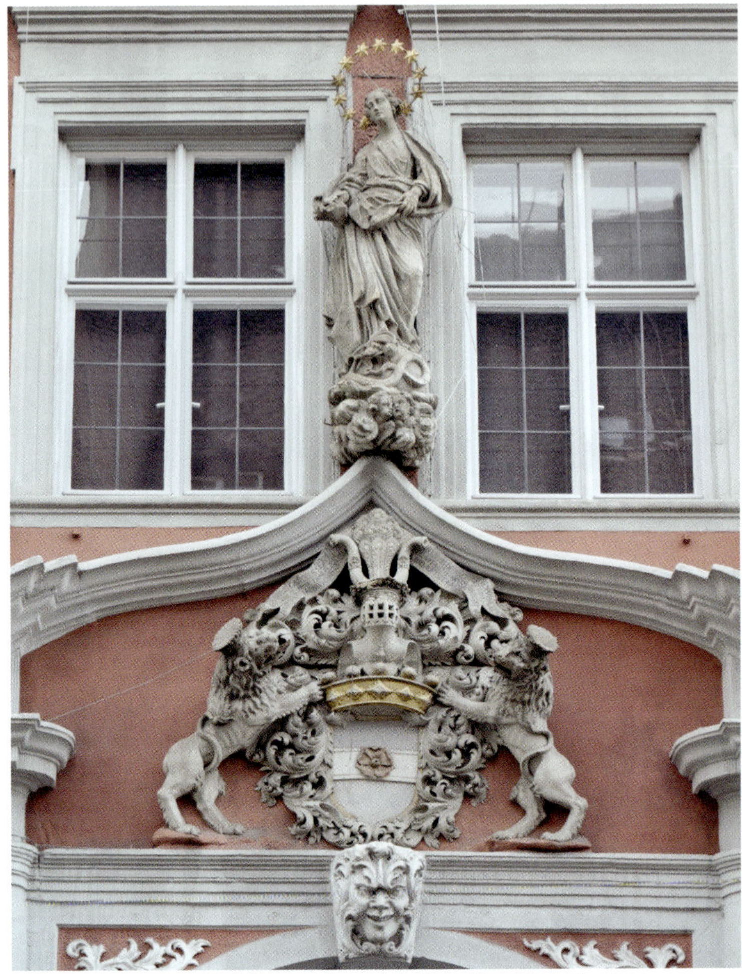

Abb. 282: Wappen von Carl Sigismund von Aufseß am Haus Lange Str. 3.

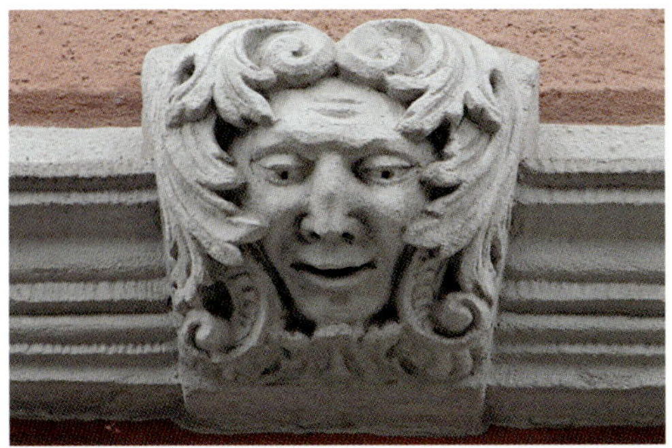

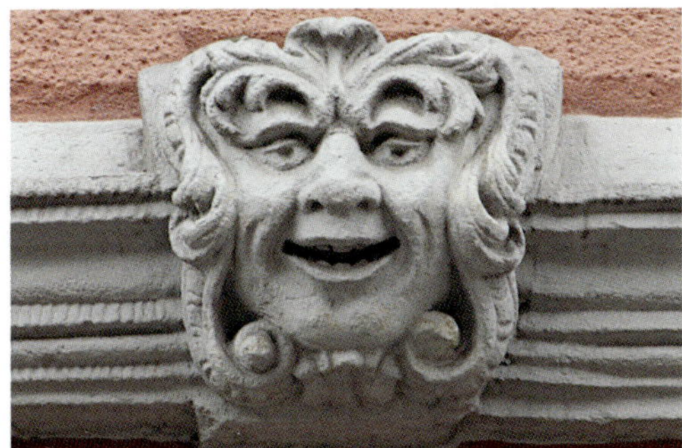

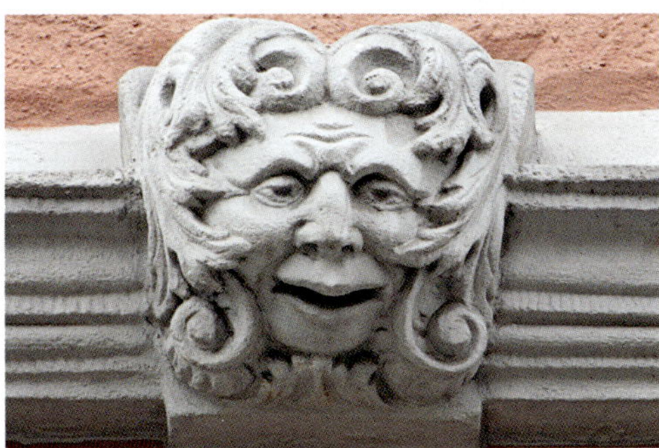

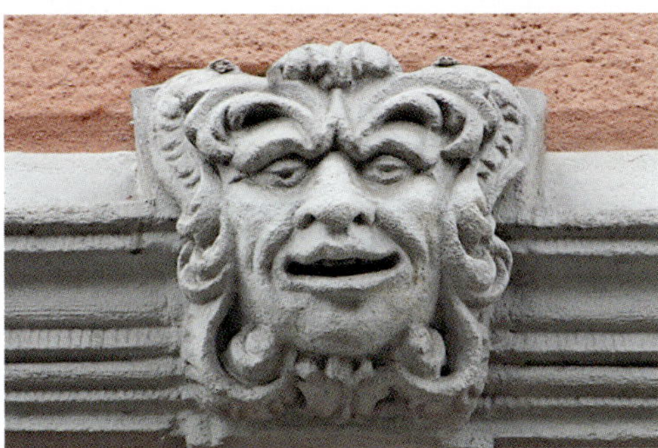

Abb. 283 –Abb. 286: Lange Straße 3

Durch die zwar nicht aufgerissenen oder rollenden, aber nichtsdestotrotz intensiv den Betrachter fixierenden Augen – die Pupillen sind eigens tief ausgebohrt und damit stark betont – wird dieser Eindruck nochmals merklich unterstrichen.

Dieses Zusammenspiel der einzelnen erwähnten physiognomischen Momente wirkt auf uns Betrachter sardonisch, eine besondere Modalität des Diabolischen – weniger durch die Applikation klassischen apotropäischen Formenguts verwirklicht, sondern vielmehr über den Weg der Psychologie, der Deutung des Gesichtsausdrucks durch den Betrachter auf bestimmte innere, intentionale, gesinnungsmäßige Charakteristika hin. Der sardonische Gesichtsausdruck jener Maske weist etwas hintersinnig Bösartiges, in seinem vermuteten Schädigungswillen etwas Überlegenes und Siegessicheres, wie auch Hinterhältiges und Verschlagenes auf, das aber zugleich durch die ostentative Deutlichkeit des Gesamteindrucks in gewisser Hinsicht konterkariert wird, da die sehr offensichtliche Transparenz – die Maske ist alles andere als ein „Pokerface" – etwas Humoristisches, Witziges und Spielerisches auf psychologischer Ebene hat. Ist ein Eindruck des Sardonischen einmal beim Betrachter entstanden, neigt das Auge vielleicht sogar dazu, verschiedene Schnörkel des Blattwerks der Maske als angedeutete Teufelsattribute zu interpretieren (Pareidolie), etwa Teufelshörnchen oder Teufelsbärtchen, doch das bleibt alles im Vagen, weil im Sinne des barocken Trompe-l'œil auch immer anderes interpretierbar ist und sein soll. Es gilt als ausgesprochen bemerkenswert, dass bereits im Barock eine so feine, raffinierte und witzige psychologische Zeichnung auftritt, die an Treffsicherheit der Umsetzung nichts zu wünschen übrig lässt und damit diese Maske zu einem in dieser Hinsicht besonders gelungenen Exemplar der Bamberger Maskenlandschaft macht.

IV. Die konstruktive Kraft des magischen Denkens

Der Begriff des „magischen Denkens" fand im Laufe der vergangenen Ausführungen mehrfach, in tragender Bedeutung Erwähnung. Wir haben zwar in der Regel ein gewisses Vorverständnis, was das „magische Denken" beinhaltet, doch ist nun, nach verschiedenem Anschauungsmaterial und verschiedener Thematisierung dieses Topos, die Zeit gekommen, um das, was mit „magischem Denken" gemeint ist, noch genauer und tiefer zu klären als bisher. Oben wurde nur beschreibend und beobachtend kurz erläutert, was bei magischem Denken in der Regel passiert und wie dasselbe funktioniert und abläuft. Es wurde gesagt, dass magisches Denken die Aktivierung einer letztlich freien, willkürlichen Möglichkeit darstellt, in unlimitierter Weise alle beliebigen Arten von Synthesebildungen zu vollziehen, wofür einige Beispiele angeführt wurden. Jetzt soll es darum gehen, über die Ebene der bloßen Beschreibung und Beobachtung hinaus noch Erklärungsversuche anzubieten, wie es überhaupt zu magischem Denken kommt und was magisches Denken in seinem Kern eigentlich ausmacht, wie man also seinem Wesen nach das magische Denken, das der Menschheit in gewisser Weise angeboren zu sein scheint, möglichst zutreffend verstehen und erklären kann. Hierzu sollen in gesteigertem Maße vorrangig philosophische und religionswissenschaftliche Überlegungen zum Tragen kommen, denn hier, so werden wir in Kürze sehen, verortet sich sowohl systematisch wie historisch das, was „magisches Denken" letztlich meint. Letzteres ist alleine deswegen an dieser Stelle von Bedeutung, weil dadurch noch einmal die tiefsten Wurzeln und Ursprünge auch des Phänomens unserer Masken eine neue Dimension erhalten, die für ihr zutreffendes Verständnis sehr erhellend ist.

Sofern das menschliche Denken aus sich selbst heraus eine Sphäre des Magischen erzeugt, die zunächst als selbstverständliche Realität verstanden wird, gibt es verschiedene Möglichkeiten, wie wir Menschen mit einer solchen magischen Realität umgehen können. Die Sphäre des Magischen bzw. magisches Denken lebt in der Gewissheit, dass alles, was wir sehen, hören, wahrnehmen können, zugleich auch übersinnlich ist. Das Sinnliche und das Übersinnliche sind nicht getrennt, zwar unterschiedlich, aber eine komplexe Wirklichkeit. Dieses spezielle Weltbild, dessen Wurzeln im magischen Denken liegen, nennt man auch Animismus, also die Vorstellung, dass nicht nur die sinnliche und übersinnliche Welt auf einander transparent sind und einander durchdringen, sondern dass eben alles, was es gibt, Menschen, Tiere, Pflanzen, aber ebenso Steine, Flüsse, das Wetter und das gesamte Weltall belebt sind, bevölkert von Geistwesen, mit denen man durchaus auch in Kontakt treten kann, sofern man die Fähigkeiten dazu hat. Es gibt aber, so der religionswissenschaftliche Befund, immer wieder bestimmte Personen, die offenbar das Übersinnliche bzw. die Einheit des Sinnlichen und Übersinnlichen, die übersinnlichen Geistwesen in all den sinnlichen Dingen wahrnehmen und mit ihnen sogar kommunizieren können, je nach Kultur und Kulturstufe spricht man von Priester, Medizinmann, Schamane, Druide, Seher, Prophet.

Wenn durch persönlichen und/oder kulturellen Umgang mit der Sphäre bzw. Wirklichkeit des Magischen (was hinsichtlich des Glaubens oder Nicht-Glaubens an eine magische Wirklichkeit eine Frage der subjektiven Überzeugung ist) eine entsprechende diesbezügliche Selbstverständlichkeit veranschlagt wird, bleiben für den Menschen letztlich nur zwei Möglichkeiten, mit jener Sphäre des Magischen, besiedelt von Göttern, Geistern, Ahnen, Dämonen und sonstigen übersinnlichen

Wesen, umzugehen: Entweder die magische, übersinnliche Welt beglückt und erhebt den Menschen, was aller Wahrscheinlichkeit nach die intrinsische Wurzel dessen ist, was man im religionswissenschaftlichen Kontext als Mystik bezeichnet, oder sie verängstigt ihn. Letzteres dürfte wohl in der Praxis das Häufigere sein, denn das Magische ist vom Menschen zunächst nicht kontrollierbar, sondern der Mensch ist dem Magischen und vor allem den magischen Wesen samt deren mächtigen Fähigkeiten und übersinnlichen, eben magischen Wirksamkeiten und Tätigkeiten zunächst einmal schutzlos ausgeliefert. Was allein deswegen im subjektiven Erleben einer Person, die in einem magischen Weltbild lebt und an dasselbe glaubt, gut nachvollziehbar ist, da das Magische qua oben skizzierter Genese freie, willkürliche Synthesebildungen des menschlichen Denkens gänzlich unkalkulierbar und gesetzlos macht.

Rodolf Otto, ein bedeutender Religionswissenschaftler, hat in seiner Schrift „Das Heilige“ im Jahr 1917 diese Ambivalenz des Menschen gegenüber dem Magischen, Religiösen, Heiligen – Otto nennt es das Numinose – dahingehend zum Ausdruck gebracht, dass er das menschliche religiöse Erleben in zwei kategorisch unterschiedliche Qualitäten einteilt: Das positive, erhebende etc. Erleben des Numinosen bezeichnet er als mysterium fascinans (etwa: „bezauberndes/verzauberndes, verhexendes Geheimnis(volles)“), wohingegen er dessen Gegenteil mit dem Ausdruck mysterium tremendum (etwa: „schreckliches, furchtbares, Zittern machendes, Angst einflößendes Geheimnis(volles)“) belegt. Letzteres Erleben des Magischen/Numinosen führt nachvollziehbarerweise zur kulturellen Ausbildung von Apotropaia: Der Mensch versucht sich mit bestimmten Hilfsmitteln gegen das furchtbar ängstigende Magische/Numinose zu schützen. Talismane, Amulette, Zaubersprüche, kultische und rituelle Handlungen verschiedenster Art, Theurgie und etliche Beispiele der Religionsgeschichte mehr geben Zeugnis hiervon. Die Angst vor dem mysterium tremendum zeigt sich damit als die Wurzel des Phänomens der Apotropaia.

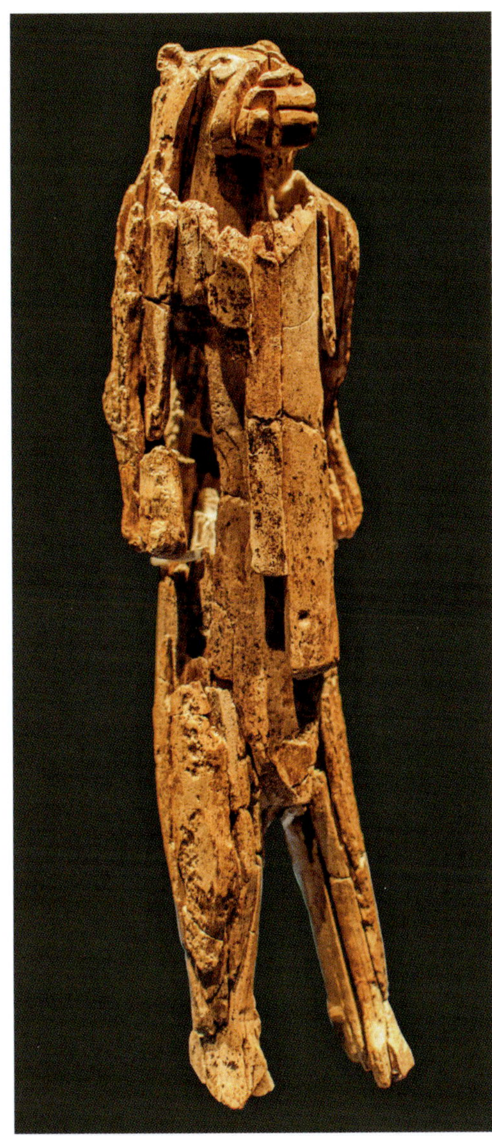

Abb. 287: Der Löwenmensch aus der Stadel-Höhle im Hohlenstein, Lonetal.

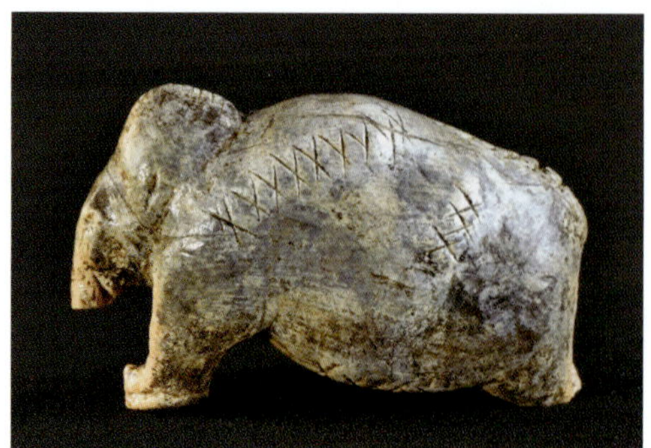

Abb. 288: Mammut, Tierplastik aus Elfenbein, Vogelherdhöhle, Grabung Gustav Riek aus dem Jahr 1931.

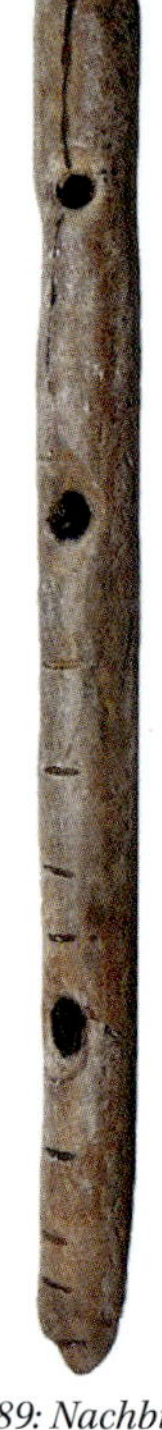

Abb. 289: Nachbildung der Flöte 1 aus dem Geisenklösterle.

Interessant bleibt in diesem Zusammenhang, dass das magische Denken gleichermaßen die historische wie systematische Wurzel von Religion und Kunst ist: Das im Rahmen eines magischen Weltbildes stattfindende Bedürfnis, sich gegen numinose Unbilden zu schützen, führt zur Herstellung von (künstlerischen) Gegenständen, die gegen das (religiöse/numinose) Unheil und dergleichen helfen sollen. Religion und Kunst ist die geistige Zwillingsgeburt der Reflexion aus dem Schoß des magischen Denkens: „Religion" als unmittelbarer Reflex auf das Magische im Sinne eines genuinen Bewusstseins über diese Wirklichkeits-Sphäre, „Kunst" (zusammen mit „Ritus", „Kultus" pp.) als mittelbarer Reflex auf das Magische im Sinne einer spezifischen, zweckgerichteten Handhabung desselben, indem bestimmte Gegenstände hergestellt werden,

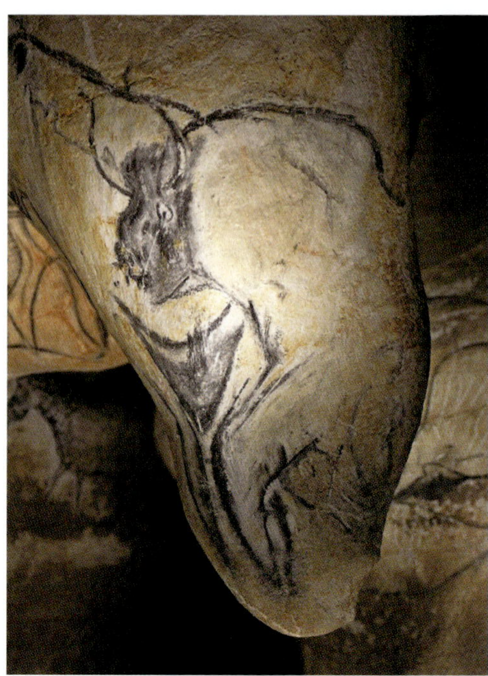

Abb. 290: Die Venus aus der Chauvet-Höhle, deren buschiges Schamdreieck und zwei spindelförmige Schenkel mit Kohle auf ein phallisch anmutendes Kalksteinpendant gezeichnet sind und mit einem Bison malerisch verschmelzen.

die (als apotropäisch wirksam, rituell-kultisch) den Umgang mit dem Numinosen als mysterium tremendum zu bewerkstelligen helfen.

Die ältesten bislang bekannten Kunstwerke der Menschheit unterstreichen diesen Gedanken auf mehrfacher Ebene: Löwenmensch (Mischwesen oder Schamane, Abb. 287), Mammutfigurine (Abb. 288), Knochen-Flöten (Abb. 289), später dann die Höhlenmalereien, bei denen das gemalte Wesen mit der Steinformation der Höhle verschmilzt bzw. daraus „magisch" erwächst (Abb. 290). Die Funde stammen oft aus der Zeit von etwa 35 000 – 40 000 Jahren vor Christus, also die Altsteinzeit, dem sogenannten Aurignacien, das u. a. auf der Schwäbischen Alb im Lone- und Achtal bei Ulm/Blaubeuren gut bezeugt ist. Das ist die

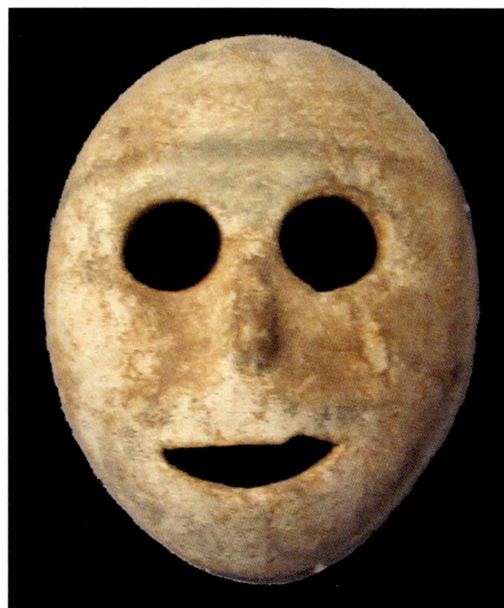

Abb. 291: Steinmaske aus der Jungsteinzeit, etwa 7.000 v. Chr. und damit eine der ältesten bekannten Masken überhaupt.

Zeit, zu der der anatomisch moderne Mensch, dies kann als bemerkenswert gelten, erstmalig in Europa nachweisbar ist. Es steht außer Frage, dass jene frühesten Kunstwerke der Menschheit in verschiedener Hinsicht Ergebnisse bzw. Zeugnisse des genuin magischen Denkens unserer Vorfahren sind. Ahnenkulte werden dabei sicherlich eine Rolle gespielt haben, ebenso wie Schamanismus oder ganz allgemein die Dimension des Kultisch-Spirituellen, die dem Menschen wie gesehen qua seines Geistes bzw. Denkens zu eigen ist. Somit lässt sich sagen, dass sowohl Religion als auch Kunst wahrscheinlich die ältesten und bis heute lebendigen Kulturleistungen (neben Werkzeugen, die aber keinen größeren geistigen Hintergrund haben, im dezidierten Unterschied zu Religion und Kunst, die auf der komplexen geistigen Matrix des magischen Denkens erwachsen) der Menschheitsgeschichte darstellen. Von dieser Warte aus kann man das magische Denken für die Wurzel von Kultur überhaupt betrachten, wenn auch nicht linear, sondern als Ausgangspunkt, der immer weiter gedanklich abstrahiert und damit relativiert wurde, jedoch als energiegebendes und initiales Moment für die Bewegung der Kultivierung des Geistes in grundsätzlicher Weise offenbar als unabdingbar angesehen werden kann.

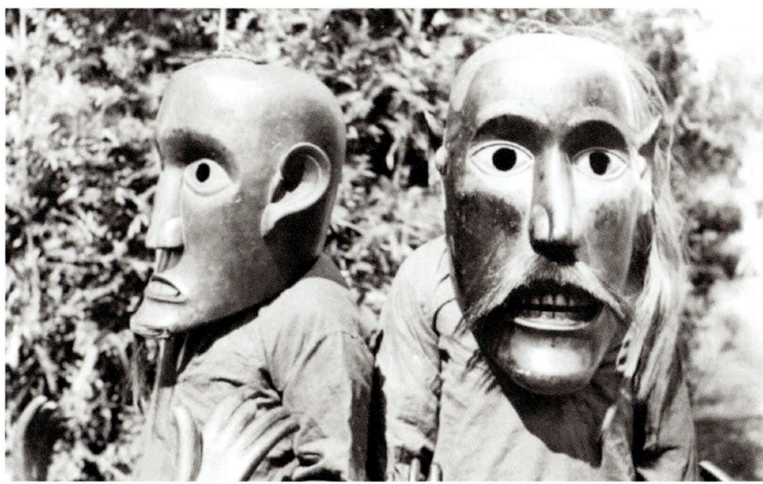

Abb. 292: Batak-Maskentanz bei einem Leichenschmaus in Niederländisch-Ostindien aus den 1930er Jahren.

Und in diesem magischen Kontext, in der Auseinandersetzung des Menschen mit dem Numinosen, dem mysterium tremendum (und vielleicht auch mit dem mysterium fascinans) sind auch die wahrscheinlich kulturgeschichtlich ältesten Beispiele von Masken, das erste Aufkommen derselben zu verorten. Hier haben wir es dann interessanterweise im herkömmlichen Sinne mit Masken zu tun, mit

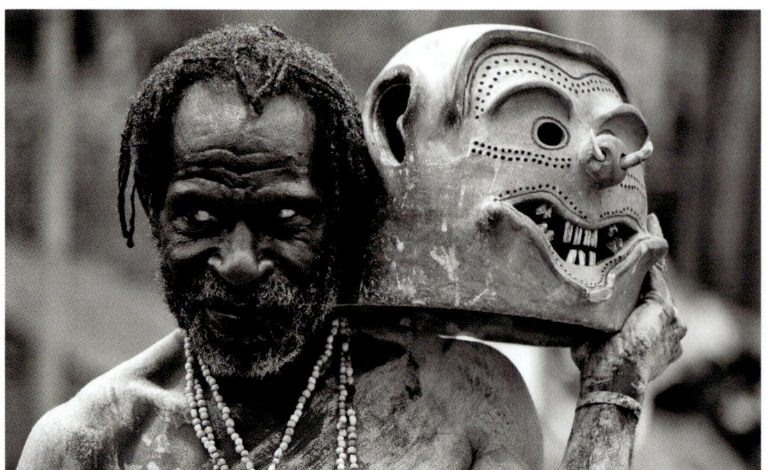

Abb. 293: Asaro-Schlammmann mit Maske, Papua-Neuguinea. Die Maske, die der Mann hier hält, zeigt deutliche apotropäische Merkmale: Große Augen, gefletsche und gefährliche Zähne, die von Tieren hier eingesetzt wurden, Eberhauer als Nasenbewehrung sowie angedeutete Tätowierungen.

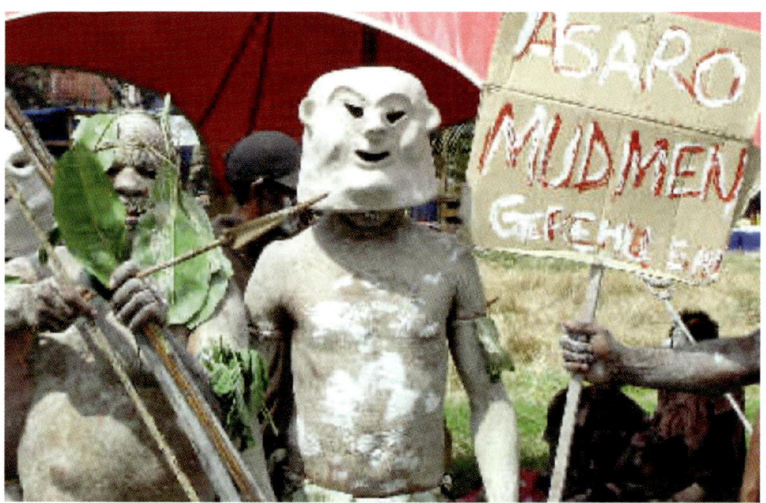

Abb. 294: Asaro-Schlammmann mit Maske, Papua-Neuguinea.

Masken, die sich die Menschen vor das Gesicht halten oder binden, aufsetzen oder auf sonstige Weise befestigen. Sie sind im ursprünglichen und archaischen Kontext als Schutz des Schamanen, Priesters, Medizinmanns usw. vor dem Numinosen, dem mysterium tremendum zu verstehen, mit dem derselbe sozusagen „beruflich", in professioneller Hinsicht Umgang hat (Abb. 291). Solche sehr alten Masken weisen noch keine im erkennbaren Sinne nennenswerten Apotropaia auf, offenbar geht es zunächst schlicht darum, für das menschliche Gesicht oder das Gesicht des Schamanen durch eine Art Schild, einen passiven Schutz vor der für den Menschen gefährlichen Präsenz und Gewaltigkeit des Numinosen zu haben. In diesem kultischen Kontext werden von bestimmten Völkern bis heute noch Masken getragen, wenn es um bestimmte rituelle Handlungen geht, um sich möglichst effektiv vor dem Numinosen mit seinen magischen Wirkungen zu schützen (Abb. 292–296).

Bemerkenswert diesbezüglich ist zudem der Umstand, dass offenbar schon früh in der Menschheitsgeschichte Verstorbenen Totenmasken aufgesetzt wurden. Zum einen hat es etwas damit zu tun, dem Toten, falls es sich bei dem Verstorbenen um eine hochgestellte Persönlichkeit gehandelt hat, seine Herrschaftsinsignien für ein Leben nach dem Tod mitzugeben, damit er in der Unter- bzw. Totenwelt seinem Stand gemäß weiterleben kann (Abb. 297 / 298). Zum anderen ist damit

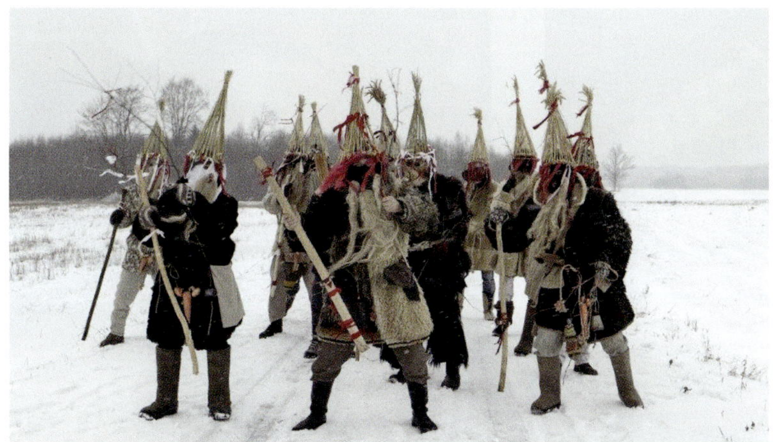

Abb. 295: Meteni-Maskengruppe (Budéli, Buduli oder Büduli) der Regionen Zemgale und Kurland in Lettland, 2016.

Art der Bannung des Totengeistes erklären, womit auch hier eine Schutzfunktion der Maske angezeigt wird, allerdings nicht für denjenigen, der die Maske trägt, sondern vor dem, auf dessen Gesicht die Maske angebracht ist – und vor dessen möglichen numinosen Auswirkungen die Lebenden Angst haben.

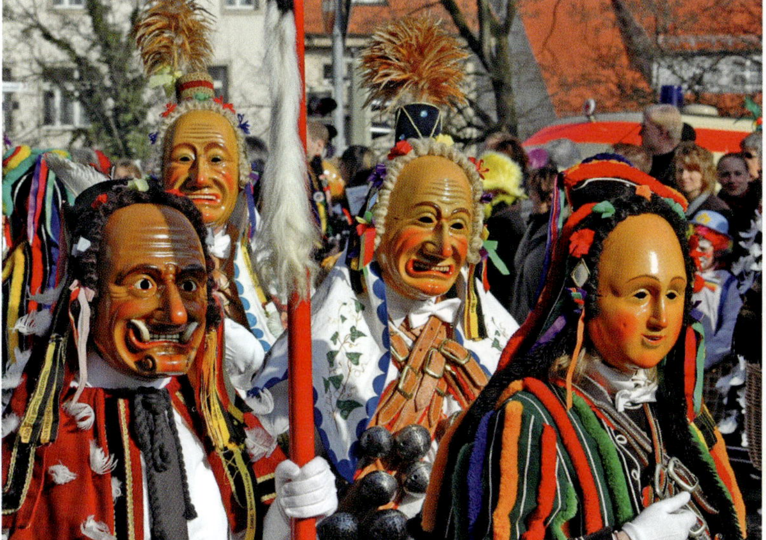

Abb. 296: Larven der Rottweiler Fasnet 2007 – auch in der mitteleuropäischen Folklore als Überrest einer einstmals ernst gemeinten rituell-kultischen Handlung haben Masken überlebt.

Somit lässt sich gut erkennen, dass die ältesten Beispiele von Masken tatsächlich als Objekte zum Tragen vor dem Gesicht gedacht waren und eines von zahlreichen Elementen darstellen, die die frühen Menschen im Kontext des Umgangs mit dem Numinosen, mit dem mysterium tremendum entwickelt hatten. Die ältesten bekannten Beispiele von Masken sind also künstlerische Erzeugnisse, die im größeren Sachzusammenhang der Apotropaia stehen, was sich dann auch in den hier vorrangig thematisierten Masken als Architekturelemente weiterträgt, jedenfalls bis etwa in die Zeit der Renaissance. Als durchaus bemerkenswert kann es gelten, dass Masken in verschiedener Hinsicht bis heute lebendig sind – man denke nur an Karnevals-

aber auch, zumindest in den ursprünglichen Fällen, die Idee verbunden, dass sich die Lebenden vor dem Toten und seinem Geist schützen wollen, der möglicherweise als Wiedergänger oder Untoter im Reich der Lebenden Schaden anrichten kann. Somit lassen sich die Totenmasken in einem ihrer Aspekte auch als eine

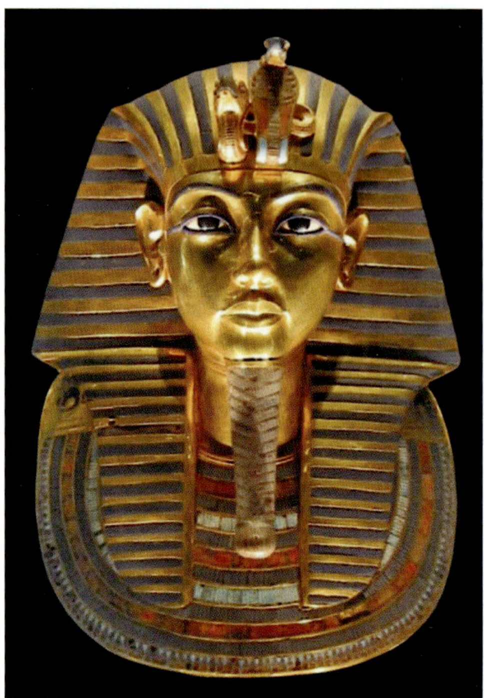

Abb. 297: Die wahrscheinlich berühmtetse Totenmaske der Welt, die goldene Totenmaske des ägyptischen Pharaos Tutenchamun, 18. Dynastie, ca. 1323 v. Chr.

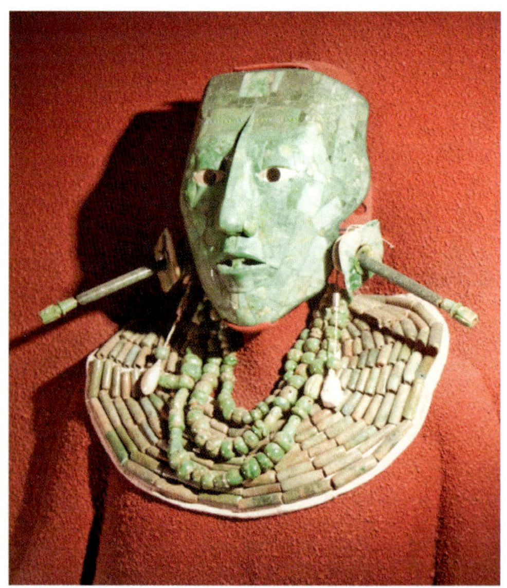

Abb. 298: Totenmaske von K'inich Janaab' Pakal, 683 n. Chr., im Nationalmuseum für Anthropologie (Mexiko)

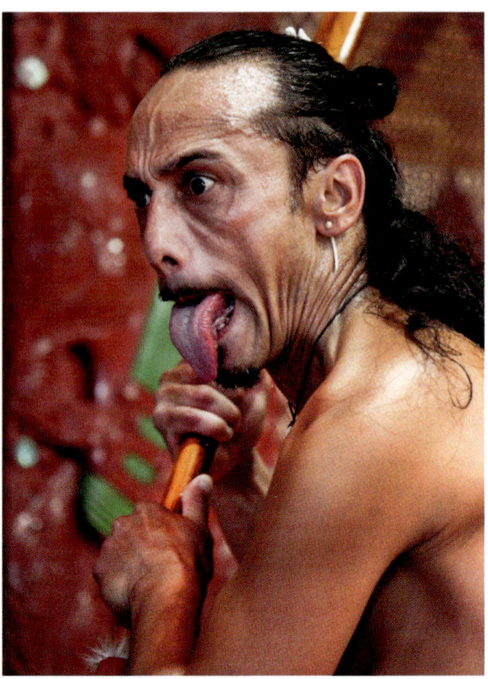

Abb. 299: Neuseeländischer Maori beim Haka, dem rituellen Tanz der Ureinwohner. Die apotropäischen Merkmale, wie man sie auch bei den Bamberger (und antiken) Masken findet, erkennt man hier unschwer wieder.

masken –, aber im Laufe der Zeit große Veränderungen erlebt haben, weniger im Aussehen als in der Funktion der Masken. Es ist das magische Denken, das magische Weltbild, in dem die Masken ursprünglich ihre Herkunft hatten und als Apotropaion hierfür konzipiert wurden und obwohl sich das magische Weltbild in unserem Kulturkreis letztlich gänzlich verabschiedet hat, haben die Masken nach wie vor ihre Existenz behauptet, wenn auch in einem gänzlich differenten kulturellen, mentalitätsgeschichtlichen Sinne.

Interessanterweise gibt es zahlreiche künstlerische Parallelen in anderen Kulturen zu dem, was im abendländischen Kontext als „apotropäisch" bzw. als „Masken" festgestellt werden kann, einige wenige Beispiele hiervon wurden soeben genannt. So etwa kann man diese Art

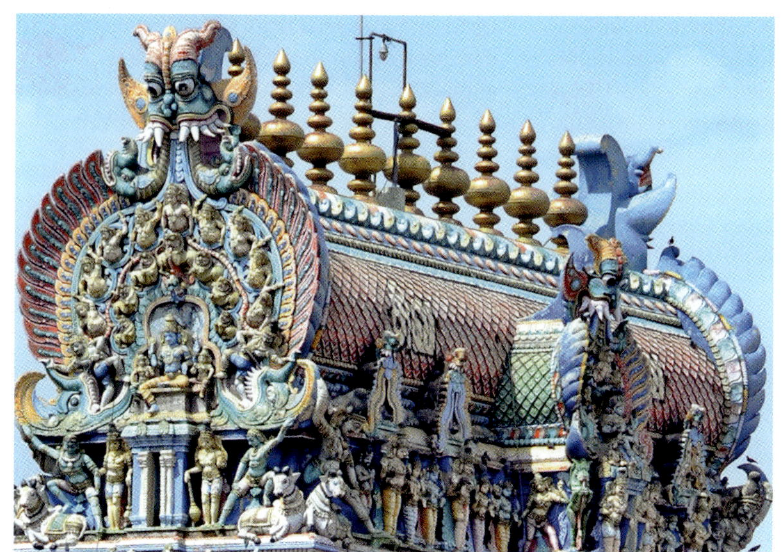

Abb. 300: *Die Gopurams, die großen Tortürme der Südindischen Tempel (hier der Westturm des Minakshi-Tempels in Madurai), tragen meist als Bekrönung sehr reichen und bunten Skulpturenschmuck, der wie hier stark apotropäische Elemente aufweist: Nach allen vier Himmelrichtungen blicken zähnefletschende, augenrollende und gehörnte Dämonenköpfe, die ihre auf den ersten Blick nicht ohne weiteres identifizierbare Zunge massiv blecken und die sich wie hier gut erkennbar in weitere figurative, teils ebenfalls dämonische Wesen verwandelt. Die Parallelen zu dem griechischen Gorgoneion und den daraus sich entwickelten Masken in diesen apotropäischen Momenten kann als frappierend bezeichnet werden.*

des schauervollen Grimassenschneidens bei dem archaischen Gorgoneion nachweisen, so beispielsweise bei den Maori-Ureinwohnern von Neuseeland, was zusammen mit Gesichtstätowierungen einen möglichst grausigen Eindruck hervorrufen soll, um den militärischen Gegner zu ängstigen und damit einen Vorteil im Kampf zu erzielen (Abb. 299). Die asiatische Kunst kennt etwa Dämonendarstellungen, die dem Gorgoneion frappierend ähneln, was sicherlich auch kein Zufall ist (Abb. 300).

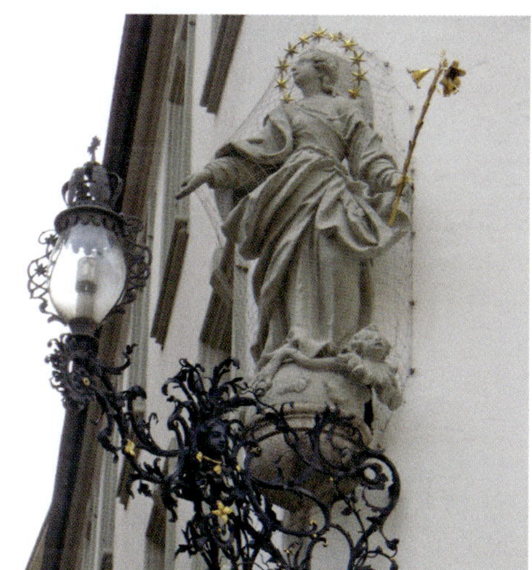

Abb. 301: *Würzburger Hausmadonna (Kopie) als Himmelskönigin mit Lilienzepter und Sternenkranz auf der Schlange und der Weltkugel, Haus Blasiusgasse 9 in Würzburg.*

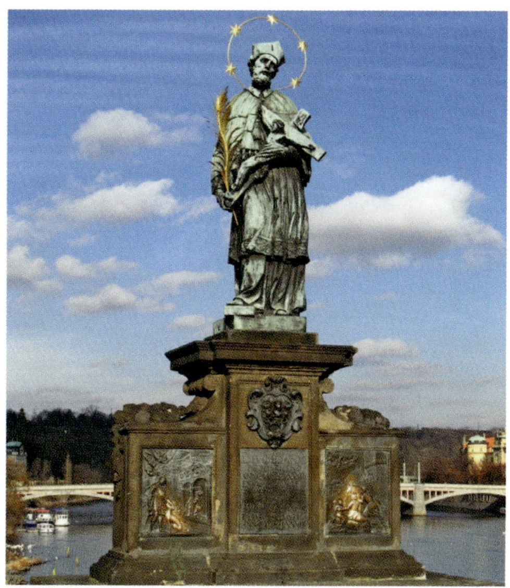

Abb. 302: *Nepomuk-Statue auf der Karlsbrücke in Prag, Johann Brokoff, 1683.*

In unserer Kultur kennt man noch etliche weitere Beispiele von im engeren und weiteren Sinn echten Apotropaia, wie etwa Hausmadonnen (Abb. 301), Brückenheilige (Abb. 302), „Roter Han“ als Dachziegel oder Ausleger (Abb. 303), Christopherus-Amulett im Auto (Abb. 304), Vierblättriges Kleeblatt und/oder Hufeisen (Abb. 305) als positives Apotropaion im Sinne eines effektiven Glücksbringers – und damit ex negativo auch der Schadensabwehr, ebenso die C-M-B-Anschrift der Sternsinger (Abb. 306), die „Hand der Fatima“ (Abb. 307) und dergleichen.

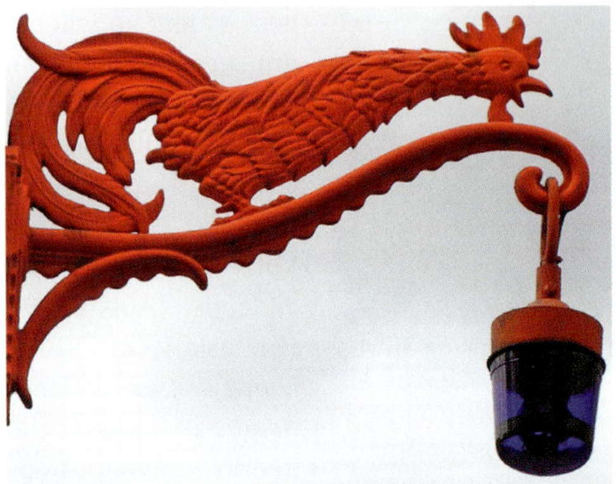

Abb. 303: Der rote Hahn als Sinnbild des Feuers (vor dem Feuerwehrhaus der Feuerwehr Aumühle).

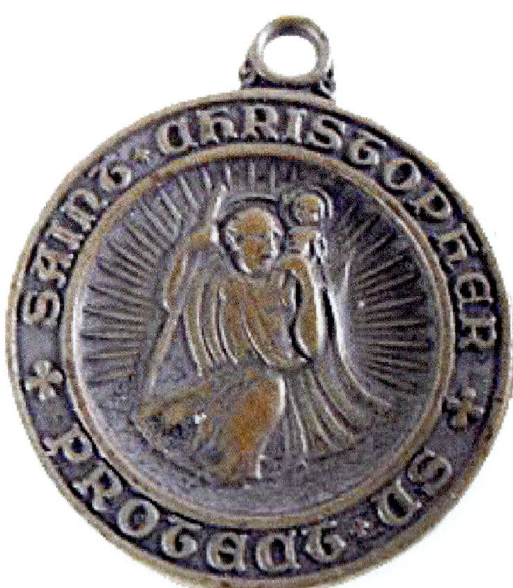

Abb. 304: Modernes Christopherus-Amulett aus Bronze mit englischer Umschrift "Saint Christopher protect us" – "Heiliger Christopherus, schütze uns" als hilfespendender Anhänger für Menschen auf Reisen.

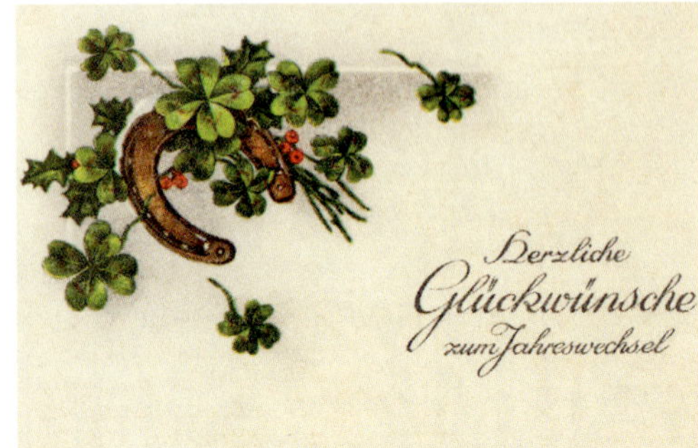

Abb. 305: Neujahrskarte mit vierblättrigem Klee und Hufeisen (1944).

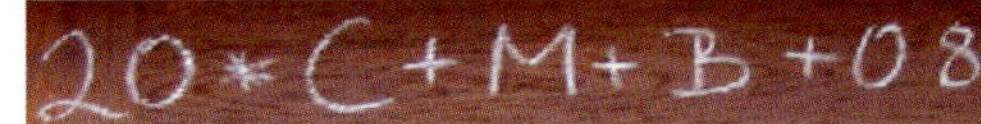

Abb. 306: Segensbitte in der Stadt Regen, Bayern.

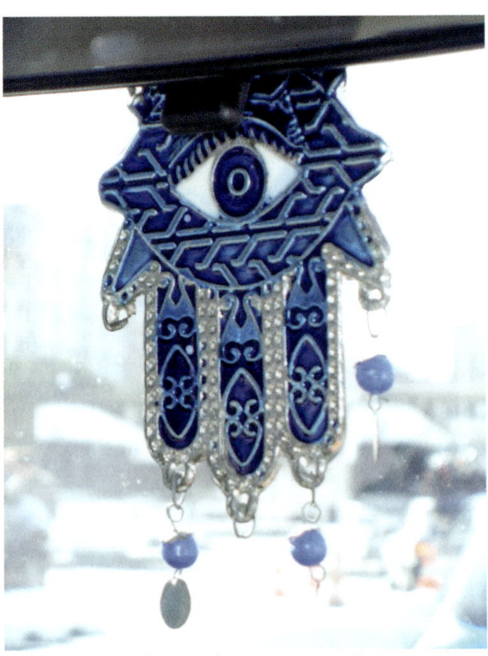

Abb. 307: Segensbitte in der Stadt Regen, Bayern.

V. Die Masken als Indikator eines europäischen Mentalitäts- und Kulturwandels

Vorliegender Band, der sich erstmalig dem Phänomen der Bamberger Masken in expliziter und ausführlicher Weise widmet, versucht, ausgehend von dem faktisch greifbaren Befund solcher Exemplare in der oberfränkischen Domstadt, deren Ursprung, Bedeutung, Wandel und kulturelle Verortung zu eruieren. Der Modus, in dem dies hier vorrangig zu realisieren versucht wurde, war die kunstgeschichtlich gängige Verbindung von sachlich erläuterndem (Text) und ästhetisch veranschaulichender (Bilder) Darstellung im Sinne einer konstitutiven Verkettung beider Momente. Somit versteht sich dieser Band als kunsthistorischer Beitrag. Und weil das geschichtliche Moment der Kunst in der Regel den geistig-gedanklichen, ideellen und im eigentlichen Sinne verständnisfördernden Aspekt der Untersuchung ausmacht, wurden noch weitergehende philosophische sowie religionswissenschaftliche Überlegungen angestrengt, um das Thema „Masken" in seiner Genese und Charakteristik zutiefst ausloten zu können.

Im Zuge der diesbezüglichen Überlegungen hat sich gezeigt, dass sowohl die Bamberger Masken als auch das Sujet insgesamt im Laufe ihres nachweisbaren Auftretens von etwa 500 v. Chr. bis kurz nach 1900 mehrere spezifische Wandlungen erfahren haben, die unmittelbar der künstlerischen Gestaltung jener Objekte ablesbar und genauer betrachtet Indikator eines kulturellen Wandels sind, der im Wesentlichen als Mentalitätswandel verstehbar wird. Gemeint ist damit der Umstand, dass die Masken aus ihrer ursprünglichen Sphäre, ihrem ursprünglichen Bedeutungs- und Funktionszusammenhang des Magischen bzw. des

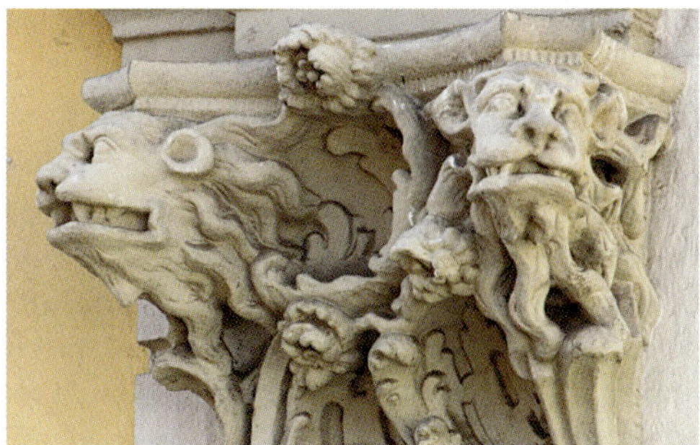

Abb. 308: Frauenstr. 31

magischen Denkens nach und nach herausfielen, weil die Menschen im Laufe der Zeit, zwar nicht linear und konsequent, aber doch mit eindeutiger Tendenz das magische gegen ein stärker werdendes rationales Denken eintauschten. Dies ist im Grunde ein Mentalitätswandel, die Veränderung des Weltbildes und der Auffassung, was es in Wahrheit mit der Wirklichkeit auf sich hat. Bedeutsam hierfür war bereits in der Antike das Aufkommen der Philosophie, das es zumindest den Gebildeten nahelegte, die Welt und die Götter weniger als magische, sondern vielmehr als vernünftige, gesetzmäßige Wesenheiten zu verstehen. Eine Entwicklung, die dann spätestens mit der Frühen Neuzeit und dem Siegeszug der Naturwissenschaften sowie der hieraus entspringenden Technik, später noch der Aufklärung eine entscheidende Fortsetzung und Vertiefung erlebte.

Diese veränderte Mentalität, das Abnehmen von magischem Denken und das Zunehmen von Vernunft und Rationalität, hat natürlich auch die Kultur, in der sich dieser Mentalitätswandel vollzog, entsprechend verändert, weswegen man den hier skizzierten Mentalitätswandel kausal mit einem analogen Kulturwandel in Verbindung setzen kann. Die Masken dienen deswegen als anschaulicher und fast seismografischer Indikator für den stattfindenden Mentalitäts- und Kulturwandel, weil sich einer der zentralen ursprünglichen Aspekte der Masken im Fluidum eines ungebrochenen magischen Denkens, nämlich die apotropäische Gestaltung derselben, stark modifiziert. Man kann (bis auf wenige Beispiele) nicht behaupten, dass die apotropäischen Aspekte der Masken schlicht eliminiert wurden und einen irgendwann nur noch ganz normale menschliche Gesichter, ohne das typisch apotropäische Grimassieren anblickten. Das ist keineswegs der Fall, denn das Augenrollen, Zungenblecken und Zähnefletschen sowie das Auftreten der Masken als Mischwesen, was sich in erster Linie bei den Blattmasken zeigt, zieht sich bis ins frühe 20. Jahrhundert durch und erfährt mitunter sogar noch verschiedene Steigerungen. Aber der Modus des Apotropäischen, der Glaube an die magische Wirksamkeit der apotropäischen Elemente ändert sich enorm, was vor allem an zwei Aspekten deutlich wird: Die Humorisierung, man denke hierbei nur an das Bamberger „Warzenweibla", (vgl. Abb. 196) sowie die Ästhetisierung der Masken, was man schon in der Antike bei der Ausbildung der antiken Blattmasken – Gorgo als Meereswesen (vgl. Abb. 72) – und der „Medusa Rondanini (vgl. Abb. 73 und Abb. 87) oder auch bei der Bamberger „Diözesanmuseumsmaske" (vgl. Abb. 206-208) sehen kann.

Durch die deutlich zunehmende Humorisierung sowie Ästhetisierung der Masken im Laufe der Zeit blieben zwar weitgehend die apotropäischen Elemente der Masken der Sache bzw. Anschaulichkeit nach vorhanden, haben aber ihren Referenzrahmen verändert, sprich: Die magische Wirksamkeit der Apotropaia, auf die man es ja ursprünglich maßgeblich abgesehen hatte, wurde immer weniger gebraucht, bezweckt und geglaubt. Demgegenüber wurden die ursprünglich apotropäischen Merkmale der Masken grundsätzlich zwar beibehalten, aber immer mehr in einen ästhetischen, humoristischen, psychologischen oder auch individuellen Kontext gestellt, der nunmehr den neuen Referenzrahmen darstellte, wobei „Referenzrahmen" ungefähr so etwas wie „Weltbild" meint, etwa die Summe all dessen, was man – in Bezug auf die Wirklichkeit überhaupt – für wahr hält.

Konkreter gesagt: Die Masken hatten zu jeder Zeit ihres Aufkommens eine Funktion, wobei es die jeweilige Funktionszuweisung ist, die die Masken durch die verschiedenen Epochen hindurch charakteristisch unterscheidet. Die unterschiedliche Funktionszuweisung korrespondiert hierbei analog mit dem erwähnten Kulturwandel im Sinne eines Mentalitätswandels. Ging die Funktionszuweisung der Masken zur Zeit der griechischen Archaik Hand in Hand mit einem ungebrochenen magischen Denken bzw. Weltbild, was die ausschließlich apotropäische Funktion der Masken zu dieser Zeit bestimmte, so änderte sich dies bereits zur Zeit der späteren Antike durch die Entstehung der griechischen Philosophie, die

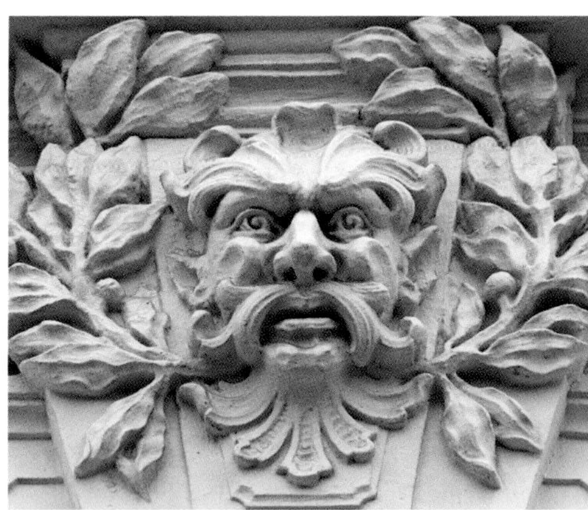

Abb. 309: Heinrichsdamm 4

das magische Denken als solches nicht mehr als reine kulturelle Selbstverständlichkeit erscheinen ließ, weswegen sich die Masken in der Zeit des Hellenismus wie gesehen auffallend in Richtung Ästhetisierung, Ornamentik, Schmuckform usw. entwickelt hatten.

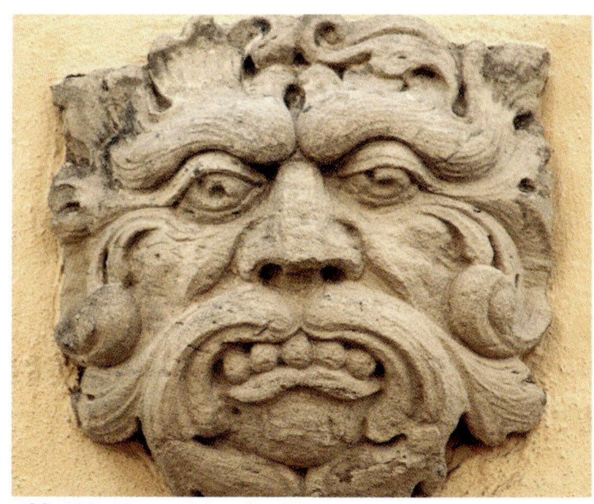

Abb. 310: Herzog-Max-Str. 36

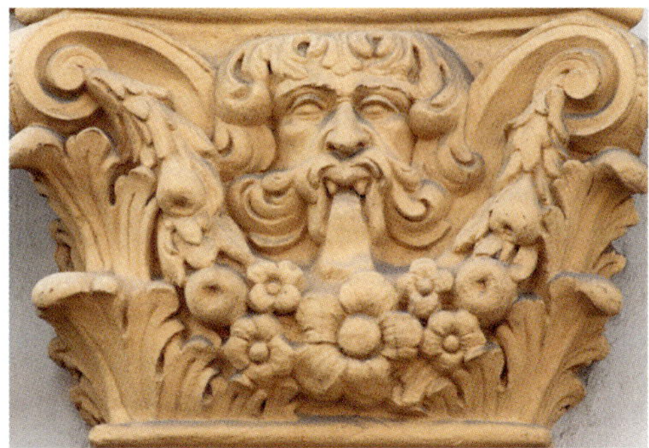

Abb. 311: Schillerplatz 4

Nach der Antike nahm das Mittelalter die Masken wieder auf, fast ausschließlich in ihrer ursprünglichen apotropäischen Funktion, allerdings in verschiedener Hinsicht christlich gewendet; eine bemerkenswerte Ausnahme dazu bildeten die Masken der Kathedrale von Reims und des Bamberger Doms. Hier kam es, sicherlich vermittelt durch die Neubewertung von Krankheiten seitens der Medizin um 1200, zu einer Sichtweise des Emotionalen, Psychologischen usw. Während der Renaissance und des Verlustes des mittelalterlichen ordo-Gedankens veränderten die Masken ihre Funktion. Zwar gab es zweifellos noch viele Bereiche, in denen magisches Denken und damit die Funktion der Apotropaia eine Rolle spielten, doch wurde solches Denken flankiert und angereichert mit rationalen, zweckrationalen Überlegungen, die vor allem um den Bereich der politischen und rechtlichen Legitimation von Herrschaft und Gewalt kreisten. Nicht nur Personen wie Kopernikus, Luther, Galilei und Kolumbus prägten jene Zeit des Umbruchs und der Krise (die mit ihren Erkenntnissen bzw. Entdeckungen die ordo-Idee einer unveränderlichen göttlichen Schöpfungsordnung unterliefen), sondern auch Philosophen wie etwa Descartes, Francis Bacon oder Spinoza erhoben, vergleichbar der klassischen griechischen Antike, das vernünftige, rationale Denken in einen neuen Stand (Ursprung von Rationalismus und Empirismus als Methode), der die Gültigkeitssphäre des magischen Denkens deutlich einschränkte. Hinsichtlich der Masken schlug sich das insofern nieder, als die apotropäischen Formen weitgehend gleich blieben, aber nun deutlich dekorativ, ornamental gewendet wurden. Ihre Funktion war weitgehend diejenige der Illustration staatlicher, rechtlicher, politischer Strenge und Autorität – apotropäische Formen als Mittel der Staatsraison.

In Barock und Rokoko ging die Tendenz der Ornamentalisierung der Masken entschieden weiter, hinzu kam noch der Aspekt des Spielerischen und teilweise Scherzhaften (Pfarrgasse 1 oder auch Pfahlplätzchen 2). Die Funktion der Masken bestand derzeit hauptsächlich im Ausdruck des eigenen, absolutistischen, gegenreformatorisch katholisch-positiven Lebensgefühls, in der Demonstration der lässigen, vielleicht überlegenen, souveränen Lebensweise der Privilegierten. Heiter, witzig, leichtfüßig, verspielt, immer wieder psychologisch und in gewisser Hinsicht vielleicht auch so etwas wie ein Mittel der klerikal-adeligen, absolutistischen und katholisch-gegenreformatorischen Propaganda. Die Funktion der Masken aus der Zeit um 1900, mit einer bemerkenswerten Unterbrechung während des Klassizismus war letztlich die Weiterentwicklung mit vielen inneren Brüchen der barocken Haltung, nämlich die Selbstdarstellung des Individuums, des Bauherrn, Hausbesitzers usw. Subjektivismus, Individualismus und Relativismus kann man als kulturelle Angelegenheit einer spezifischen Geisteshaltung hierfür namhaft machen. Ein entscheidender kulturhistorischer Hintergrund für das Aufkommen des abendländischen Individualismus war, wenigstens ex negativo, der europäische Nihilismus, wie er erstmals von Nietzsche beschrieben wurde und im Kern das Verlustiggehen jeglicher Art von Verbindlichkeiten meint.

Der Kultur- und Mentalitätswandel, der sich unter anderem bei der künstlerischen Gestaltung der Masken – die einen diesbezüglichen Indikator darstellen – im Verlauf der abendländischen Geschichte nachweisen lässt, ist in diesem Fall der Glaube bzw. Nichtglaube an die Realität des Magischen, oder, präziser formuliert, die kulturelle Befürwortung oder Ablehnung magischen Denkens. Idee und Notwendigkeit von Apotropaia sind nur dann gegeben, wenn der Mensch im positiven Sinne an eine magische Welt glaubt. Sofern das magische Denken durch rationales usw. replatziert wird, schwindet auch die Relevanz der Apotropaia. Und genau so ein Schwinden eines magischen Weltbildes bzw. des magischen Denkens hat im Verlauf der abendländischen Kulturgeschichte in nachhaltiger Weise stattgefunden. In der Antike war es bereits die griechische Philosophie, die das magische Denken merklich relativierte, und spätestens seit der Aufklärung im Laufe des 18. Jahrhunderts spielt magisches Denken kulturell im Abendland keine Rolle mehr.

Bezüglich der Masken ist Letzteres insofern von Relevanz, als die Masken nicht nur ihre oben kurz angerissene Funktion ändern, sondern auch ihr Erscheinungsbild. Grundsätzlich werden die tradierten Formen von Masken sehr häufig, ab dem Mittelalter dann speziell auch Blattmasken, beibehalten, aber das Dekorative, Ornamentale rückt sukzessive immer stärker in den Mittelpunkt bzw. Vordergrund, bis die Masken in der Zeit um 1900 de facto nur noch dekorativ, ornamental oder auch humoristisch verhandelt werden, weil nunmehr die Bedeutung der Apotropaia in der Gänze obsolet geworden ist. Eine grundsätzlich dem zu seiner Zeit authentischen apotropäischen Repertoire sich gleichbleibende Form, so die enface-Darstellung eines Gesichtes als flächige Malerei oder Relief mit großen Augen, geöffnetem Mund und oftmals gebleckter Zunge, zieht sich durch ca. zweieinhalbtausend Jahre Kultur- und Kunstgeschichte, ändert aber hierbei maßgeblich ihren semantischen Inhalt.

Durch diese Indikatorqualität bezüglich eines gut dokumentierten und auch en détail mitunter sehr gut nachweisbaren Mentalitäts- und Kulturwandels der abendländisch-europäischen Welt stellen die Bamberger Masken sowie das Phänomen der Masken überhaupt eine teilweise ausgesprochen aussagekräftige Quelle dar. Auch wenn aus kunsthistorischer Hin-

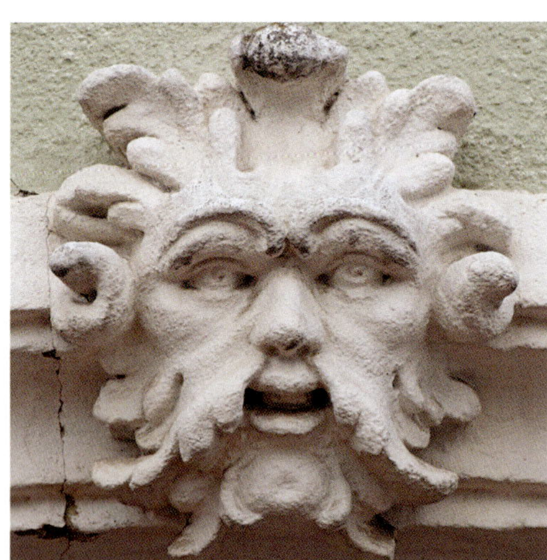

Abb. 312: Siechenstr. 80

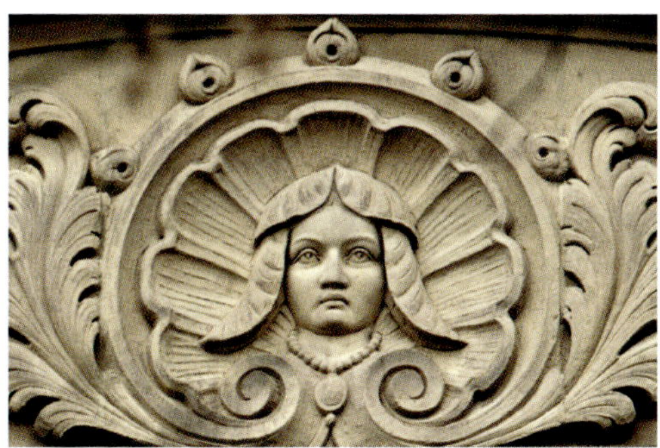

Abb. 313: Markusstr. 6

sicht das Sujet der Masken sicherlich nicht zur ersten Garnitur abendländischer Kunst hinsichtlich Anspruch, Ingeniosität, ästhetischer Komplexität bzw. Qualität zählt, sondern vielleicht eher in den Bereich des Kunsthandwerks gehört, so sind die Masken doch aus geistesgeschichtlicher, religionswissenschaftlicher und auch philosophischer Perspektive eine wertvolle und besonders anschauliche Fundgrube der abendländisch-europäischen Mentalitäts- und Kulturgeschichte, womit jenem kleinen und oftmals nur als ephemer wahrgenommenen Architekturelement dennoch eine beachtliche Bedeutung zukommt, die wie gesehen vorrangig in seinem indikatorischen und nicht vorrangig künstlerischen Charakter liegt, in diesem Zusammenhang aber mit zu den beredtsten und aussagekräftigsten Beispielen gehört.

Aus diesem Grund könnte es eine reizvolle und spannende Aufgabe sein, das Phänomen der Masken dieser mentalitäts- und kulturhistorischen Dimension auch in anderen europäischen Ländern zu untersuchen, um diesbezügliche Ähnlichkeiten und Differenzen zu eruieren. Zumal Italien, Griechenland, Frankreich, Großbritannien, Spanien, Tschechien, Polen, Slowakei, Litauen, Estland und Lettland sowie Schweden, Norwegen und Finnland könnten hierbei ausgesprochen interessante Beispiele liefern. Die historischen Altstadtkerne der älteren Besiedlungen in diesen Ländern weisen immer wieder ansprechende Beispiele von Masken aus unterschiedlichen Zeiten auf, was vermutlich ein imposantes Bild hinsichtlich des angesprochenen Mentalitäts- und Kulturwandels bieten würde, wobei die Masken in ihrer indikatorischen Relevanz wahrscheinlich ein Bild von Gemeinsamkeiten in Unterschieden und Unterschieden in Gemeinsamkeiten liefern könnten – aber das müsste man natürlich eigens untersuchen, wozu dieser Band lediglich eine Anregung sein kann. Ein Vergleich zur gesamteuropäischen Situation der Masken würde vermutlich spannende Einsichten zutage fördern.

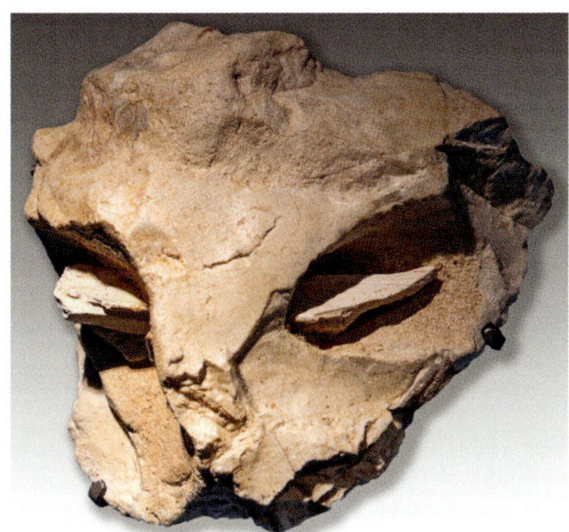

Abb. 314: Sog. „Maske von La Roche-Cotard" aus der Gegend von Langeais, Frankreich. Das Objekt ist ein grob behauener Silex, dem durch eine natürliche Höhlung ein Knochenstück geschoben wurde, so dass es wie ein Augenpaar neben der Nase wirkt und aufgrund der Gesamtform und Ansichtigkeit als Maske angesprochen wird. Aufgrund der Fundumstände handelt es sich wahrscheinlich um ein Kunstwerk von etwa 75.000 Jahren Alter: D. h. es ist eines der ältesten bekannten Kunstwerke überhaupt, das nicht vom Homo sapiens, sondern dessen Vorgänger, dem Homo neanderthalensis (Neandertaler) geschaffen wurde. Es stellt eines der ältesten Kunstwerke überhaupt dar, noch vor dem anatomisch modernen Menschen entstanden, höchstwahrscheinlich eine Maske, ist ein ausgesprochen bemerkenswerter Befund, der die tiefgehende Bedeutung des Themas der Masken eindrucksvoll unterstreicht.

Auflistung der Gebäude mit Anzahl der Maskendarstellungen in Bamberg – Berggebiet

	Adresse	Adresszusatz	Anzahl
1	Altenburger Str.	Pallas Altenburg	1
2	Altenburger Str. 33 a		1
3	Alter Graben 11		1
4	Alter Graben 12		1
5	Concordiastr.	Brunnen vor Haus Nr. 20	1
6	Concordiastr. 28	Villa Concordia	40
7	Dominikanerstr. 10		2
8	Dominikanerstr. 6		1
9	Domplatz 1		1
10	Domplatz 3		3
11	Domplatz 4		1
12	Domplatz 5	Domkapitel, Diözesanmuseum	3
13	Domplatz 6	Dom St. Georg St. Peter	40
14	Domplatz 7	Alte Hofhaltung	24
15	Domplatz 8	Neue Residenz/ Staatsbibliothek	7
16	Domstr. 3		2
17	Domstr. 5		3
18	Eisgrube 14		1
19	Frauenplatz 1	Pfarrkirche Unsere Liebe Frau, Obere Pfarre	73
20	Gaustadter Hauptstr. 130		1
21	Jakobsplatz 14		3
22	Jakobsplatz 5		2
23	Judenstr. 14	Böttingerhaus	33
24	Judenstr. 16		2
25	Judenstr. 2		4
26	Kamelitenplatz	Brunnen	4
27	Karolinenstr. 11		1
28	Karolinenstr. 16		4
29	Karolinenstr. 18		5
30	Karolinenstr. 20		2
31	Karolinenstr. 6		1
32	Maternstr. 3		1
33	Michelsberg 10 b	Kloster Michelsberg, Südflügel	2
34	Michelsberg 10 c	St.-Michael Kirche	4
35	Michelsberg 10 e	Altenheim Bürgerspital-Stiftung	7
36	Michelsberg 10 f	Kloster Michelsberg, TAM	1
37	Michelsberg 2		6
38	Obere Brücke 1	Altes Rathaus	5
39	Obere Karolinenstr. 6		2
40	Obere Karolinenstr. 8		5
41	Obere Sandstr.	Brunnen Elisabethenplatz	2
42	Obere Sandstr. 12		1
43	Obere Sandstr. 8		1
44	Oberer Kaulberg 12		1
45	Oberer Kaulberg 7		1
46	Oberer Leinritt 10		1
47	Oberer Stephansberg 1		2
48	Oberer Stephansberg 26		1
49	Oberer Stephansberg 39		1
50	Pfahlplätzchen 1		2
51	Pfahlplätzchen 2		7
52	Pfahlplätzchen 4		2
53	Pfarrgasse 1		1
54	Residenzstr.	Eisernes Tor	2
55	Schrottenberggasse 8		2
56	St.-Getreu-Str. 10		1
57	St.-Getreu-Str. 3		3
58	St.-Getreu-Str. 52		1
59	Stephansplatz 3	Kirche St. Stephan	3
60	Sternwartstr. 1		4
61	Storchsgasse 11		1
62	Untere Brücke 2		11
63	Untere Sandstr.	Eingang Ertalweg	1
64	Untere Sandstr. 1		2
65	Unterer Kaulberg 2		2
66	Unterer Kaulberg 3		2
67	Unterer Kaulberg 30		2
68	Unterer Kaulberg 4		1
69	Vorderer Bach 2		1
70	Vorderer Bach 4		4

Auflistung der Gebäude mit Anzahl der Maskendarstellungen in Bamberg – Inselgebiet

	Adresse	Adresszusatz	Anzahl
71	Amalienstr. 16		3
72	Amalienstr. 18		3
73	Amalienstr. 20		1
74	Amalienstr. 5		10
75	Amalienstr. 7		2
76	An der Universität 2		1
77	An der Universität 9		6
78	Augustenstr. 18		1
79	Augustenstr. 2a		1
80	Austr. 37		1
81	Claviusstr. 27		3
82	Claviusstr. 29		2
83	Dietzenhoferstr. 46		2
84	Dietzenhoferstr. 48		3
85	Fischstrasse 6		2
86	Fleischstr. 2	Naturkundemuseum	5
87	Franz-Ludwig-Str. 11		22
88	Franz-Ludwig-Str. 15		2
89	Franz-Ludwig-Str. 21		3
90	Franz-Ludwig-Str. 30		8
91	Friedrichstr. 14		32
92	Friedrichstr. 2		10
93	Friedrichstr. 21		13
94	Friedrichstr. 7		11
95	Friedrichstr. 9		16
96	Grüner Markt	Neptunbrunnen	8
97	Grüner Markt 14		3
98	Grüner Markt 17		1
99	Grüner Markt 19	Kirche St. Martin	17
100	Grüner Markt 22		1
101	Grüner Markt 7		2
102	Hainstr. 12		12
103	Hainstr. 2		20
104	Hainstr. 20		2
105	Hainstr. 21		1
106	Hainstr. 26		3
107	Hainstr. 29		1
108	Hainstr. 31		1
109	Hainstr. 35		5
110	Hainstr. 39		1
111	Hainstr. 4a	Villa Dessauer	19
112	Hainstr. 6		2
113	Hainstr. 7		1

	Adresse	Adresszusatz	Anzahl
114	Hauptwachstr. 11		1
115	Hauptwachstr. 13		4
116	Hauptwachstr. 15		2
117	Hauptwachstr. 16		16
118	Hauptwachstr. 17		4
119	Hauptwachstr. 4		1
120	Hauptwachstr. 7		5
121	Heinrichsdamm 11 b		3
122	Heinrichsdamm 13		1
123	Heinrichsdamm 4		4
124	Herzog-Max-Str. 1		4
125	Herzog-Max-Str. 12		1
126	Herzog-Max-Str. 29		1
127	Herzog-Max-Str. 36-38		3
128	Heumarkt 2	Kirche St. Trinitas	2
129	Holzmarkt 10		2
130	Hornthalstr. 7		1
131	Jesuitenstr. 1		2
132	Kapuzinerstr. 25		3
133	Kapuzinerstr. 29	Clavius Gymnasium	12
134	Kleberstr. 9		1
135	Lange Str. 18		1
136	Lange Str. 21		9
137	Lange Str. 3		5
138	Lange Str. 35		2
139	Lange Str. 37		2
140	Lange Str. 41		1
141	Lange Str. 48		8
142	Luisenstr. 20		2
143	Luisenstr. 22		2
144	Luisenstr. 24		2
145	Markusplatz 16		1
146	Markusplatz 3	Universität	2
147	Markusstr. 17		2
148	Markusstr. 2		2
149	Markusstr. 6		1
150	Maximiliansplatz	Maximiliansbrunnen	4
151	Maximiliansplatz 2		5
152	Nonnenbrücke 1		9
153	Obere Brücke 1	Altes Rathaus	3
154	Promenadestr.	WC-Häuschen	1
155	Promenadestr. 5		3
156	Schillerplatz	Obelisk/Brunnen	1

Auflistung der Gebäude mit Anzahl der Maskendarstellungen in Bamberg – Inselgebiet

	Adresse	Adresszusatz	Anzahl
157	Schillerplatz 4		19
158	Schönleinsplatz 2		1
159	Schützenstr. 1		14
160	Schützenstr. 21		2
161	Schützenstr. 28		1
162	Schützenstr. 30		28
163	Sodenstr. 1	Staatsarchiv	1
164	Stangstr. 3		10
165	Steinertstr. 2		1
166	Steinertstr. 6		1
167	Steinertstr. 8		2
168	Urbanstr. 18		24
169	Vorderer Graben 2		5
170	Vorderer Graben 31		8
171	Weide 1		4
172	Weide 15		2
173	Weide 15a		2
174	Weide 7		1
175	Weide 8		1
176	Wilhelmsplatz 1	Oberlandesgericht	42
177	Wilhelmsplatz 3	ehemalige Oberpost-direktion	81
178	Wilhelmsplatz 4		39
179	Zinkenwörth 24		3

Hier ein Plan mit allen Standorten der Masken in Bamberg. Einfach den QR-Code mit einem Smartphone scannen und dem Link folgen:

(https://www.google.com/maps/d/viewer?mid=1w7TNAYyNEZH3ZKzo-2ySB7ocyzs&hl=de&ll=49.894092087949254%2C10.880574276042253&z=13)

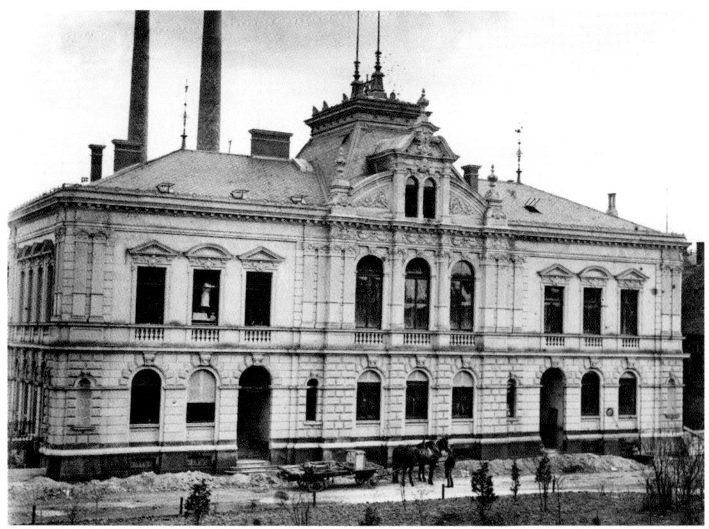

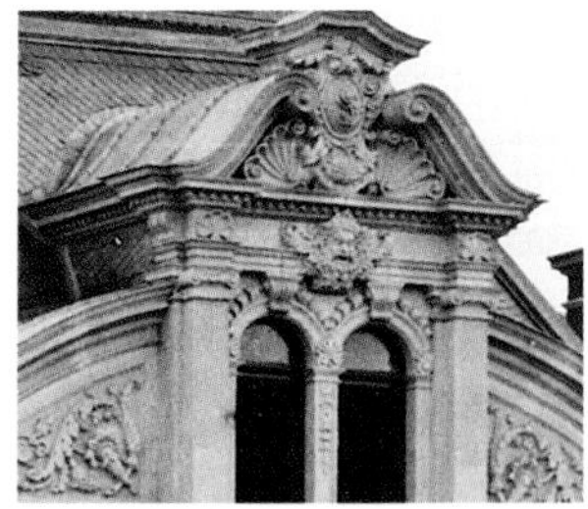

Abb. 315: Durch den Abbruch einiger historischer Bauten sind einige Masken in Bamberg verloren gegangen. Hier beim Schützenhaus, das 1955 einem Sparkassenneubau weichen musste, schmückte mindestens eine Maske die Dachfassade über den Gaubenfenstern.

Auflistung der Gebäude mit Anzahl der Maskendarstellungen in Bamberg – Bamberg-Ost

	Adresse	Adresszusatz	Anzahl
180	Eckbertstr. 30	Kirche St. Heinrich	4
181	Heiliggrabstr. 53		1
182	Heinrich-Weber-Platz 10		3
183	Kunigundendamm 14	Erlöserkirche	4
184	Kunigundendamm 19		1
185	Kunigundendamm 23		2
186	Kunigundendamm 36		4
187	Kunigundendamm 42		1
188	Kunigundendamm 44		4
189	Kunigundenruhstr. 10 a		1
190	Letzengasse 8		13
191	Ludwigstr. 6	Hauptbahnhof	1
192	Luitpoldstr. 18		12
193	Luitpoldstr. 19		19
194	Luitpoldstr. 20/22		8
195	Luitpoldstr. 26		2
196	Luitpoldstr. 28		1
197	Luitpoldstr. 30		1
198	Luitpoldstr. 31		33
199	Luitpoldstr. 38/40		1
200	Luitpoldstr. 46/48		8
201	Marienplatz 1		4
202	Marienplatz 14		1
203	Marienplatz 16/18		6
204	Marienstr. 11		3
205	Memmelsdorfer Str. 2 d		3
206	Memmelsdorfer Str. 63		1
207	Memmelsdorfer Str. 69		1
208	Memmelsdorfer Str. 7 a	Luitpoldschule	28
209	Mittelstr. 14		1
210	Mittelstr. 9		1
211	Obere Königstr. 35		2
212	Peuntstr. 1		1
213	Peuntstr. 2		1
214	Siechenstr. 28		1
215	Siechenstr. 62	Kirche St. Otto	34
216	Siechenstr. 68		3
217	Siechenstr. 68	Friedhof	7
218	Siechenstr. 80		4
219	Siechenstr. 88		2
220	Steinweg 10		1
221	Steinweg 8		1
222	Theuerstadt 2	Kirche St. Gangolf	2
223	Tocklergasse 10		2
224	Tränkgasse 4	Altes E-Werk/Volks-hochschule	15
225	Trimbergstr. 2		4
226	Trimbergstr. 4		1
227	Untere Königstr. 1		5
228	Untere Königstr. 34		1

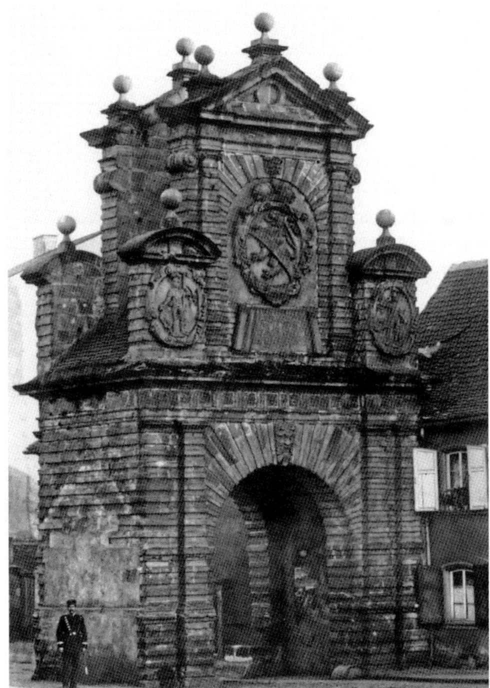

Abb. 316: Auch die Masken vom Gangolfstor, das 1697 erbaut wurde, gingen in den 1930-er Jahren durch den Abbruch verloren. Während man die Wappen des Hochstiftes und der Stadt Bamberg einlagerte, um sie für die Nachwelt zu bewahren, legte man auf die Masken offenbar keinen Wert.

Abbildungsnachweis

Abb. 1–13: Holger Beck

Abb. 14: https://upload.wikimedia.org/wikipedia/commons/3/32/Bamberg_Altstadt_20061115-057-Pano.jpg

Abb. 15–33: Holger Beck

Abb. 34: https://upload.wikimedia.org/wikipedia/commons/2/2b/Propyl%C3%A4en%2C_K%C3%B6nigsplatz%2C_M%C3%BAnich%2C_Alemania01.JPG

Abb. 35: https://upload.wikimedia.org/wikipedia/commons/a/a4/Feldherrnhalle_M%C3%BCnchen.jpg

Abb.36: https://de.wikipedia.org/wiki/Karl_Friedrich_Schinkel#/media/Datei:Schloss_Glienicke_S%C3%BCden.jpg

Abb.37: https://upload.wikimedia.org/wikipedia/commons/a/a4/Feldherrnhalle_M%C3%BCnchen.jpg

Abb. 38: https://upload.wikimedia.org/wikipedia/commons/3/32/Antefix%2C_relief_Gorgo%2C_fromOikos_of_the_Naxians%2C_Delos%2C_6th_century_BC%2C_AM_Delos%2C_177139.jpg?uselang=fr

Abb. 39: https://upload.wikimedia.org/wikipedia/commons/2/27/Gorgona_pushkin_edited.jpg?uselang=fr

Abb. 40: https://upload.wikimedia.org/wikipedia/commons/b/b2/Carnavalsmaskers_Veneti%C3%AB.JPG

Abb. 41: https://upload.wikimedia.org/wikipedia/commons/c/c8/Bundswehrsoldat_mit_abc_maske-da65.jpg

Abb. 42: https://upload.wikimedia.org/wikipedia/commons/0/0d/Frauenkopf%2C_en_face.jpg

Abb. 43: https://upload.wikimedia.org/wikipedia/commons/1/10/Palais_Kinsky_Hofbrunnen.JPG

Abb. 44: https://upload.wikimedia.org/wikipedia/commons/e/e9/1710_Neidkopf_anagoria.JPG

Abb. 45: https://upload.wikimedia.org/wikipedia/commons/e/e8/Bonlanden_Neidkopfdarstellung_01.jpg

Abb.: 46: https://upload.wikimedia.org/wikipedia/commons/1/10/Nuernberg_Maskaron_001.JPG

Abb. 47: https://upload.wikimedia.org/wikipedia/commons/b/b5/Gr%C3%BCner_Mann_I_in_der_Stadtkirche_von_Hermannstadt.JPG

Abb. 48: https://upload.wikimedia.org/wikipedia/commons/e/e6/RochesterCathedral_Boss1.JPG

Abb. 49: https://upload.wikimedia.org/wikipedia/commons/5/55/Gorgoneion_Cdm_Paris_322.jpg?uselang=fr

Abb. 50: https://upload.wikimedia.org/wikipedia/commons/9/9e/Cental_panel_of_a_mosaic_floor_with_the_head_of_Medusa%2C_1st-2nd_century_AD%2C_National_Museum_of_Rome%2C_Baths_of_Diocletian%2C_Rome_%2813270181615%29.jpg

Abb. 51: https://de.m.wikipedia.org/wiki/Datei:Perseus_Canova_Pio-Clementino_Inv969.jpg

Abb. 52: https://upload.wikimedia.org/wikipedia/commons/8/85/Danae_gold_shower_Louvre_CA925.jpg

Abb. 53: https://upload.wikimedia.org/wikipedia/commons/b/be/SNGCop_039.jpg

Abb. 54: https://upload.wikimedia.org/wikipedia/commons/5/51/DSC00401_-_Tempio_C_di_Selinunte_-_Perseo_e_Medusa_-_Sec._VI_a.C._-_Foto_G._Dall%27Orto_crop.jpg

Abb. 55: https://upload.wikimedia.org/wikipedia/commons/9/9c/Perseus_Medusa_Louvre_CA795.jpg?uselang=fr

Abb. 56: https://upload.wikimedia.org/wikipedia/commons/9/90/Terracotta_pelike_%28jar%29_MET_DT352033.jpg?uselang=fr

Abb. 57: https://upload.wikimedia.org/wikipedia/commons/2/22/Mattei_Athena_Louvre_Ma530_n2.jpg

Abb. 58: https://upload.wikimedia.org/wikipedia/commons/c/c5/Theseus_Athena_Amphitrite_Louvre_G104.jpg

Abb. 59: https://upload.wikimedia.org/wikipedia/commons/e/e5/Lemnia_torso04_pushkin.jpg

Abb. 60: https://upload.wikimedia.org/wikipedia/en/d/d6/Douriscup_83d40m_Athene_aegisWingedLionessOwl_pythonVomitsJason_fleeceInTree_Vatican.jpg

Abb. 61: https://upload.wikimedia.org/wikipedia/commons/9/9a/Detail_from_the_Chigi-vase.jpg

Abb. 62: https://upload.wikimedia.org/wikipedia/commons/6/68/Cameo_August_BM_Gem3577.jpg

Abb. 63: https://upload.wikimedia.org/wikipedia/commons/5/59/Alexander_and_Bucephalus_-_Battle_of_Issus_mosaic_-_Museo_Archeologico_Nazionale_-_Naples_BW.jpg

Abb. 64: https://upload.wikimedia.org/wikipedia/commons/2/2e/Antefix%2C_Nordisk_familjebok.png

Abb. 65: https://upload.wikimedia.org/wikipedia/commons/7/78/Ancient_greek_polychrome_Gorgona_antefix_Eretria_Greece.png

Abb. 66: https://upload.wikimedia.org/wikipedia/commons/9/9e/Karnak_sphynxes.jpg

Abb. 67: https://upload.wikimedia.org/wikipedia/commons/5/50/IranPersepolisXerxesTor4.jpg

Abb. 68: https://upload.wikimedia.org/wikipedia/commons/8/89/Herma_IstArchMu747.jpg

Abb. 69: https://upload.wikimedia.org/wikipedia/commons/e/ed/0007MAN-Herma.jpg

Abb. 70: https://upload.wikimedia.org/wikipedia/commons/1/18/Bamberg-Alte_Hofhaltung-36-Schoene_Pforte-2013-gje.jpg

Abb. 71: https://upload.wikimedia.org/wikipedia/commons/6/63/Gorgoneion_Syrakus.jpg

Abb. 72: https://upload.wikimedia.org/wikipedia/commons/1/10/Escudo_olimpia.jpg

Abb. 73: https://upload.wikimedia.org/wikipedia/commons/b/ba/Rondanini_Medusa_Denkm985.png

Abb. 74: https://upload.wikimedia.org/wikipedia/commons/2/2f/Poseidon_Penteskouphia_Louvre_CA452.jpg

Abb. 75: https://upload.wikimedia.org/wikipedia/commons/c/c0/Gorgon_Louvre_F230.jpg

Abb. 76: https://upload.wikimedia.org/wikipedia/commons/7/79/NAMA_-_Name_vase_of_the_Nessos_Painter_retouched.jpg?uselang=fr

Abb. 77: https://upload.wikimedia.org/wikipedia/en/a/a5/Urmahlullu.jpg

Abb. 78: https://upload.wikimedia.org/wikipedia/commons/6/6a/Nationalmuseets_Antiksamling_Invno_AS2.jpg

Abb. 79: https://upload.wikimedia.org/wikipedia/commons/b/b3/Chimera_Apulia_Louvre_K362.jpg

Abb. 80: https://upload.wikimedia.org/wikipedia/commons/9/98/Mildenhall_treasure_great_dish_british_museum.JPG

Abb. 81: https://upload.wikimedia.org/wikipedia/commons/f/f1/Istanbul_Museo_Mosaici_16.JPG

Abb. 82: https://upload.wikimedia.org/wikipedia/commons/3/37/Museum_of_Side_003.JPG

Abb. 83: https://upload.wikimedia.org/wikipedia/commons/thumb/4/42/Altes_Museum_Berlin_-_Antikensammlung17.jpg/1024px-Altes_Museum_Berlin_-_Antikensammlung17.jpg

Abb. 84: https://upload.wikimedia.org/wikipedia/commons/thumb/9/9d/Coppa_attica%2C_dalla_tomba_del_guerriero_nella_necr._dell%27osteria%2C_530-510_ac_ca._01.jpg/1280px-Coppa_attica%2C_dalla_tomba_del_guerriero_nella_necr._dell%27osteria%2C_530-510_ac_ca._01.jpg

Abb. 85: https://upload.wikimedia.org/wikipedia/commons/0/0c/Close_up_of_Gorgon_at_the_pediment_of_Artemis_temple_in_Corfu.jpg

Abb. 86: https://upload.wikimedia.org/wikipedia/commons/c/cf/Gorgon_Kameiros_BM_GR1860.4-4.2.jpg

Abb. 87: https://upload.wikimedia.org/wikipedia/commons/8/8f/Rondanini_Medusa_Glyptothek_Munich_252_n1.jpg

Abb. 88: https://upload.wikimedia.org/wikipedia/commons/4/42/Sousse_mosaic_Gorgon_03.JPG

Abb. 89: https://upload.wikimedia.org/wikipedia/commons/2/2d/Roof_ornament_with_Medusa%27s_head._Etruscan%2C_from_Italy%2C_6th_century_BCE._National_Museum_of_Scotland%2C_Edinburgh.jpg

Abb. 90: Karl-Heinz Stabel / https://www.frankreich-in-wort-und-bild.de/

Abb. 91: Karl-Heinz Stabel / https://www.frankreich-in-wort-und-bild.de/

Abb. 92: https://upload.wikimedia.org/wikipedia/commons/1/18/Montmajour_Tarasque.JPG

Abb. 93: Karl-Heinz Stabel / https://www.frankreich-in-wort-und-bild.de/

Abb. 94: Karl-Heinz Stabel / https://www.frankreich-in-wort-und-bild.de/

Abb. 95: https://upload.wikimedia.org/wikipedia/commons/2/25/Simon_Magus_%28Autun%29.jpg

Abb. 96: Karl-Heinz Stabel / https://www.frankreich-in-wort-und-bild.de/

Abb. 97: https://upload.wikimedia.org/wikipedia/commons/2/25/Simon_Magus_%28Autun%29.jpg

Abb. 98: https://upload.wikimedia.org/wikipedia/commons/d/d1/SheelaWiki.jpg

Abb. 98: Holger Beck

Abb. 99: https://upload.wikimedia.org/wikipedia/commons/5/54/Colegiata_de_Cervatos_-_Ventana_abside_-_Mujer.jpg

Abb. 100–104: Holger Beck

Abb. 105: https://upload.wikimedia.org/wikipedia/commons/8/8a/Schoengrabern12.JPG

Abb. 106: https://upload.wikimedia.org/wikipedia/commons/d/d8/Schoengrabern11.JPG

Abb. 107: https://upload.wikimedia.org/wikipedia/commons/d/d7/Wallenstein_Reiterbild.JPG

Abb. 108: https://upload.wikimedia.org/wikipedia/commons/e/e7/Karl_Theodor_von_Piloty_001.jpg

Abb. 109: https://upload.wikimedia.org/wikipedia/commons/5/5c/Somer_Francis_Bacon.jpg

Abb. 110: https://upload.wikimedia.org/wikipedia/commons/7/73/Frans_Hals_-_Portret_van_Ren%C3%A9_Descartes.jpg

Abb. 111: https://upload.wikimedia.org/wikipedia/commons/e/ea/Spinoza.jpg

Abb. 112: https://upload.wikimedia.org/wikipedia/commons/1/14/Paracelsus-03.jpg

Abb. 113: https://upload.wikimedia.org/wikipedia/commons/a/a5/Athanasius_Kircher.jpg

Abb. 114: https://upload.wikimedia.org/wikipedia/commons/c/cd/Jan_Amos_Comenius_%28Komensky%29_%281592-1670%29._Tsjechisch_humanist_en_pedagoog._Als_voorganger_van_de_Moravische_of_Boheemse_Broedergemeente_verdreven_en_sedert_1656_gevestigd_te_Amsterdam_Rijksmuseum_SK-A-2161.jpeg

Abb. 115–116: Holger Beck

Abb. 117: https://upload.wikimedia.org/wikipedia/commons/9/92/Kaufmann_J.G._Alte_Hofhaltung_Bamberg.JPG

Abb. 118–128: Holger Beck

Abb. 129: https://upload.wikimedia.org/wikipedia/commons/8/8a/Westfaelischer_Friede_in_Muenster_%28Gerard_Terborch_1648%29.jpg

Abb. 130: https://upload.wikimedia.org/wikipedia/commons/0/08/Kurf%C3%BCrst_Lothar_Franz_von_Sch%C3%B6nborn.jpg

Abb. 131: https://upload.wikimedia.org/wikipedia/commons/4/43/Bamberg-Kloster_Michelsberg-Heiliggrabkapelle-12-Totentanz-2010-gje.jpg

Abb. 132: https://upload.wikimedia.org/wikipedia/commons/e/ee/Bamberg-Kloster_Michelsberg-Heiliggrabkapelle-14-Totentanz-2010-gje.jpg

Abb. 133: https://upload.wikimedia.org/wikipedia/commons/e/e0/Tod_mit_Seifenblasen_Michelsberg.jpg

Abb. 134: https://upload.wikimedia.org/wikipedia/commons/1/1f/Bamberg-Kloster_Michelsberg-Heiliggrabkapelle-18-Totentanz-2010-gje.jpg

Abb. 135: https://upload.wikimedia.org/wikipedia/commons/3/31/Bamberg-Kloster_Michelsberg-Heiliggrabkapelle-24-Totentanz-2010-gje.jpg

Abb. 136: Holger Beck

Abb. 137: https://upload.wikimedia.org/wikipedia/commons/4/43/Immanuel_Kant_%28painted_portrait%29.jpg

Abb. 138: https://upload.wikimedia.org/wikipedia/commons/9/9a/Friedrich_Wilhelm_Joseph_Schelling%2C_1848_daguerreotype_-_cropped.jpg

Abb. 139: https://upload.wikimedia.org/wikipedia/commons/1/17/Georg_Wilhelm_Friedrich_Hegel_by_Julius_Ludwig_Sebbers.jpg

Abb. 140: https://upload.wikimedia.org/wikipedia/commons/8/89/Kierkegaard.jpg

Abb. 141: https://upload.wikimedia.org/wikipedia/commons/d/dd/Friedrich_Nietzsche_drawn_by_Hans_Olde.jpg

Abb. 142: Robert Koehler: https://upload.wikimedia.org/wikipedia/commons/1/17/%22Der_Streik%22_von_Robert_Koehler.jpg

Abb. 143: https://upload.wikimedia.org/wikipedia/commons/3/36/Sigmund_Freud%2C_by_Max_Halberstadt_%28cropped%29.jpg

Abb. 144: https://upload.wikimedia.org/wikipedia/commons/thumb/5/5b/ETH-BIB-Jung%2C_Carl_Gustav_%281875-1961%29-Portrait-Portr_14163_%28cropped%29.tif/lossy-page1-729px-ETH-BIB-Jung%2C_Carl_Gustav_%281875-1961%29-Portrait-Portr_14163_%28cropped%29.tif.jpg

Abb. 145: https://upload.wikimedia.org/wikipedia/commons/5/5a/E._T._A._Hoffmann%2C_autorretrato.jpg

Abb. 146: https://upload.wikimedia.org/wikipedia/commons/0/06/Die_Traumdeutung_%28Congress_scan%29.jpg

Abb. 147: Holger Beck

Abb. 148: https://upload.wikimedia.org/wikipedia/commons/b/bc/Arthur_Schopenhauer_by_J_Sch%C3%A4fer%2C_1859b.jpg

Abb. 149: Holger Beck

Abb. 150: https://upload.wikimedia.org/wikipedia/commons/c/c5/M%C3%A5rten_Eskil_Winge_-_Tor%27s_Fight_with_the_Giants_-_Google_Art_Project.jpg

Abb. 151: https://upload.wikimedia.org/wikipedia/commons/6/6c/Eos_chariot_430-420_BC_Staatliche_Antikensammlungen.jpg

Abb. 152: https://upload.wikimedia.org/wikipedia/commons/0/08/Bellerophon_killing_Chimaera_%28mosaic_from_Rhodes%29.jpg

Abb. 153: https://upload.wikimedia.org/wikipedia/commons/6/65/AC_marbles.jpg

Abb. 154: https://upload.wikimedia.org/wikipedia/commons/1/10/OlympiaGreif.jpg?uselang=fr

Abb. 155: https://upload.wikimedia.org/wikipedia/commons/c/cb/Salon_de_Madame_Geoffrin.jpg

Abb. 156: https://upload.wikimedia.org/wikipedia/commons/6/69/Villard_de_Honnecourt_-_Sketchbook_-_10.jpg

Abb. 157–172: Holger Beck

Abb. 173: https://upload.wikimedia.org/wikipedia/commons/b/b6/Hermes_di_Prassitele%2C_at_Olimpia%2C_front.jpg

Abb. 174: https://upload.wikimedia.org/wikipedia/commons/0/0b/Cherub_on_a_Neo-Assyrian_seal.jpg

Abb. 175: https://upload.wikimedia.org/wikipedia/commons/d/dd/F10._St-Andr%C3%A9-de-Sor%C3%A8de.152.2.JPG

Abb. 176: https://upload.wikimedia.org/wikipedia/commons/a/a5/Syrian_-_Slab_with_Six-Winged_Goddess_-_Walters_2116.jpg

Abb. 177–191: Holger Beck

Abb. 192: https://upload.wikimedia.org/wikipedia/commons/a/aa/Breuberg_%2818%29.JPG

Abb. 193: https://upload.wikimedia.org/wikipedia/commons/2/2d/Waiblingen_-_Neidkopf_03.jpg

Abb. 194: https://upload.wikimedia.org/wikipedia/commons/a/a0/Neidkopf_einbeck.jpg

Abb. 195: https://upload.wikimedia.org/wikipedia/commons/7/74/Waiblingen-beinstein4.jpg

Abb. 196–197: Holger Beck

Abb. 198: Juergen Schraudner, ©Museen der Stadt Bamberg.

Abb. 199–215: Holger Beck

Abb. 216: https://upload.wikimedia.org/wikipedia/commons/7/7c/Giuseppe_Arcimboldo_-_Fruit_Basket.jpg

Abb. 217–219: Holger Beck

Abb. 220: https://upload.wikimedia.org/wikipedia/commons/5/50/Bamberg%2C_Wilhelmsplatz_1-20170103-015.jpg

Abb. 221: https://upload.wikimedia.org/wikipedia/commons/thumb/8/83/Bamberg%2C_Wilhelmsplatz_3-20170103-002.jpg/1280px-Bamberg%2C_Wilhelmsplatz_3-20170103-002.jpg

Abb. 222: https://upload.wikimedia.org/wikipedia/commons/6/6b/Bamberg%2CAugustenstra%C3%9Fe_2a%2C_2%2C_4%2C_Urbanstra%C3%9Fe_18-20170102-001.jpg

Abb. 223–244: Holger Beck

Abb. 245: https://upload.wikimedia.org/wikipedia/commons/6/6c/Nuremberg_Aerial_Justizpalast.JPG

Abb. 246–264: Holger Beck

Abb. 265: https://upload.wikimedia.org/wikipedia/commons/d/dd/Bamberg_Schlachthof_Heizkamin_190811001RM.jpg

Abb. 266: https://upload.wikimedia.org/wikipedia/commons/0/0f/Bamberg%2C_Memmelsdorfer_Stra%C3%9Fe_7a-20170105-004.jpg

Abb. 267: https://upload.wikimedia.org/wikipedia/commons/0/0c/Bamberg%2C_Tr%C3%A4nkgasse_4-20170103-003.jpg

Abb. 268 –272: Holger Beck

Abb. 273: https://upload.wikimedia.org/wikipedia/commons/2/26/Bamberg_Ottokirche_Luftbild-20211031-RM-115941.jpg

Abb. 274–279: Holger Beck

Abb. 280: https://upload.wikimedia.org/wikipedia/commons/9/98/Bamberg%2C_Lange_Stra%C3%9Fe_3%2C_20151017-001.jpg

Abb. 281: Holger Beck

Abb. 282: https://upload.wikimedia.org/wikipedia/commons/1/17/Bamberg%2C_Lange_Stra%C3%9Fe_3%2C_20151017-002.jpg

Abb. 283–286: Holger Beck

Abb. 287: https://upload.wikimedia.org/wikipedia/commons/4/4c/Loewenmensch1.jpg / Dagmar Hollmann / Wikimedia Commons - Lizenz: CC BY-SA 4.0

Abb. 288: https://upload.wikimedia.org/wikipedia/commons/a/a2/VH_Mammut_1931_%285%29_bearbeitet.jpg

Abb. 289: https://upload.wikimedia.org/wikipedia/commons/8/8e/Flauta_paleol%C3%ADtica_blanco.jpg

Abb. 290: https://upload.wikimedia.org/wikipedia/commons/3/3f/20_TrianglePubienAvecT%C3%AAteDeBison%26JambeHumaine.jpg?uselang=fr

Abb. 291: https://upload.wikimedia.org/wikipedia/commons/e/e1/Musee_de_la_bible_et_Terre_Sainte_001.JPG

Abb. 292: https://upload.wikimedia.org/wikipedia/commons/7/76/COLLECTIE_TROPENMUSEUM_Batak_maskerdans_tijdens_een_dodenfeest_TMnr_60045322.jpg

Abb. 293: https://upload.wikimedia.org/wikipedia/commons/e/ef/Asaro_Mud_Man_Kabiufa_PNG.jpg

Abb. 294: https://upload.wikimedia.org/wikipedia/commons/b/b0/Asaropom2.jpg

Abb. 295: https://upload.wikimedia.org/wikipedia/commons/d/df/Bud%C4%93%C4%BCi.JPG

Abb. 296: https://upload.wikimedia.org/wikipedia/commons/3/3f/Rottweiler_Fassnacht.JPG

Abb. 297: https://upload.wikimedia.org/wikipedia/commons/3/38/Tutanchamun_Maske.jpg

Abb. 298: https://upload.wikimedia.org/wikipedia/commons/e/e5/Museo_Nacional_de_Antropolog%C3%ADa_-_Wiki_takes_Antropolog%C3%ADa_079.jpg

Abb. 299: https://upload.wikimedia.org/wikipedia/commons/9/97/New_Zealand_Maori_Culture_001_%285396249586%29.jpg.

Abb. 300: https://upload.wikimedia.org/wikipedia/commons/5/5d/MEENAKSHI_TEMPLE-_WEST_TOWER.jpg

Abb. 301: https://upload.wikimedia.org/wikipedia/commons/7/71/W%C3%BCrzburg_-_Blasiusgasse_9_Hausmadonna.jpg

Abb. 302: https://upload.wikimedia.org/wikipedia/commons/a/a3/Jan_Nepomucky_na_Karlove_moste.jpg

Abb. 303: https://upload.wikimedia.org/wikipedia/commons/1/11/Roter_Hahn_P4070055b.jpg

Abb. 304: https://upload.wikimedia.org/wikipedia/commons/d/dc/Saint_Christopher_Medal.png

Abb. 305: https://upload.wikimedia.org/wikipedia/commons/d/df/Feldpost_von_Hans_1944-12-29_5.JPG

Abb. 306: https://upload.wikimedia.org/wikipedia/commons/f/f2/Sternsinger_Segensbitte_Regen.jpg

Abb. 307: https://upload.wikimedia.org/wikipedia/commons/6/63/Khamsa.jpg

Abb. 308–313: Holger Beck

Abb 314: https://upload.wikimedia.org/wikipedia/commons/b/bd/La_Roche-Cotard.jpg

Abb 315-316: Stadtarchiv Bamberg

Dankeschön

Ein Bildband zu den Bamberger Masken ist in dieser Weise wohl ein Novum, nicht nur in Bezug auf Bamberg, sondern unseres Wissens nach gibt es etwas Vergleichbares für keine andere europäische Stadt. Hierdurch wird zum einen die große Menge dieses zunächst nur marginal erscheinenden Architekturelementes in der fränkischen Domstadt ersichtlich, zum anderen aber auch dessen großer Variantenreichtum und nicht zuletzt die Indikatordimension der Masken hinsichtlich des erwähnten Mentalitäts- und Kulturwandels: Womit die Bamberger Masken seit ihrem ersten Auftreten im frühen Mittelalter bis in die Zeit um 1930 in einem großen gesamtabendländischen Kontext stehen, vielleicht für Europa insgesamt charakteristisch.

An dieser Stelle sei den vielen helfenden Händen und Köpfen gedankt, die zum Gelingen des Buches beigetragen haben: Der KEB (Katholische Erwachsenenbildung) in der Stadt Bamberg, hier v. a. Peter Muth und Dr. Erhard Schraudolph, sei für einen sehr großzügigen Druckkostenzuschuss gedankt, Andrea Oppelt für das akribische Lektorat, dem ProduktionsAtelier Bamberg für das sehr gelungene Layout und dem Heinrichs-Verlag Bamberg mit seiner Geschäftsführerin Birgit Erhardt für die Aufnahme des Buches in sein Portfolio.

Weiterhin danken wir besonders Ludmila Kvapilová-Klüsener / Bildarchiv Diözesanmuseum Bamberg für die Bereitstellung von Fotos aus dem Bamberger Dom, ebenso wie Karl-Heinz Stabel / Bretzenheim (https://www.frankreich-in-wort-und-bild.de/) für die Überlassung der Bildrechte von Masken aus der Abtei Montmajour, Professor Dr. Bruno-Marcel Mackert für die Ermöglichung zum Fotografieren der Masken im Treppenhaus der Karolinenstr. 18, dem Stadtarchiv Bamberg, sowie last but not least der Dombergkoordinatorin Christiane Wendenburg und dem Team des Historischen Museums Bamberg. Allen weiteren Personen, die zum Gelingen des vorliegenden Bildbandes beigetragen haben und hier nicht eigens Erwähnung finden, sei nicht minder herzlich gedankt.

Dr. Dr. habil Matthias Scherbaum

Impressum

Text: Dr. Dr. habil. Matthias Scherbaum
Fotos und Recherche der Bamberger Masken: Holger Beck
Lektorat: Andrea Oppelt, Dr. Erhard Schraudolph
Beratung: Dr. Erhard Schraudolph
Herstellung: ProduktionsAtelier Bamberg
Druck und Bindung: Aktiv Druck & Verlag GmbH, Ebelsbach
ISBN 978-3-89889-248-3
Printed in Germany